792.

FERNAND CROMMELYNCK

Théâtre

III

LE CHEVALIER DE LA LUNE
OU SIR JOHN FALSTAFF
UNE FEMME
QU'A LE CŒUR TROP PETIT

GALLIMARD

© *Éditions Gallimard, 1968.*

LE CHEVALIER
DE LA LUNE
OU
SIR JOHN FALSTAFF

COMÉDIE EN CINQ ACTES

restituée en sa forme originale et précédée d'un argument.

Après des siècles d'études entreprises par les esprits critiques les plus éclairés, après le dépouillement par ceux-ci d'innombrables documents, se flatter de trouver du nouveau dans l'œuvre de Shakespeare doit paraître impertinent. Je courrai donc le risque d'être mal traité avant que les arguments que je tiens irréfutables aient convaincu le lecteur que ma prétention à une découverte est bien fondée. Disons, plus modestement, à une invention, le terme pris en sa juste acception, c'est-à-dire à une combinaison nouvelle de conditions connues. Découverte ou invention, soit, car il n'est pas venu à ma connaissance que la thèse que je veux soutenir ait jamais été proposée. Certes, j'en demeure le premier surpris, une lecture très attentive de l'ouvrage mis en cause aboutissant irrésistiblement aux conclusions que j'ai tirées de l'examen du texte et de la suite des scènes. Les preuves y sautent aux yeux, comme on dit, et donnent à ma proposition la force de l'évidence.

Comment expliquer, sinon par l'éclat du génie, le respect de la chose imprimée, le fait accompli du vivant même de l'auteur, l'aveuglement des exégètes de l'œuvre shakespearienne?

Une comédie, où l'un des plus célèbres personnages de théâtre, Falstaff, apparaît pour la première fois; une comédie qui possède une indépendance organique égale à celle des Joyeuses Commères de Windsor, *— et qui lui est antérieure; cette comédie a été introduite dans le drame historique* Henry IV, *lequel, à l'origine, ne comportait qu'une partie. Éclaté à l'insertion, il est devenu* Henry IV *en deux parties.*

Comment? En quelles circonstances? Trop de suppositions sont possibles pour que j'en hasarde aucune. Mais il n'est pas douteux que la comédie, qu'il faudra intituler : Le Chevalier de la Lune *ou* Sir John Falstaff, *introduite comme un corps étranger dans le drame historique, détruit l'unité de celui-ci et ruine la sienne.*

Cette greffe singulière qui, à mon avis, n'a pas « pris » malgré les siècles écoulés, n'offrirait peut-être d'intérêt qu'à la curiosité littéraire, si elle ne réduisait à néant une théorie fameuse, dont les effets ont été incalculables, à savoir que la grande originalité du théâtre de Shakespeare tient à l'alliage du tragique et du comique. Or, cette théorie est basée sur un exemple faux et ne relève que de l'analyse du seul Henry IV.

Quand on aura convenu que Shakespeare n'a jamais opéré, dans cet ouvrage toujours cité en exemple, le mélange des genres dont on lui fait gloire ou blâme, le jugement des commentateurs nous paraîtra seul hybride.

De l'un d'eux, qui fit à juste titre autorité[1] :

---

1. A. Mezières, de l'Académie française, professeur de littérature étrangère à la Faculté des Lettres de Paris : *Shakespeare, ses œuvres et ses critiques.*

« *Toute la partie comique du rôle du prince Henry, partie fort importante, nous amène à parler d'une question grave, celle du mélange du plaisant et du tragique dans le drame historique. Il est inutile de refaire à cet égard une théorie générale. Tout principe absolu, en pareille matière, peut être réfuté par d'éclatants exemples. Si nous disions, comme nous sommes tentés de le penser, qu'il vaut mieux séparer les deux genres, on pourrait nous répondre que le théâtre de Shakespeare, le plus populaire de tous les théâtres anciens et modernes, les associe avec succès.* »

Cependant qu'il l'accepte ici sans autre examen, notre critique reconnaît qu'il ne trouve guère cette alliance ailleurs que dans Henry IV :

« *Falstaff résume en lui presque toute la partie comique des drames historiques de Shakespeare.* »

« *En résumé, le comique n'est qu'un accident dans les drames historiques de Shakespeare. Le poète plaisante peu dans* Henry V, *il ne plaisante pas du tout dans* Richard II, *non plus que dans* Henry VIII. »

Et voici une autre citation du même, qui nous plante au cœur du débat :

« *Ajoutons que dans le Prologue de* Henry VIII, *la dernière de ses œuvres historiques, Shakespeare a condamné formellement l'emploi du comique,* comme si son esprit, plus éclairé à mesure qu'il avançait en âge, *repoussait les contrastes qui plaisaient* à sa jeunesse. »

La supposition, incluse dans la phrase que j'ai soulignée en partie, est peu persuasive si l'on se rappelle que Henry IV *est un ouvrage de pleine maturité — trente-quatre ans — et que le poète avait déjà fait représenter alors cinq de ses comédies et, parmi les hauts chefs-d'œuvre :* Richard II, Roméo et Juliette, Le Marchand de Venise.

Nous préférons croire que l'insertion de la comédie dans le drame s'était produite accidentellement, comme le poète semble l'insinuer dans le dit Prologue de Henri VIII. *Écoutons parler Shakespeare lui-même :*

« *Ceux dont le cœur est sensible peuvent ici, s'ils le jugent convenable, laisser tomber des larmes; le sujet en est digne. Quant à ceux qui viennent pour entendre une pièce gaie et licencieuse, ou pour voir un gaillard en longue robe bigarrée bordée de jaune, ceux-là seront déçus. Car sachez, aimables auditeurs, que si nous mêlions à l'histoire vraie que nous avons choisie un spectacle tel que celui d'une parade bouffonne, outre que ce serait rester au-dessous de notre intelligence et de l'opinion que nous voulons donner de nous, nous ne garderions pas un seul approbateur intelligent* [1]. »

Je ne veux pas forcer la pensée d'A. Mezières, commentateur perspicace, mais enfin il conclut sa leçon à la Faculté des Lettres en des termes non équivoques :

« *Ainsi, ne cherchons pas les grandes beautés des drames historiques de Shakespeare là où elles ne sont pas et où lui-même n'a pas voulu les mettre.* »

---

[1]. Traduction Georges Duval.

Nous ajoutons : où il ne les a pas mises.

Chacun sait que les drames historiques sont écrits en vers, en vers mêlés de prose dans une si faible proportion, — quelques lignes çà et là — que l'on peut dire qu'ils sont entièrement « versifiés ». Seule la pièce dont nous nous occupons, Henry IV, *fait exception à la règle. Ici les scènes dramatiques sont toutes et entièrement en vers (sauf quelques lignes négligeables) tandis que les scènes plaisantes sont toutes et entièrement en prose, sauf de courts passages qui semblent, l'un emprunté au drame, l'autre ajouté au moment de l'amalgame et pour les besoins de la cause. Nous y reviendrons.*

Quant à la forme, les deux actions, celle du drame et celle de la comédie, ne se pénètrent pas; elles demeurent parfaitement distinctes et étrangères.

Il en va de même quant au fond. Les événements du drame et ceux de la comédie se déroulent parallèlement, dans une indifférence réciproque, sans effet des uns sur les autres, sans aucune dépendance ni nécessité. L'entrelacement des scènes est de tout arbitraire. Nous sommes bien en présence de deux œuvres d'un genre très différent dont les morceaux ont été emboîtés. Il suffit de les disjoindre dans leur ordre pour retrouver chaque ouvrage en son intégrité.

Il nous étonnerait beaucoup que Shakespeare ait voulu cette mésalliance, mais enfin ne plaidons pas sur présomptions et bornons-nous pour l'instant à enregistrer ce mauvais mariage; mauvais en ce sens que la comédie gagne peut-être au contraste, mais uniquement ce que la tragédie perd. Un seul exemple nous avertira d'un péril que le bon dramaturge ne voudrait courir.

Au cours de la scène quatrième du second acte et

de la première partie, Falstaff et le Prince se livrent, à l'auberge, à une improvisation bouffonne. Ils parodient la future rencontre du prince Henry et de son père, chacun jouant à son tour le rôle du Roi, avec pour spectateurs les mauvais compagnons habituels du gros plaisantin, Gadshill, Bardolph, Peto et l'Hôtesse de la taverne :

FALSTAFF *au prince Henry :* Tu vas être horriblement grondé demain, lorsque tu paraîtras devant ton père. Si tu m'aimes, prépare au moins une réponse.

LE PRINCE HENRY : Eh bien, prends la place de mon père et examine ma vie en détail.

FALSTAFF : Tu le veux? J'y consens... Ce siège sera mon trône, ce poignard mon sceptre et ce coussin ma couronne.

LE PRINCE HENRY : Ton trône est une chaise percée, ton spectre un poignard de théâtre, ta couronne une tonsure de misérable vieillard.

FALSTAFF : N'importe, s'il te reste un peu du feu de la grâce, tu vas être ému. Donne-moi une coupe de vin, que j'aie les yeux rouges et que l'on croie que j'ai pleuré. Il faut que je parle avec chaleur, comme le roi Cambyse.

LE PRINCE HENRY : C'est bon. *(Il lui tend une coupe de vin.)* Voici le témoignage de mon obéissance.

FALSTAFF, *après avoir bu :* Et voici mon discours. *(Aux témoins.)* Rangez-vous, la Noblesse!

L'HOTESSE : Doux Jésus, voilà, ma foi, un excellent divertissement.

FALSTAFF, *à l'hôtesse :* Ne pleurez pas, douce Reine, car cet épanchement de larmes est vain.

L'HOTESSE : Oh! le père... — qu'il montre bien sa dignité.

FALSTAFF : Pour l'amour de Dieu, mes Seigneurs, éloignez ma triste reine; les larmes obstruent les écluses de ses yeux.

L'HOTESSE : Doux Jésus! Il joue ça comme un de ces putassiers de comédiens que je vois encore.

FALSTAFF : Silence, flacon! Silence, tord-boyaux! Henry, je m'étonne, non seulement des lieux où tu passes ton temps, mais du choix de ta société. Car, s'il est vrai que la camomille pousse d'autant mieux qu'elle est foulée davantage, plus la virilité se prodigue plus elle s'épuise.

Tu es mon fils, si j'en crois ta mère et mon opinion; mais j'ai encore pour garant cet affreux tic de ton œil et ta lippe stupide. Si donc tu es mon fils, voici le point...

Mauvais drôle, où as-tu été ce mois-ci?

Je m'arrête à cette dernière phrase, sur laquelle nous aurons à revenir et qui est grosse de conséquences.

On voit le ton.

Plus tard, comment le public resterait-il sensible à la grandeur, à la noblesse de l'entrevue royale, — scène deuxième du troisième acte, et l'une des plus belles de la tragédie —, lorsqu'il conserve en sa mémoire le souvenir tout frais de la grossière parade? Et oserait-on, sur des oppositions aussi outrées que celles-ci, déterminer le caractère de l'art shakespearien?

Voici un extrait de la dite scène, qui amènera une autre remarque très importante :

HENRY IV, *au Prince héritier* : Si j'avais été aussi prodigue de ma présence; si je m'étais ainsi avili à la vue des hommes; si je m'étais compromis à si bon marché dans la mauvaise compagnie, l'opinion qui m'a élevé jusqu'au trône, serait demeurée fidèle à celui qui l'occupait...

« Le Roi [1], un extravagant, allait de droite à gauche, escorté de plaisantins sans cervelle... Il jouait sa situation sur un coup de dés; il se compromettait avec des fous bavards, profanant par leurs sarcasmes le grand nom qu'il portait; côtoyait la populace [2]... »

Le portrait de Richard, que dessine le Roi, n'est-il pas à la ressemblance du prince Henry ? Et le procès indirect n'appelait-il pas impérieusement une réponse, qui manque à la fois à la défense du Prince et à l'équilibre de la scène ?

On se souviendra que j'ai dit que, dans la comédie, un passage en vers me semblait avoir été emprunté au drame, — à seule fin de précipiter le mélange des genres. Il s'agit du morceau qui fait ici défaut et devait venir en contrepoint à la confession de Henry IV :

LE PRINCE HENRY : « J'accepte pour le moment de me joindre aux folies...

« Ainsi, j'imiterai le soleil qui laisse les nuages épais dissimuler sa splendeur au monde et se fait, par l'absence, désirer davantage. Dès que ses rayons dissipent les brumes qui l'étouffaient, il n'en est que plus admiré. Ce qui est rare arrive toujours à souhait.

« Quand, un jour, j'abjurerai cette conduite folle et légère, je passerai l'espérance des hommes détrompés. Tel que brille un métal dans l'ombre,

---

1. Richard II, déposé.
2. Traduction Georges Duval.

ma réforme, après mes fautes passées, sera si éclatante qu'elle attirera plus de regards surpris et joyeux que n'en reçoit le mérite sans contraste. Ainsi, j'aurai offensé les hommes afin que l'offense devienne une vertu. Au moment qu'on ne l'attendra plus, je saurai racheter les jours de ma folle jeunesse. »

Dans le drame, la tirade est opportune. Elle est sur le plan et dans le ton.
Extirpée et transportée comme « couplet » final à la scène de comédie où le prince Henry et Poins méditaient leur agression contre les riches marchands, elle est, au double sens, si déplacée qu'elle attire la férule de la critique. Celle-ci, mal à l'aise, et faute de déceler l'emprunt, s'en prend au caractère du personnage ainsi qu'aux intentions de l'auteur :

« Lorsque le Prince fait une folie, le poète a soin de nous prévenir qu'il fait intérieurement ses réserves et qu'il a de la sagesse jusque dans le désordre. J'aimerais mieux un caractère plus ardent... »
« ... Henry nous paraît moins plaisant et moins naturel que nous l'avions cru tout d'abord... »
« ...ce calcul est bien savant pour un jeune débauché [1]. »

Voilà encore un reproche qui n'atteint pas Shakespeare, car il n'est pas sorcier de s'apercevoir que la scène se terminait sur le salut : « Adieu, Monseigneur » et que le reste est en surpaye.
Ceci posé, on ne pourra plus écrire :

« Je ne verrais pas là, du reste, avec quelques

1. A. Mezières.

critiques, le résultat d'un art achevé; j'y vois, au contraire, un procédé maladroit... »

« ... C'est la seule transition par laquelle Shakespeare sache rattacher les deux rôles si différents qu'il fait jouer au même personnage... Je crois que Racine aurait été plus habile... Il aurait conservé l'unité du caractère sans en altérer la simplicité [1]... »

Que si l'on se refuse à prononcer le divorce du drame avec la comédie, on s'apprête à infliger à l'auteur un blâme autrement sévère.

Après avoir fait montre au Roi, son père, d'un repentir si vif et si sincère; après une promesse d'amendement scellée d'un serment solennel : « S'il vous plaît que je tienne parole, je supplie Votre Majesté de panser les nombreuses blessures de mon intempérance. Sinon, que la fin de l'existence résilie tous les engagements et je mourrai de cent mille morts avant de briser la plus petite partie de mon serment »; après la réplique du Roi : « Que cent mille rebelles meurent après un tel serment! » — le prince Henry de la tragédie n'aurait rien de plus pressé que de courir retrouver à l'auberge le prince Henry de la comédie et ses compagnons de débauche! Et sans délai, à la scène suivante!

Ce comportement tournerait à dérision l'amour, la douleur, l'ambition du Roi pour son fils, plus encore que ne l'avait fait la burlesque interprétation de Falstaff, et nous découvrirait un hypocrite qui ne vaudrait pas mieux que Iago. Si Henry IV est une pièce en deux parties où farce et tragédie, prose et vers alternent, en tant que personnage héroïque le futur Henry V est perdu dans notre opinion. Nous n'accueillons plus qu'avec méfiance ses mouvements

---

[1]. A. Mezières.

de générosité. Ce ne peut être le dessein de l'auteur.
Si drame et comédie ne sont pas liés, tout change :
nous obtenons, d'une part, une pièce historique
d'une seule venue que l'on peut classer parmi les
chefs-d'œuvre et, d'autre part, une pièce divertissante
comparable aux Joyeuses Commères de Windsor.

La division en deux parties de Henry IV, *drame*
en vers, ne répond à aucune nécessité. La comédie
en prose extraite, on constate que l'action, de son
commencement à sa fin, suit un cours régulier; les
scènes s'engendrent avec naturel; la matière traitée,
la durée « locale » satisfont pleinement aux exigences
d'une construction harmonieuse. On peut en dire
autant de la comédie. A la séparation chacun des
ouvrages recouvre sa parfaite unité.

Entre les deux parties de cette œuvre aucun évé-
nement nouveau n'était survenu : à la fin de la pre-
mière, nous étions sur le champ de bataille de
Shrewsbury où la tête de la rébellion venait d'être
écrasée; au début de la deuxième, les courriers, à
bride abattue, viennent annoncer à Northumberland
la défaite de ses alliés. La guerre civile se pour-
suivra. Rarement moins de temps ne s'est écoulé
entre deux actes, entre deux scènes du théâtre de
Shakespeare. On peut « enchaîner », soit dit en terme
de métier.

On est enclin à penser que si la critique n'a pas
été alertée par la gratuité de la rupture, c'est qu'avec
Henry VI, *divisé en trois parties, un précédent avait*
été créé qui entraînait son consentement. Ce que
Shakespeare avait réalisé une fois, il pouvait le
reproduire. Eh bien, le raisonnement pèche.

Au vrai, Henry VI *n'est pas un drame en trois*
parties, mais une chronique, c'est-à-dire une suite,
calquée sur les Chroniques de Holinshed. Aussi, à

*cette époque, le poète était dans sa première jeunesse
— vingt-cinq ans — et l'on peut, sans trop de hardiesse, soutenir qu'il ne possédait pas encore la pleine
maîtrise de son art et, même, douter que les trois
ouvrages soient entièrement de sa main.*

*Il est un autre artifice pour prêter à confusion,
dont l'emploi aurait dû éveiller le soupçon.*

La deuxième partie de Henry IV *s'ouvre sur un
Prologue qui personnifie la Rumeur « portant un
costume sur lequel des langues sont peintes ».*

*Ce personnage allégorique a pour mission de résumer les péripéties de la bataille de Shrewsbury et
de nous faire entendre qu'il « répand de fausses nouvelles réconfortantes, plus cruelles que la vérité ».
C'est tout son office, justifiable si le public est censé
avoir oublié l'événement dans l'intervalle des représentations entre la première et la deuxième partie,
et s'il y a deux parties. Il se présente pour nous le
faire croire.*

*Malheureusement, ce qu'il rappelle à notre mémoire, assez vaguement, se révèle aussitôt superflu.
La bouleversante scène première qui suit, son action
fulgurante avec les rapports contradictoires des messagers, puis le brutal aveu du désastre et de la mort
d'Hotspur, le désespoir frénétique de Northumberland, nous en apprend davantage et mieux que toutes
les Rumeurs — et par des moyens de théâtre — si
nous en étions encore à apprendre.*

*De sorte que, le drame eût-il été conçu à l'origine
en deux parties, l'intervention du prologue se reconnaîtrait absolument inutile. L'insignifiance en dénonce l'intrusion et la vanité.*

*Il nous est imposé comme élément propre à nous
convaincre de l'existence particulière de chaque partie de* Henry IV, *et à consacrer du même coup le mariage*

du drame avec la comédie. Qui veut trop prouver...

Dût le dicton m'être retourné, je ne résiste pas à la tentation de citer une note et une référence de Georges Duval, traducteur, à propos de ce prologue :

« Holinshed, dans sa « description d'une Parade », laquelle parade fut représentée à la Cour de Henry VIII, nous montre la Rumeur dans le même costume : « vêtue de satin cramoisi plein de langues ».
« Nous pourrions encore citer une description de Thomas Moore... »

Comme je professe que le Prologue est un ajout adventice, je ne serais pas surpris qu'il soit, lui aussi, le fruit d'un emprunt. Hypothèse?... Passons.

Tous les drames historiques sont écrits en vers. Ce sont, à bien dire, des poèmes que termine, pour la plupart, un épilogue, également en vers, déclamé par le Chœur.
Singularité frappante, l'épilogue de Henry IV *est écrit en prose et destiné à être dit et* dansé *par un danseur. Plus étrange encore, le texte ne fait pas la moindre mention du Roi, aucune allusion au drame. Il n'y est question que de Falstaff, sur le ton badin de la comédie.*

« Si ma langue n'arrive pas à me valoir un acquittement, voulez-vous m'ordonner de faire usage de mes jambes? Ce serait un bien faible paiement : danser pour s'acquitter d'une dette!
« ... Si vous n'êtes pas trop rassasiés de viande grasse, notre humble auteur continuera son histoire, avec Sir John dedans et la belle Catherine

de France. Là, autant que je puis le savoir, Falstaff mourra d'une sueur rentrée... »

L'appartenance de l'épilogue à la seule comédie peut-elle être discutée ?

Plus déconcertante encore l'obnubilation des exégètes devant ce qui serait *une faute majeure si* Henry IV *en ses deux parties et son alliage de drame et de farce constituait* vraiment *un tout : l'importance départie au héros de l'ouvrage.*

Que Shakespeare intitule ses pièces historiques Henry VI, Richard III, Le Roi Jean, Richard II, Henry V, Henry VIII, *le personnage principal de chacune d'elles, celui qui est au cœur de l'action, sur lequel l'intérêt de l'auteur et du public se concentre, est, d'évidence, celui qui prête son nom au titre. Il est le Protagoniste.*

Contre cette règle, dans Henry IV, *le rôle de Falstaff, par sa présence et le nombre de scènes qu'il emplit, l'emporte sur le rôle du Roi. Et comme les démarches de celui-ci et de celui-là ne s'influencent en rien, que leurs intrigues ne se croisent pas, ni leurs personnes jamais ne se rencontrent, ils semblent, chacun sur son théâtre, se disputer la prééminence.*

Si l'on sait que les suffrages du public allaient et vont encore de préférence aux morceaux plaisants du « puzzle », on reconnaîtra que c'est au gras bouffon que la palme est décernée.

Le titre de la pièce ne se justifie plus.

Je le répète, nous sommes devant l'enchevêtrement de deux ouvrages très différents ; et bien qu'il ait été probablement opéré au su et au vu de l'auteur, il n'entrait certes pas dans l'intention première de celui-ci de créer pareille disparate.

Et je le répète, une fois les scènes en prose retirées de l'ensemble et rangées côte à côte, la comédie se dégage tout entière, telle qu'elle fut conçue et écrite, où Falstaff se retrouve le seul meneur de jeu, tandis que les deux parties du drame en vers, — une fois le Prologue parasite supprimé — se rapprochent, se rejoignent, s'épousent à ne former qu'un même ouvrage, homogène, équilibré, dont Henry IV *redevient, de toute sa taille, le héros.*

La tragédie ainsi restituée, avec la grandeur et la noblesse que le style exige, trouve son dénouement à la scène deuxième du dernier acte de la version habituelle.

Il faut s'y résoudre, l'œuvre de Shakespeare compte un drame historique de moins, une comédie de plus, sans que le nombre en soit changé, — ni la richesse. Au contraire.

Ne découvre-t-on pas quelque indice des arrangements, modifications, tripotages successifs pratiqués sur cet ouvrage? On lit, dans une note de Mme Longworth-Chambrun (Shakespeare retrouvé, *p. 224) :*

« La popularité de Falstaff fut telle que Shakespeare consentit à en faire l'unique sujet d'une pièce, *qui fut jouée par une troupe d'amateurs à la cour de Jacques Ier*.

« *En refondant les deux parties de* Henry IV *pour mettre en valeur le gros chevalier, Shakespeare* supprima les parties trop longues et trop tristes de son drame historique. *Le manuscrit contemporain donné à Sir Charles Deering appartient aujourd'hui à la bibliothèque Floger, à Washington; il témoigne de la souplesse de Shakespeare, heureux d'assurer un nouveau succès à une pièce qui était déjà entrée dans l'immortalité.* »

J'ai regret de ne pas connaître le manuscrit de Washington, mais on peut se fier à l'autorité incontestable de Mme Longworth-Chambrun. J'ai souligné deux phrases de son commentaire, l'une qui montre bien que la faveur du public accordait à Falstaff une place prépondérante dans le drame, l'autre, que le concubinage des genres était déjà consommé.

Et voici, de la même source :

« ...*mais à partir du 27 décembre, jour des fiançailles, présidées par l'archevêque de Cantorbéry, les représentations reprirent leur train.* La liste en est intéressante à consulter. *Ce programme, dressé par l'Office des menus plaisirs, comportait, outre trois spectacles nouveaux, aujourd'hui oubliés, neuf pièces de Shakespeare :*
Beaucoup de bruit pour rien, La Tempête, Le Conte d'hiver, Sir John Falstaff, Le More de Venise, Jules César, Tout est bien qui finit bien, Cardenio *et la* Deuxième partie de Henry IV ».

La phrase et les deux titres soulignés nous confirment, d'après une liste qui nous a été conservée, l'existence, en dehors et à côté d'une pièce intitulée : Deuxième partie de Henry IV, *d'une pièce appelée :* Sir John Falstaff.

Ou bien celle-ci, représentée le 27 décembre 1612, est conforme au manuscrit, remanié, de Washington, ou bien elle a subi un nouveau traitement ou, enfin, elle est l'œuvre originale.

Si la refonte en question portait sur l'ensemble de Henry IV *et donnait naissance à* Sir John Falstaff, *comment, dans une même suite de représentations, a-t-on pu donner coup sur coup et la comédie et la moitié du drame où Falstaff figure pour les deux tiers ?*

Curieuse confrontation.
Il ressort de ces documents que plusieurs variantes de ces ouvrages circulaient. Laquelle était l'originale? Pour la fantaisie de quels protecteurs, sous la pression de quelles circonstances Shakespeare a-t-il toléré le métissage de deux de ses chefs-d'œuvre? La popularité d'un acteur, entraînant celle d'un personnage, peut expliquer la compromission.
Quoi qu'il en soit, Shakespeare présent, c'est l'année suivante qu'il s'élèvera avec violence, dans le Prologue de Henry VIII, *que nous avons lu tout à l'heure, contre la confusion des genres. Qui désavoue-t-il? Lui-même ou d'autres?*

Je considère pour acquise la séparation des deux pièces. Mais, si l'on n'accepte pas comme raisons probantes l'opposition de genre et de style, je montrerai en quoi elles étaient fatalement *incompatibles et par quels liens lâches et maladroitement dissimulés on a tenté de les unir.*
Elles étaient, de toujours, inconciliables par défaut de synchronisme.
A quoi Henri Fluchère, dans son admirable Shakespeare, dramaturge élisabéthain [1], *semble donner cette réponse :*

« *Il serait instructif d'étudier ailleurs, dans n'importe quelle pièce de Shakespeare, le rôle passif ou actif joué par le temps. Comment il l'allonge ou le raccourcit, le comprime ou le dilate, pour les besoins dramatiques. Comment il saute à pieds joints pardessus de longues années pour laisser grandir ses héros* (Le Conte d'Hiver); *comment il l'immobilise* (La tempête, *dans* Le Roi Lear); *comment il sait*

---

1. Éditions Gallimard, 1966.

enclore la comédie ou *la tragédie dans une seule nuit* ou *un seul jour* (Le Songe d'une nuit d'été, La Tempête); *comment il le déploie par-dessus les vastes perspectives de la grandeur et de la chute d'un empire* (Antoine et Cléopâtre). *Ses messagers peuvent voler avec les ailes invisibles d'Ariel, ou arriver trop tard. Son action peut être rapide comme la foudre, ou lente comme la loi.* Dans les pièces à double intrigue, deux séries d'événements, pourtant subtilement mêlées, peuvent se dérouler à deux vitesses différentes, et donner l'impression qu'elles coïncident aussi. »

J'ai souligné les deux conjonctions : ou, *qui marquent l'alternative, afin d'insister auprès du lecteur sur le fait que Henri Fluchère ne parle pas d'une confusion de genres; il s'agit de comédie dans un ouvrage, de tragédie dans un autre; ni de confusion de temps, la durée d'une nuit dans celui-là, d'un jour dans celui-ci.*

Et j'ai souligné la dernière phrase de la citation pour ce qu'elle demande un éclaircissement.

Si le commentateur donne son assentiment à une interversion du temps d'une scène ou d'une intrigue à l'autre, je proteste qu'il dépasse son pouvoir, — comme celui du dramaturge.

« *Le temps, chez les élisabéthains, dit-il, est un serviteur, non un tyran.* »

Certes, mais rien que dans une relative liberté ! Bien sûr, on peut ramasser dans la durée d'un tableau des événements éloignés dans le temps; c'est l'art même de l'écrivain de théâtre, qui ne dispose que de deux à trois heures d'horloge où enclore les battements de semaines, de mois, d'années. C'est user de ce que j'appelle la largeur du temps, par opposition à sa longueur, que de contenir dans le laps le plus bref le plus grand nombre de manifestations, sans qu'une précipitation sensible nuise à la vraisemblance de son écoulement. Nous voici dans le temps local, théâtral, qui est, comme en musique, chiffré à la clef et ne diffère pas de l'autre, en ce qu'il nous astreint à l'ordre dans la succession et qu'il demeure irrévocable. Il est, en effet, loisible à l'auteur de changer les dates de l'histoire, mais, une fois l'événement actualisé sur la scène, il lui est interdit d'emmêler à nouveau les temps ou d'en remonter le cours.

Un exemple un peu gros fera mieux comprendre sa servitude.

Le poète dramatique peut bien massacrer ensemble et à la même minute sur le « plateau » plusieurs personnages dont certains, dans la réalité, sont morts notoirement depuis longtemps et d'autres n'ont été tués que plus tard, le spectateur ne s'inquiétera pas de l'anachronisme. Pour lui leur assassinat date du moment où il a été exécuté sous ses yeux. C'est dire qu'aucune des victimes ne pourra réapparaître vive dans un tableau suivant.

Au théâtre on ne fait pas marche arrière, en aucun cas, sinon sous la forme du récit ou sous les espèces du spectre, lesquels transfèrent le passé au présent. D'acte en acte le temps va son chemin et ne revient pas — non plus que les aiguilles de l'horloge ne tournent à l'envers.

Je sais qu'aujourd'hui les auteurs prennent avec le temps de grandes privautés, comme de commencer leur fable par la fin, de rajeunir de séquence en séquence leurs personnages, de jouer des interférences de l'âge; ce sont divertissements intellectuels qui ne sollicitent pas l'adhésion corps et âme du public. Ils sont généralement inspirés par la technique du cinéma. La mobilité vertigineuse de la caméra dans l'espace, augmentée de la vitesse qu'imprime au film le découpage, laisse accroire que l'on peut survoler le temps.

En tout état de cause la question ne se posait pas à l'époque de Shakespeare et c'est à propos de l'une de ses œuvres que nous entamons un procès.

Non seulement il est impossible de remonter le fort courant du temps, mais il est dangereux d'en franchir une trop haute chute. Shakespeare ne l'ignore pas qui, dans le Conte d'Hiver — *non par scrupule mais par nécessité —, vient, sous la personnification du Temps, s'excuser d'un abus de liberté. Il me plaît de citer à la fois le Poète, qui me donne raison, et le Critique, qui trouve en lui-même son contradicteur dans un renvoi, à la page 142 de son livre :*

LE TEMPS

« ... Ne m'imputez pas à crime, si de mon vol rapide, je glisse par-dessus l'espace de seize ans et laisse inexploré tout ce qui a grandi dans cette large brèche, puisqu'il est en mon pouvoir de culbuter la loi... Souffrez que je retourne mon sablier, et que je donne à ma scène un si grand changement que vous croirez avoir dormi dans l'intervalle... »

Procédé. Et le drame, après la brutale brisure, retrouve et sa mesure et son rythme.

Relisant la phrase de Henri Fluchère, relative aux pièces à double intrigue, je doute que l'éloge qu'elle semble porter s'adresse aux comédies-féeries plutôt qu'à l'ouvrage double qui fait l'objet de notre recherche. Dans le premier cas tout souci d'ordre chronologique disparaît, car ces Contes poétiques sont, en vérité, hors du temps; les événements et les vitesses coïncident selon le bon plaisir du Prince. Dans le second cas, j'y verrai une nouvelle conséquence de la persévérante erreur de jugement à laquelle nous devons la naissance du monstre à deux têtes : Henri IV — Falstaff.

Maintenant, fort trois fois de l'appui de Shakespeare lui-même : Prologue *de* Henri VIII, *Personnification du Temps dans* Conte d'Hiver, *Chronologie de* Henri IV *et de* Falstaff — *où nous allons aborder —, avançons nos preuves.*
Nous les tirerons, d'une part, des précisions méticuleuses de jour et d'heure dans l'action des deux pièces — précisions qui, justement, s'opposent à l'impression de coïncidence — *et d'autre part, des traces d'effraction demeurées après l'incorporation, de vive force, de la comédie au drame. Pour échapper à l'ennui des redites ou la sécheresse d'une énumération, nous les placerons dans l'ordre où elles seront le mieux éclairées.*
Il tombe sous le sens que si Shakespeare avait conçu et écrit son Henry IV *en deux parties, avec alternance de scènes comiques et de scènes tragiques, les unes eussent débordé les autres, la prose se serait mêlée aux vers, Falstaff aurait eu un rôle à jouer dans le drame et, surtout,* l'auteur aurait observé, pour les deux actions, la concordance des temps. *Pourquoi ne l'eût-il pas respectée? Il n'y a qu'une réponse.*
Nous l'avons vu et nous n'y reviendrons pas, il s'élève entre les deux intrigues, entre les deux styles, une cloison absolument étanche.
Falstaff, personnage énorme, non seulement par l'embonpoint, mais par la place qu'il occupe dans la pièce, n'apparaît jamais dans le drame, n'est jamais présent à la Cour. On dira : Qu'y viendrait-il faire, sinon troubler le climat dramatique? C'est une réflexion qui vient après coup; Shakespeare, s'il l'avait voulu, avait les moyens de l'y introduire.

Je dirais plus volontiers qu'une incursion de Falstaff à la Cour, étant connue la colère du Roi à son égard, lui aurait valu un long séjour à la Tour de Londres — pis peut-être.

Mais je dirai certainement que Falstaff ne vit pas dans l'entourage de Henry IV simplement parce que le Roi est le héros d'un drame historique, qui est une pièce de théâtre, et que le grand Bouffon est le héros d'une comédie, qui est une autre pièce de théâtre.

Et pourtant! et pourtant, si! nous allons découvrir celui-ci aux côtés du Souverain, une fois, une petite fois, au Camp près de Shrewsbury. J'imagine que le spectateur attend, de son colossal histrion, une surprenante facétie. Eh bien, non! Falstaff n'a qu'une réplique. Comme le Roi demande à Worcester :

— Vous n'avez pas cherché ce jour de discorde! Comment est-il arrivé alors?

Falstaff ose l'interrompre :

— La rébellion était sur son chemin, il l'a ramassée!

Aussitôt le prince Henry lui ferme la bouche :

— Silence, espèce de pie! Silence.

C'est tout.

Il n'est pas nécessaire d'être expert en la matière pour s'apercevoir que la phrase n'est qu'un ajout, ce qu'on appelle en argot de théâtre un becquet, uniquement destiné à faire figurer Falstaff dans la tragédie.

Voici l'une des traces d'effraction dont j'ai parlé. Fil vraiment trop ténu pour maintenir l'assemblage.

Il est un autre fil, non noué, à la scène du dernier acte de la deuxième partie. Ici, Falstaff est absent. Le Roi est mort, vive le roi Henry V.

Clarence, frère du nouveau monarque, dit de manière saugrenue au Grand Juge :

— Maintenant, il nous faudra parler respectueusement à Sir John Falstaff.

Becquet — qui vise le même but.

Les scènes de bataille sont tressées avec plus d'art. Sans jeu de mots, la mêlée s'y prêtait. A premier aspect l'imbroglio paraît inextricable, mais les propos, les faits et gestes de Falstaff, plaisants, si l'on veut, dans la comédie, sont uniment odieux dans la tragédie dont ils rabattent toute la sombre grandeur. Sur ces données le tri est aisé, qui rend à chacune son dû.

Il est une autre tentative d'escalade pour passer d'un domaine à l'autre, à la première scène entre le prince Henry et Falstaff, lors du complot contre les marchands. Elle ressortit de la violation de domicile.

Même dans la version anglaise, l'action en est située dans une chambre du Palais royal. De tous les traducteurs français que j'ai consultés, seul François Victor Hugo s'est avisé d'une erreur (?) de lieu. Lui seul a vu que le texte imposait une auberge pour cadre à la réunion de nos personnages, à leur jeu. C'est à l'auberge qu'il a placé la scène — comme il se devait.

Mais on voit l'astuce. S'établir au Palais, dans son décor, c'était installer la comédie dans le drame, fût-ce à titre précaire.

Moins de vingt-quatre heures plus tard, sans doute à la même auberge, au cours de la fameuse pitrerie où Falstaff, contrefaisant le Roi, interroge le Prince sur sa conduite, il lui demande :

— Maintenant, mauvais drôle, où as-tu été ce mois-ci ?

On se rappellera que j'avais arrêté ma citation du morceau sur cette phrase, parce qu'elle prouve que le Prince n'a pas paru au Palais, non plus que Poins ni Falstaff, qui le sait de reste, et le dit.

Shakespeare, s'il écrivait une seule pièce n'avait aucune raison de donner deux mesures au temps. C'était l'enfance de l'art que d'accorder l'horloge qui compte le temps du drame avec celle qui mesure celui de la comédie. Pas plus difficile que de mettre la montre à l'heure. Ou, aussi simplement, et pour ce qui regarde l'une d'elles, de ne pas rendre compte du temps.

A ce point de vue, la mixtion est plus intime dans la deuxième partie de Henry IV. Là, quoique l'on constate encore des boiteries chronologiques entre les deux ouvrages accolés, il est préférable, pour les distinguer, de s'en référer au rythme plutôt qu'à la mesure et de chercher ses preuves ailleurs. Ce que nous ferons.

Prétendrait-on que Shakespeare jugeait négligeable le problème? Pourquoi est-il aussi méticuleux dans le partage des mois, des semaines, des jours? Grâce à son calendrier, à ses éphémérides, nous suivons parfaitement le développement des deux intrigues, indépendantes, dans le temps et dans l'espace.

Il est bien entendu que nous ne calculons pas le temps comprimé dans la durée d'une scène, qui est le temps conventionnel, mais celui qui sépare les tableaux entre eux et accuse la disparité des deux actions.

Nous prenons le départ dès la première scène de la première partie, au moment que la divergence n'est pas encore contrôlable, afin de souligner le souci de précision du dramaturge; la bifurcation se présentera bientôt, au fil de la marche.

PREMIÈRE SCÈNE DU DRAME
Londres. Le palais du Roi

WESTMORELAND : *Le jour de la Sainte-Croix*, le vaillant Hotspur et le brave Archibald, se seraient rencontrés à *Holmédon*. La nouvelle a été apportée par un homme qui est monté à cheval au moment le plus chaud...

LE ROI : Voici un cher et diligent ami qui vient de descendre de cheval. *Les nouvelles qu'il apporte* sont bonnes et bienvenues...

Que dites-vous de l'insolence de ce jeune Hotspur? Il prétend garder les prisonniers qu'il a faits, et *m'envoie un mot*...

Je l'ai convoqué pour m'en expliquer avec lui. Cousin, *mercredi prochain* nous tiendrons notre conseil à Windsor [1].

PREMIÈRE SCÈNE DE LA COMÉDIE
Londres. Une chambre dans le palais [2]

POINS : Mes enfants, *demain matin, à quatre heures, à Gadshill*. J'ai des masques pour vous tous et vous avez des chevaux. Gadshill couche *cette nuit à Rochester*. J'ai commandé à souper *demain soir à Eastcheap*.

... Mon doux prince, montez à cheval avec nous *demain*.

FALSTAFF : Puisses-tu te montrer persuasif...

LE PRINCE HENRY : Soit. Prends tout le nécessaire et rendez-vous, *demain soir*, à Eastcheap, où nous souperons.

DEUXIÈME SCÈNE DU DRAME
Londres. Une autre pièce du palais

LE ROI : Milord, nous vous autorisons à partir avec votre fils (Hotspur). Envoyez-nous vos pri-

---

1. En fixant mercredi prochain, on situe la scène à trois jours au moins du rendez-vous.
2. On a vu que la scène doit se passer à l'auberge.

sonniers, ou vous entendrez parler de nous [1].
Le Roi et sa suite sortent.

HOTSPUR : Le diable rugirait pour les avoir, je ne les renverrais pas!

WORCESTER : Silence. Je vais vous ouvrir un livre secret... Employez le fils de Douglas, comme unique agent, pour *lever des troupes en Écosse*. Pour diverses raisons, que je vous *enverrai par écrit*...
Vous, Milord, votre fils (Hotspur) étant occupé de la sorte en *Écosse*, vous gagnez la confiance de l'archevêque d'York...

NORTHUMBERLAND : Alors, les troupes d'Écosse et d'York *de rejoindre Mortimer*...

WORCESTER : Il s'agit de sauver nos têtes *en levant une armée*... Je vous *dirai par lettre* ce qui reste à faire. En temps voulu, j'irai trouver Glendower et Lord Mortimer [2].

DEUXIÈME SCÈNE DE LA COMÉDIE
Rochester. Une cour d'auberge

LE VOITURIER : Ohé! *S'il n'est pas quatre heures* [3], je veux être pendu.

GADSHILL : Dis au palefrenier de sortir mon cheval de l'écurie.

TROISIÈME SCÈNE DE LA COMÉDIE
Une route aux environs de Gadshill

GADSHILL : Mettez vos masques!...

---

1. Hotspur est arrivé au Palais. Il a quitté l'armée et franchi à cheval quelques centaines de kilomètres.
2. Notons que les conspirateurs et les messagers auront d'énormes et nombreuses distances à parcourir, à lever les armées.
3. Nous sommes à quelques heures de la première scène de la comédie.

SIR JOHN FALSTAFF 35

POINS, *à Falstaff* : L'ami, ton cheval est derrière la haie.

LE PRINCE HENRY : Où sont nos déguisements?
FALSTAFF : Maintenant, le plus heureux l'emporte!... Venez, mes maîtres, partageons, et *à cheval avant le jour* [1].

TROISIÈME SCÈNE DU DRAME
Warkworth. Une chambre dans le château

HOTSPUR : Quoi! Milord d'York est à la tête du complot... Est-ce qu'il n'y a pas mon père, mon oncle et moi-même? Lord Edmond Mortimer, milord d'York et Ower Glendower. Sans compter Douglas. *N'ai-je pas toutes leurs lettres* où ils s'engagent à me rejoindre en armes le *neuvième jour du mois prochain?* Plusieurs d'entre eux ne sont-ils pas déjà en marche [2]?

LADY PERCY, *à Hotspur* : Pour quelle offense ai-je été, *depuis une quinzaine*, exilée du lit de mon Harry. Dis-moi, doux seigneur. Dans tes légers sommeils, *j'ai veillé à ton chevet* [3]...

HOTSPUR : Aujourd'hui, je pars, demain ce sera votre tour.

Pour Bangor.

QUATRIÈME SCÈNE DE LA COMÉDIE
Eastcheap. La taverne

LE PRINCE HENRY : Jusqu'à l'heure juvénile que marque *à présent minuit. (A Falstaff :)* Enfin, qu'y a-t-il?

1. V. note 3, p. 34.
2. Plusieurs semaines séparent la deuxième de la troisième scène du drame.
3. Après maintes démarches, Hotspur est rentré en son domaine depuis au moins quinze jours.

FALSTAFF : Ce qu'il y a? Il y a ici quatre d'entre nous qui ont dérobé mille livres, *ce matin* [1]. Trois hommes de basse naissance foncent sur moi, car il faisait noir.

Tu vas être horriblement grondé, *demain*, quand tu paraîtras devant ton père.

LE PRINCE HENRY : Vous voulez dire : *bonjour*, n'est-ce pas?

LE SHÉRIF : En effet, milord, il doit être deux heures du matin.

LE PRINCE HENRY : Amène-le.

POINS : Falstaff! il est endormi derrière la tapisserie.

LE PRINCE HENRY : Fouille dans ses poches. Laissons-le dormir *jusqu'au jour*. Je me rendrai *ce matin*, à la Cour.

QUATRIÈME SCÈNE DU DRAME
Bangor. Dans la maison de l'archidiacre

MORTIMER : Les promesses sont belles, les personnes sûres, et notre début plein d'espérance.

Demain, Hotspur, vous et moi avec mon bon Lord Worcester, nous irons retrouver votre père et l'armée écossaise à *Shrewsbury*, comme il a été convenu. Mon père, Glendower n'est pas encore prêt, mais nous n'aurons pas besoin de son aide *avant quatorze jours*.

CINQUIÈME SCÈNE DU DRAME
Londres. Dans le palais

BLUNT, *au Roi :* Douglas et les Anglais rebelles avaient fusionné, *le 11 de ce mois*, à *Shrewsbury* [2].

1. De la troisième à la quatrième scène de la comédie, nous sommes du matin au soir du même jour.
2. Les semaines, les mois ont passé.

LE ROI : Cette nouvelle date déjà de *cinq jours.*
Mercredi prochain, Henry, vous vous mettrez en marche. En calculant, *dans une douzaine de jours* [1], toutes nos forces seront réunies à Bridgworth.

CINQUIÈME SCÈNE DE LA COMÉDIE
Eastcheap. La taverne

LE PRINCE HENRY : Que dis-tu?
FALSTAFF : *L'autre nuit* [2], je dormais, derrière la tapisserie, et l'on a dévalisé mes poches.

Il serait fastidieux de poursuivre.
En résumé, dans le drame de longs mois ont passé en palabres, échange de messages, chevauchées à travers le pays, levées de troupes, alors que la comédie s'est jouée en quarante-huit heures, de la première nuit à la troisième nuit!
Ce serait là, prématurément, l'exemple de ce qu'on appelle aujourd'hui le phénomène de la patte de la grenouille. La patte de la grenouille est animée, dit-on, par deux nerfs qui se contractent, pour un même mouvement, l'un très vite et l'autre lentement!
Méfions-nous de l'appliquer ici. Les ciseaux du temps, tellement ouverts, semblent, en effet, se refermer sur l'entrevue du Roi et du prince Henry, comme aussi sur la bataille de Shrewsbury. C'est pour s'écarter à nouveau.
Les deux ouvrages n'ont rien de commun; en chacun d'eux tout est dit.

Un renseignement apporté par Falstaff à la scène quatrième de la comédie renforce la thèse de la sépa-

---

1. Les semaines, les mois ont passé.
2. Entre la quatrième et la cinquième scène de la comédie, une vingtaine d'heures a passé.

ration, quand, au contraire, elle paraît à premier examen militer le rapprochement :

FALSTAFF : Cet écervelé du Nord, Hotspur, et ce Gallois, Glendower, et son gendre Mortimer, et le vieux Northumberland, et le plus leste des Écossais, Douglas...
Eh bien, il est là, ainsi qu'un certain Mordake et un millier de bonnets bleus.
N'es-tu pas terriblement effrayé?

Si cette annonce de la mise sur pied de la rébellion comme déjà accomplie était une supercherie, entre celles que nous avons relevées, pour malaxer ensemble les deux pièces, elle serait d'une maladresse insigne : l'anachronisme hurlerait. Mais si elle appartient, ainsi que nous le pensons, au texte de la comédie, elle n'arrive ni trop tôt ni trop tard dans une action qui n'a que quarante-huit heures d'âge, puisque au début aucune date corrélative n'a été indiquée.
Dans chaque ouvrage, tout est dit.

Dans la Préface de la traduction, Georges Duval rappelle :

« Rowe a remarqué que, dans la première version du rôle, au lieu de Falstaff, le compagnon du prince Henry s'appelait Oldcastle. »

Plus loin, citant Theobald :

« J'ai lu une pièce nouvelle intitulée : Les Fameuses Victoires de Henry V. L'action débute dans la quatorzième année du règne de Henry IV et finit par le mariage de Henry V épousant Catherine de France. La scène commence avec les vols *du prince Henry. Sir John Oldcastle est un des complices, avec Ned (Poins) et Gadshill, un autre vaurien. J'en déduis que Shakespeare se serait inspiré de la pièce en question, jusqu'à ce que quelque descendant de la famille des Oldcastle ait prié la reine Élisabeth de faire supprimer ce nom.*

« *Aussitôt que notre poète sut quel souvenir rappelait ce nom d'Oldcastle, il en chercha un autre et trouva dans les chroniques... De Fastolfe, il fit Falstaff...* »

A la création de la première partie de Henry IV *en 1597 notre héros est annoncé comme Sir John Falstaff.*

Or, dans la deuxième partie, *traduite par lui, Georges Duval, en un renvoi et à propos d'une réplique de Falstaff note :*

« *Dans le quarto imprimé en 1609, au lieu que cette réplique soit attribuée à Falstaff elle l'est à Oldcastle. Cela confirme ce que nous avons raconté dans notre introduction à la première partie de* Henry IV. *Partout le nom d'Oldcastle a été remplacé par celui de Falstaff, sauf, par une erreur de l'imprimeur, à cette place.* »

Cette erreur démontre surtout et péremptoirement que la comédie était écrite entièrement avant la création de Henry IV, *première partie, puisque le nom d'Oldcastle supprimé déjà subsistait lors de l'impression tardive de* Henry IV, *deuxième partie. Ou bien, il faut admettre que les deux* Henry IV *ont été composés d'emblée et expliquer pourquoi* Troïlus et Cressida *a été représentée entre-temps. Dans l'épilogue, qui appartient visiblement à Fal-*

staff, *l'allusion à l'insuccès de cette dernière pièce, doit avoir été ajoutée.*

S'il nous fallait trouver un argument supplémentaire en faveur de l'indépendance des deux ouvrages, nous le trouverions dans la scène de recrutement chez Shallow et dans son déplacement. En dépit de l'apostrophe vraiment hors de propos du Grand Juge à Falstaff : « Sir John, vous demeurez ici trop longtemps; vous avez à lever des hommes dans le pays que vous traversez », il apparaît qu'elle devait trouver sa vraie place, avant la bataille de Shrewsbury et être incorporée à la première partie, si sa trop grande longueur pour la durée du spectacle ne l'en avait fait bannir. Supposition ? Non, car dans tous les tableaux de la seconde partie, Falstaff est accompagné du Page dont le prince Henry a enrichi son équipage. Celui-ci ne le quitte plus, sauf sur le champ de bataille où il n'a pas d'office. C'est un élément de pittoresque dont il ne se serait pas privé — et dans cette scène de préférence!

Je ne suis pas bien certain non plus que l'une des deux scènes avec le Grand Juge, dans la rue de Londres — beaucoup trop rapprochées —, celle, peut-être, avec l'Hôtesse, n'a pas subi le même sort que le tableau du recrutement. Mais ici le « camouflage » est si réussi qu'il est imprudent de se prononcer.

Un détail ?

On trouve dans la liste des personnages de la deuxième partie de Henry IV, *deux Bardolph qui n'ont aucun lien de parenté, le Lord, qui n'apparaît pas dans la première partie, et le compagnon, toujours aviné, de Falstaff. Il est à présumer que l'on eût évité la rencontre des noms si la fusion des ouvrages avait été prévue.*

Le sens critique le plus élémentaire fera convenir qu'après la mort de Henry IV et l'accession au trône de Henry V, les dernières scènes ont l'air d'être bâclées, jetées çà et là à la hâte et pour en finir. Mais cette impression tient à ce qu'elles arrivent après le dénouement du drame. Acceptons qu'elles soient le dénouement de la comédie et les voici bienvenues, logiques, conclusives.

Il n'est pas contestable que la première partie de Henry IV, *contrairement à l'esthétique shakespearienne, n'était pas une œuvre fermée. Elle ressemblait, en effet, à une construction qui attend son achèvement de l'adjonction d'une seconde aile. Telle qu'en son ensemble elle nous a été conservée et transmise elle reste de style composite, à deux étages bizarrement dénivelés, sans autre communication entre eux que par échelles fragiles, cordes flottantes, accrochées à la façade.*

Mais enfin, les plans primitifs de l'architecte retrouvés, nous admirerons deux bâtiments bien conçus, ici un vaste château aux lignes sobres, donjon miré aux eaux des fossés : Henry IV — *drame historique en une seule partie* —, *là une auberge plaisante dans un paysage de prairies et de hauts arbres :* Le Chevalier de la Lune — *comédie en une seule partie* — *dignes, raison suprême, de l'homme de Stratford et de son immense génie.*

PERSONNAGES

FALSTAFF
LE PRINCE HENRY
POINS
BARDOLPH
PETO
PISTOLET
MAÎTRE LÉGER
MOTUS
LE GRAND JUGE
DAVY
COLEVILLE
GADSHILL
LE PRINCE JEAN
FRANCIS
LE PAGE
WESTMORELAND
MOISY
LOMBRE
BOSCOT
FAIBLARD
LEVEAU
L'INDICATEUR
FANG
L'HOTESSE
DOROTHÉE

EXEMPT, SHÉRIF, CABARETIER,
VOLEUR, MARCHANDS

Acte I

PREMIER TABLEAU

Une salle d'auberge. Falstaff, déjà ivre, est installé devant une table chargée de victuailles et de boissons. Entre le prince Henry.

FALSTAFF : Alors, Riquet, mon garçon, quelle heure est-il?

LE PRINCE HENRY : A force de boire du vin doux, de te déboutonner après le repas, de faire la sieste sur les bancs, ton esprit est devenu si épais que tu oublies la question au moment de la poser. Que t'importe l'heure et le jour? Si les heures ne sont pas des verres de vin sucré, les minutes des chapons, les horloges de bavardes maquerelles, les cadrans des enseignes de bordel et le soleil lui-même une chaude garce en taffetas couleur de flammes, je ne vois pas pourquoi tu t'inquiètes de l'heure et du jour. Demande superflue!

FALSTAFF, *qui boit et s'empiffre* : Vraiment, Riquet, tu commences à me comprendre. Nous autres filous, c'est la lune et les sept planètes qui nous gouvernent. Chevaliers de la lune! Non point Phœbus « le chevalier errant, si blond »... Puisse, cher moqueur, puisse Dieu conserver ta Grâce quand tu seras roi, — je veux dire ta Majesté, car de grâce, tu n'en as pas...

HENRY : Aucune?

FALSTAFF : Vraiment aucune! Même pas pour un « benedicite » à dire avant l'œuf et le beurre.

HENRY : Va. Continue.

FALSTAFF : Quand tu seras roi, cher moqueur, ne permets pas que nous, gardes du corps de la nuit, soyons appelés trousseurs de la beauté du jour; plutôt gardes forestiers de Diane, gentilshommes de l'ombre, favoris de la lune. Que l'on nous reconnaisse hommes bien gouvernés, comme est bien gouvernée la mer par notre noble et chaste maîtresse la lune, sous la protection de laquelle nous filoutons.

HENRY : Tu parles d'or. Notre sort aussi, comme la mer sous l'influence de la lune, a son flux et son reflux. Preuve : une bourse pleine d'or audacieusement soustraite un lundi soir, est fort libéralement vidée le mardi matin. Appropriée en criant : « La bourse ou la vie » et vidée en criant : « Garçon, la même chose! » Tantôt la marée baisse jusqu'au pied de l'échelle, tantôt le flot monte jusqu'à la plate-forme où la potence est dressée.

FALSTAFF : Pardieu, tu as raison, mon fils!

Il se penche vers le Prince, baisse la voix :

N'est-ce pas, que l'hôtesse de ma taverne est une fille appétissante?

HENRY : Autant que le miel!

Il se penche aussi vers Falstaff, baisse la voix :

N'est-ce pas, que l'uniforme d'un officier de justice est un habit qui dure longtemps?

FALSTAFF, *bourru* : Que veux-tu dire, mauvais drôle? Pourquoi ces sarcasmes et ces subtilités?

Qu'ai-je affaire avec ton habit d'officier de justice?

HENRY : Et moi, ai-je à attraper la vérole avec ton hôtesse de taverne?

FALSTAFF : Tu l'as appelée souvent et souvent pour compter avec elle.

HENRY : Je ne t'ai jamais appelé pour te réclamer ta quote-part.

FALSTAFF : Non. Justice te soit rendue. Ici, tu paies toujours.

HENRY : Ici, et ailleurs, autant que j'aie d'argent. Quand je n'en ai plus, j'use de mon crédit.

FALSTAFF : Tellement que si tu n'étais pas reconnu l'héritier présomptif... Dis-moi donc, cher railleur, quand tu seras roi poussera-t-il encore des gibets en Angleterre? L'audace sera-t-elle empêtrée comme aujourd'hui sous le frein criard de cette vieillerie qu'on appelle la loi? Quand tu seras roi, ne pends plus les voleurs.

HENRY : Non. C'est toi qui en auras la charge.

FALSTAFF : Moi? Ah! bravo. Parbleu, je ferai un juge excellent — en toute connaissance de cause.

HENRY : Et déjà ton jugement est faux. J'entends que c'est toi qui pendras les voleurs. Ainsi deviendras-tu un excellent bourreau — jusqu'à te pendre toi-même.

FALSTAFF : Bon, Riquet, bon. Je puis t'assurer que, pour mon humeur, faire antichambre à la cour ou devenir bourreau, c'est tout un!

HENRY : Pour t'y revêtir d'une charge ou d'honneurs...

FALSTAFF : D'habits!... Héritier des pendus, le bourreau a une riche garde-robe!...

Il change de ton. Les coudes sur la table, la tête dans les mains, il montre une désolation d'ivrogne.

Je suis aussi mélancolique qu'un vieux matou, ou qu'un ours muselé.

HENRY : Ou qu'un lion devenu vieux, ou que la lyre d'un amoureux transi.

FALSTAFF : Ou que le chant de basse d'une cornemuse.

HENRY : Pourquoi ne dis-tu pas : aussi mélancolique qu'un hibou, ou qu'un pays de marécages?

FALSTAFF, *offensé* : Tes comparaisons sont des plus désobligeantes et tu es un incomparable vaurien...

Il reprend ses lamentations, probablement feintes.

Mon jeune prince, mon doux prince, Riquet, je t'en prie, ne me tourmente plus de ces folies. Pardieu, je voudrais que toi et moi puissions connaître un endroit où acheter contre argent de la bonne renommée. Un vieux lord du Conseil m'a sermonné l'autre jour, dans la rue, à votre propos, Monsieur. Je n'y ai pas pris garde. Il parlait doctement; je ne l'ai pas regardé. Et pourtant, je le répète, il parlait avec sagesse, et au beau milieu de la rue.

HENRY : Tu as bien fait, car la sagesse dit : La sagesse crie dans la rue et personne n'y prend garde.

FALSTAFF *s'apitoie profondément sur lui-même* : O citation abominable! Oui, en vérité, tu serais capable de corrompre un saint! Tu m'as fait beaucoup de tort, Riquet!... Dieu te le pardonne. Avant de te connaître, Riquet, j'étais plein d'innocence. Et à présent, pour tout dire, je ne vaux pas beaucoup mieux qu'un scélérat. Il faut que je change de vie et j'en veux changer. Par le Seigneur, si je ne le fais pas, tiens-moi pour un misérable. Il ne sera pas dit que je perdrai mon âme pour le fils d'un roi chrétien!

HENRY, *très simplement* : Jack? Où chaparderons-nous une bourse, demain?

FALSTAFF *lève la tête et répond aussi simplement* : Où il te plaira, mon garçon. J'en chaparderai une, ou tu me traiteras de coquin et me moqueras, j'y consens et le permets.

HENRY : Je constate que tu te réformes. Vite, de la contrition au vol!

Entre Poins, qui demeure à l'écart.

FALSTAFF, *réjoui* : Eh! c'est ma vocation, Riquet. On ne saurait pécher à suivre sa vocation.

Il découvre Poins.

Poins!... Nous allons savoir si Gadshill a comploté quelque chose. Ah! si l'on n'est sauvé qu'en raison de son mérite, quel trou de l'enfer sera assez chaud pour lui? Maître Gadshill est certes le plus parfait scélérat qui ait jamais crié : « Haut les mains » à un honnête homme.

HENRY : Bonjour, Ned.

POINS : Bonjour, cher Riquet. *(Il se tourne vers Falstaff.)* Que dit Monsieur Remords? Comment allez-vous, chevalier du sucre et du vin d'Espagne? Comment le diable et toi vous arrangez-vous de ton âme? Tu la lui as vendue le Vendredi saint dernier pour une rasade de madère et une cuisse de poulet froid?

HENRY : Sir John ne s'en dédit pas, le diable aura son marché; car Sir John, de sa vie, n'a fait mentir un proverbe : « Il donnera au diable ce qui lui appartient. »

POINS : Damné qui tient sa parole au diable!

HENRY : Damné qui ne la tient pas.

POINS *entraîne le Prince et Falstaff à l'écart d'indiscrétions éventuelles et baisse la voix :* Mes enfants, mes enfants, demain matin, à Gadshill. D'un côté, des pèlerins sont en route vers Canterbury, porteurs de riches offrandes, de l'autre des marchands se rendent à Londres les poches pleines. Je me suis pourvu de masques; il y en aura pour tous. Vous avez chacun un cheval. Gadshill couche cette nuit à Rochester. J'ai commandé à souper pour demain soir, à Eastcheap. Le coup est de tout repos — comme de dormir. Si vous consentez à venir, je remplirai vos bourses de couronnes et de couronnes; sinon restez chez vous et soyez pendus!...

FALSTAFF : Écoute-moi, Ned; si je n'y vais pas, soyez pendus pour y être allés!

POINS : Viendrez-vous, mes agneaux?

FALSTAFF : Riquet, vous serez des nôtres.

HENRY, *révolté :* Quoi? Je volerais? Moi, un voleur? Non, non, je le jure!

FALSTAFF : Il n'y a ni honnêteté, ni courage, ni camaraderie en toi! Tu n'es point de sang royal que tu n'oses opérer une prise de corps contre une couronne.

HENRY : Soit, pour une fois, coiffons un bonnet de fou!

FALSTAFF : Voilà qui est bien dit.

HENRY : Décidément non, advienne que pourra, je resterai à la maison.

FALSTAFF : Par Dieu! Quand tu seras roi je me ferai traître!

HENRY : Que m'importe!

POINS : Sir John, je te prie, laisse-moi avec le prince. Je lui avancerai de si bonnes raisons de tenter l'aventure, qu'il nous accompagnera.

FALSTAFF, *qui n'a cessé de boire et de goinfrer*,

ne quitte les lieux qu'à regret. Entre ses phrases, il revient à plusieurs reprises de la porte à la table, vide une pinte, ronge un morceau de volaille :
Bon. Que tes paroles persuasives trouvent son oreille profiteuse; que tes arguments l'émeuvent et puissent-ils le convaincre qu'un vrai prince peut, pour son divertissement, se changer en faux voleur. Les chétifs abus de ce temps ont besoin de protection. Adieu. Vous me retrouverez à Eastcheap.

Il sort.

HENRY : Adieu, printemps défunt. Adieu, été de la Saint-Martin.

POINS : Maintenant, mon doux prince, en selle avec nous demain : j'ai une farce à jouer que je ne puis manigancer seul. Falstaff, Bardolph, Peto et Gadshill dévaliseront les marchands, notre embuscade est dressée. Nous aurons soin, vous et moi, de ne pas nous trouver sur le lieu de leur exploit. Mais, dès qu'ils auront le butin, je donne ma tête à couper si nous ne le leur dérobons pas, vous et moi.

HENRY : Mais comment nous séparer d'eux?

POINS : Nous partirons avant ou après, pour un rendez-vous à votre choix. Ils iront seuls et, le coup fait, nous leur tomberons dessus.

HENRY : Ils pourraient nous reconnaître à nos montures, à nos habits, à quelque détail?

POINS : Bah! Ils ne verront pas nos chevaux : je les attacherai dans le bois. Nous changerons de masque aussitôt que nous les aurons quittés. Enfin, j'ai, pour l'occasion, d'amples manteaux bruns qui nous couvriront tout entiers.

HENRY : Je crains que ce ne soit trop forte partie pour nous.

POINS : Quant à cela, j'en tiens deux pour les

plus fieffés poltrons qui aient jamais tourné le dos. Le troisième, s'il combat plus que de raison, je renonce à jamais porter les armes.

HENRY : Eh bien! j'irai avec toi. Prépare le nécessaire et rendez-vous à Eastcheap, où nous souperons. Adieu.

POINS : Adieu, Monseigneur.

Il sort.

HENRY, *seul* : Je vous connais bien, tous, et j'accepte pour le moment de me joindre aux folies de votre oisiveté! Ainsi j'imiterai le soleil qui laisse les nuages épais dissimuler sa splendeur au monde et se fait, par l'absence, désirer davantage. Dès que ses rayons dissipent les brumes qui l'étouffaient, il n'en est que plus admiré. Si l'année entière n'était qu'un long jour de vacances, le loisir ennuierait plus que le travail. Ce qui est rare arrive toujours à souhait.

Quand, un jour, j'abjurerai cette conduite folle et légère, que je m'acquitterai d'une dette non reconnue, je passerai l'espérance des hommes détrompés. Tel que brille un métal dans l'ombre, ma réforme après mes fautes passées sera si éclatante qu'elle attirera plus de regards surpris et joyeux que n'en reçoit le mérite sans contraste. Ainsi j'aurai offensé les hommes afin que l'offense devienne une vertu. Au moment qu'on ne l'attendra plus, je saurai racheter les jours de ma folle jeunesse [1].

RIDEAU

---

[1]. On l'a vu, nous supposons ce morceau emprunté à la scène deuxième de l'acte III de *Henry IV*. Il devait être supprimé à la représentation.

DEUXIÈME TABLEAU

Une route aux environs de Gadshill. Nuit. Clair de lune à travers les feuillages. Entrent Gadshill et l'Indicateur.

GADSHILL : Je veux être pendu s'il n'est pas quatre heures. Les étoiles du Chariot étaient au-dessus du toit.

L'INDICATEUR : Maître Gadshill, ce que je vous ai dit hier au soir est toujours vrai. Le gros fermier du Kent a sur lui trois cents marcs d'or. Je le lui ai entendu dire à l'un de ses compagnons, une sorte de caissier qui voyage aussi avec un très grand bagage — Dieu sait quoi. Ils ont fait monter des œufs et du beurre. Ils vont se mettre en route.

GADSHILL : Ma tête à toi, s'ils ne rencontrent les chevaliers du Saint Frusquin.

L'INDICATEUR : Ta tête, garde-la pour la corde.

GADSHILL : Que me parles-tu de la corde!... Si je vais à la potence, il y aura une belle paire de gibier, car le vieux Sir John sera pendu avec moi et tu sais qu'on ne lui voit pas les côtes. Bah! il y a encore d'autres truands dont tu ne te doutes pas. Ceux-là, pour leur seul divertissement, sont contents de faire honneur à notre profession. Si les choses venaient à se gâter, pour leur propre salut ils sauraient arranger nos affaires. Je ne suis pas associé à des voleurs de grand chemin, à de la canaille qui se satisfait de **menue monnaie**, à **des** trognes hirsutes barbouillées de vin, mais à des nobles, des gens de paix, des bourgmestres, des monnayeurs de tous poids, plus enclins à frapper qu'à discuter, à trinquer qu'à haranguer, à boire qu'à demander. Ils ne quêtent pas, ou bien leurs prières s'adressent à la chose publique. Ou plutôt ils ne la prient pas, ils la pillent; ils la foulent aux pieds et s'en font du foin pour leurs bottes.

L'INDICATEUR : La fortune publique dans leurs bottes? Veut-elle donc prendre l'eau dans un mauvais chemin?

GADSHILL : Elle le veut, elle le veut!

Nous allons d'un vol sûr, comme dans un château, car nous avons la recette de la graine de fougère qui rend invisible.

L'INDICATEUR : Sur ma foi, je crois plutôt que c'est la nuit qui vous dérobe.

GADSHILL : Donne-moi la main : tu auras ta part de notre butin aussi vrai que je suis honnête homme.

L'INDICATEUR : Je préférerais l'avoir aussi vrai que vous êtes un voleur.

GADSHILL : « Homo » est un nom commun à tous.

Ils entendent du bruit.

Viens coquin!...

Ils sortent. Aussitôt entrent le prince Henry et Poins, chacun avec une lanterne sourde.

POINS : Cachons-nous!... J'ai éloigné le cheval de Falstaff. Le bougre est froissé, chiffonné par la rage comme du velours gommé.

HENRY : Dissimule-toi! Couvre ta lanterne.

Entre Falstaff, sa lanterne à la main, le masque levé.

FALSTAFF, *hélant* : Poins!... Poins!? Qu'on l'étrangle!... Poins!

ACTE I, TABLEAU II

HENRY : Paix, gros rognon! Qu'as-tu à brailler de la sorte!

FALSTAFF : Où est Poins, Riquet?

HENRY : Il a grimpé au haut de la colline. *(Il s'éloigne.)* J'irai le chercher.

La maigre lueur de la lanterne s'égare dans les halliers, s'éteint.

FALSTAFF : Il faut que je sois maudit pour rester voleur en sa compagnie : la canaille m'a subtilisé mon cheval et le retient je ne sais où. Si je marche encore quatre pas, j'en serai au dernier souffle! Mais je crèverai sûrement à mon heure si j'échappe à la corde pour avoir occis ce gredin-là. Voici vingt-deux ans que je jure sans cesse de lui fausser compagnie et je demeure ensorcelé par ce chenapan. Il faut que le drôle m'ait fait absorber quelque philtre pour se faire aimer de moi. Je veux être pris au nœud coulant s'il ne m'a servi des drogues.

Poins! Riquet! La peste vous infecte. Bardolph! Peto! Que je meure d'inanition si je détrousse quiconque à un pas d'ici. Je consens à n'être qu'un valet, avec un seul chicot dans la gueule pour mâcher, s'il n'est pas aussi bon de quitter ces coquins et de devenir honnête homme que de vider une bouteille.

Cent mètres d'un terrain caillouteux sont autant pour moi que dix mille lorsqu'il me faut aller à pied et ces scélérats-au-cœur-de-caillou le savent bien. C'est la fin de tout quand les larrons ne peuvent plus se fier les uns aux autres.

On siffle.

When? Le diable vous emporte! Crapules, rendez-moi mon cheval. Amenez-moi mon cheval et allez-vous faire pendre!

HENRY *surgit :* Silence, grosse bedaine! Couche-toi là. Plaque ton oreille contre le sol et écoute si tu perçois le pas des voyageurs.

FALSTAFF : Avez-vous des leviers prêts à me relever? Sangbleu! pour tout le trésor du roi, ton père, je ne transporterais pas ma vieille carne plus longtemps ni plus loin!... A quel jeu jouez-vous, de me traiter plus bas que terre?

HENRY : Pas plus bas que terre; seulement à bas de ton cheval!

FALSTAFF : Je t'en prie, cher prince Henry, remets-moi le pied à l'étrier.

HENRY : Arrière, drôle!... Me prends-tu pour ton palefrenier?

FALSTAFF : Eh bien! cours te pendre avec ta jarretière d'héritier présomptif! Si je suis pris, je te dénoncerai! Je ferai tourner contre toi des ballades à chanter sur tous les tons. Si j'y manque, qu'un verre de vin m'empoisonne. Quand la plaisanterie va aussi loin et à pied, je la hais.

Entre Gadshill.

GADSHILL : Arrêtez!

FALSTAFF : Je m'arrête, à contre-cœur.

POINS *paraît :* C'est notre chien d'arrêt. Je reconnais sa voix.

Entre Bardolph.

BARDOLPH : Quelles nouvelles?

GADSHILL : Planquez-vous ! Planquez-vous !... Mettez vos masques! L'argent du Roi descend la colline : il roule vers le trésor royal.

FALSTAFF : Tu mens, traître : il dévale à la Taverne du Roi.

GADSHILL : Nous en userons tous.

FALSTAFF : Tous, — jusqu'à la corde.

HENRY : Messieurs, vous quatre leur tiendrez tête dans le défilé. Ned, Poins et moi nous embusquerons plus bas. S'ils vous échappent ils sont à nous.

PETO : Combien sont-ils?

GADSHILL : Huit ou dix.

FALSTAFF : Morbleu! C'est eux qui pourraient nous dépouiller!

HENRY : Aurais-tu peur, Sir John Tripes?

FALSTAFF : A dire vrai, je ne me compare pas à Jean de Gand, ton grand-père; mais je n'ai pas la main lâche dans mon gant.

HENRY : Nous te jugerons à l'épreuve.

POINS : Ami Jack, ton cheval est derrière la haie. Tu l'y trouveras. Adieu et tiens bon!

FALSTAFF : Je pourrais le sonner avec la corde qui me pendrait!

HENRY : Ned, où sont nos déguisements?

POINS : Là, tout à côté. Suivez-moi.

Le prince Henry et Poins sortent.

FALSTAFF : Et maintenant, mes maîtres, la fortune au plus heureux! Chacun à sa besogne.

Entrent les voyageurs.

LE PREMIER VOYAGEUR : Venez, voisin. Le garçon conduira nos chevaux par la bride au bas de la colline. Allons un peu à pied, pour nous dégourdir.

LES VOLEURS : Arrêtez!...

LES VOYAGEURS : Jésus nous bénisse!...

FALSTAFF : Frappez! Abattez-les sur le carreau! Égorgez-les! Dévergondés fils de chenilles, valets gavés de lard!... Ils détestent notre jeunesse! A bas, — arrachez-leur la toison.

LES VOYAGEURS : Nous sommes à jamais perdus, — nous et les nôtres.

FALSTAFF : Au poteau, coquins engraissés. Tout est perdu? Non, rustres enflés : je voudrais que tout votre avoir fût ici! Sus! lardons!... Que dites-vous, manants? Il faut que la jeunesse vive! Vous êtes du grand jury, n'est-ce pas? Nous vous entendrons jurer!

Falstaff et sa bande sortent, dépouillant les voyageurs.
Rentrent le prince Henry et Poins. Ils sont masqués et couverts d'amples manteaux sombres.

HENRY : Les voleurs ont ficelé ces honnêtes gens; à présent, si nous pouvions, toi et moi, voler les voleurs et nous en aller promptement à Londres, il y aurait de quoi s'amuser durant une semaine, rire pendant un mois, se moquer toute la vie.
POINS : Prenez garde; je les entends venir.

Les voleurs rentrent.

FALSTAFF : Lors donc, mes maîtres, faisons le partage et puis remontons à cheval avant qu'il soit jour. Le Prince et Poins sont deux fieffés couards ou bien il n'y a pas d'équité en ce monde. Non, il n'y a pas plus de valeur dans ce Poins que dans un canard sauvage.
HENRY, *se précipitant sur eux* : Votre argent!
POINS : Scélérats!

Tandis qu'ils sont à partager, le Prince et Poins fondent sur eux. Ils se sauvent tous. Falstaff, après un coup ou deux, fuit derrière sa bande, abandonnant le butin.

HENRY : Voici un butin conquis sans grande peine! Allons, vite à cheval!... Les voleurs sont dispersés et si emplis de terreur que l'un n'ose plus approcher l'autre qu'il prend pour le shérif!... En avant, cher Ned. Falstaff transpire à en mourir

et engraisse la terre maigre à chaque pas. S'il ne valait mieux rire, j'en aurais pitié.
POINS : Comme le coquin hurlait!
Ils sortent.

RIDEAU

TROISIÈME TABLEAU

La Taverne de la « Tête de sanglier », à East-Cheap. Entrent le prince Henry et Poins.

HENRY : Ned, je t'en prie, sors de cette chambre aux murs gras et aide-moi à rire un peu.
POINS : D'où viens-tu, Riquet?
HENRY : De la cave, en compagnie de trois ou quatre lourdauds et de soixante à quatre-vingts tonneaux. J'ai pincé la corde de la plus basse humilité. Ami, me voici le confrère juré d'un trio de tireurs de vin; et je puis les appeler tous par leurs prénoms : Tom, Dick, Francis. Ils jurent déjà sur leur salut que, pour prince de Galles que je sois encore, je suis roi de la courtoisie, — non vaniteux comme Falstaff, mais joyeux drille, bon enfant digne d'un Corinthien. C'est ainsi qu'ils me nomment. Et quand je serai roi d'Angleterre, j'aurai pour bons sujets tous les mauvais sujets d'East-Cheap. Ils appellent boire à tire-larigot : *Teindre en écarlate;* et si vous baissez le coude pour reprendre

haleine, ils crient : *Hem!* et vous invitent à faire cul sec. En conclusion, j'ai fait de tels progrès en un quart d'heure que je suis capable de laper avec n'importe quel chaudronnier, dans sa propre langue et ma vie durant. Je te l'assure, Ned, tu as manqué à l'honneur, à ne pas partager mon exploit. Mais doux Ned, pour adoucir ton doux nom, je t'offre ce cornet de sucre qui m'a été glissé dans la main par un garçon de comptoir, nigaud qui n'a jamais su compter que par pintes, avec cette addition criarde : « Voilà, voilà. — Tout à l'heure, Monsieur, tout à l'heure. — Une pinte de vin d'Espagne, une! »

Sur ce, pour tuer le temps jusqu'à l'arrivée de Falstaff, poste-toi dans la pièce voisine. Je vais demander à ce niais dans quel but il m'a donné ce sucre, toi tu ne cesseras d'appeler : « Francis! Francis! » Tu auras un échantillon de sa manière.

POINS, *appelant :* Francis!
HENRY : Parfait.
POINS *appelle :* Francis!

Il sort.

Entre Francis, portant un grand plateau d'étain chargé de pots qu'il maintient en équilibre.

FRANCIS : Tout à l'heure! Tout à l'heure, Monsieur...

Il s'adresse à quelqu'un, au-dehors :

Ralph, regarde dans la salle basse...
HENRY : Viens ici, Francis!
FRANCIS, *approchant :* Monseigneur?
HENRY : Combien de temps as-tu encore à servir, Francis?
FRANCIS : Cinq ans, c'est-à-dire autant...
POINS *appelle de la chambre voisine :* Francis!

FRANCIS, *un pas vers la porte* : Tout à l'heure, tout à l'heure, Monsieur.
HENRY : Cinq ans? Par Notre-Dame, c'est un long stage pour apprendre à cabosser des pots d'étain. Mais Francis, aurais-tu l'audace de lever le pied avant la fin de l'apprentissage, de lui tourner les talons et de te sauver?
FRANCIS : Ah! Monseigneur, sur tous les livres de l'Angleterre je jurerais que j'aurais le cœur...
POINS *appelle* : Francis!
FRANCIS, *de plus en plus embarrassé de son plateau* : Tout à l'heure, Monsieur, tout à l'heure.
HENRY : Quel âge as-tu, Francis?
FRANCIS : Voyons... à la Saint-Michel, j'aurai...
POINS *appelle* : Francis!
FRANCIS : Tout à l'heure, Monsieur! *(A Henry :)* Monseigneur, attendez un peu, je vous prie...
HENRY, *comme pour l'aider, empoigne d'un côté le plateau que Francis ne lâche pas* : Non, mais écoute-moi, Francis. Ce sucre que tu m'as donné, il y en avait bien pour cent sous, n'est-ce pas?
FRANCIS : Oh! Dieu, Monseigneur, je voudrais qu'il y en eût eu pour deux cents.
HENRY, *baissant la voix, confidentiel* : Je veux en retour te donner mille livres : demande-les-moi quand tu voudras, tu les auras.
POINS *appelle* : Francis!
FRANCIS *répond à Henry, baissant aussi la voix* : Tout à l'heure!... Tout à l'heure!

Ils sont face à face, de chaque côté du plateau qu'ils tiennent ensemble.

HENRY : Tout à l'heure, Francis? Non pas, Francis; mais demain, Francis; ou jeudi, Francis; ou ma foi, Francis, quand tu voudras. *(Il baisse encore la voix.)* Mais, Francis...

FRANCIS : Monseigneur?

HENRY : Consentirais-tu à voler un quidam qui porte justaucorps de cuir à boutons de cristal, cheveux ras, anneau d'agate, bas puce, jarretière de serge, langue doucereuse, panse espagnole?

FRANCIS, *effrayé recule, abandonnant le plateau aux mains de Henry* : Dieu! Monseigneur, que voulez-vous dire?

HENRY, *rompant* : Allons, je vois que vous ne buvez que du vin muscat. Songez-y, Francis, votre veste blanche se salira... Ami, il en coûterait moins cher en Barbarie.

FRANCIS, *décontenancé* : Quoi, Monsieur?

POINS *appelle* : Francis!

HENRY, *lui remettant le plateau aux mains* : File donc, maraud! N'entends-tu pas qu'on t'appelle?

POINS : Francis!

HENRY : Francis!

Francis fait plusieurs fois demi-tour sur place.

POINS : Francis!

Entre le cabaretier.

LE CABARETIER : Quoi! Tu restes planté là quand on t'appelle de la sorte! Va servir la pratique!

Francis sort avec son plateau.

Monseigneur, le vieux Sir John est à la porte, avec quelques autres; les ferais-je monter?

HENRY : Qu'ils attendent un moment, puis vous leur ouvrirez la porte.

Le cabaretier sort. Henry appelle :
Poins!

POINS *accourt* : Tout à l'heure!... Tout à l'heure, Monsieur.

HENRY : Ami, Falstaff avec le reste des voleurs, est à la porte, — serons-nous biens gais?

ACTE I, TABLEAU III 63

poins : Comme des grillons, mon enfant. Mais, dites-moi, quel plaisir avez-vous tiré de cette plaisanterie avec le garçon? A quelle fin?

henry : Bah! Je suis d'humeur en ce moment à m'amuser de toutes les farces jugées farces depuis les vieux jours du bonhomme Adam jusqu'à ce jeune minuit qui vient de sonner douze coups.

Francis apporte du vin.

Quelle heure est-il, Francis?

francis : Tout à l'heure, tout à l'heure, Monsieur.

henry : Se peut-il que le fils d'une femme ait aussi peu de vocabulaire qu'un perroquet!

Je ne suis pas encore de l'humeur de Percy, dit l'Éperon brûlant du Nord, celui qui vous tue six ou sept douzaines d'Écossais à son déjeuner, se lave les mains et dit à sa femme : « Je méprise cette oisiveté, j'ai besoin de m'occuper. — Oh! mon doux Harry, dit-elle, combien en as-tu tué aujourd'hui? — Que l'on donne à boire à mon cheval rouan », s'écrie-t-il. Puis il répond une heure après : « Environ quatorze. Une bagatelle, une bagatelle. » Je te prie, fais entrer Falstaff. Je jouerai le rôle de Percy et ce maudit pourceau celui de dame Mortimer, sa femme. Rivo dit l'ivrogne. Introduis ce lard, introduis ce tas de saindoux.

Entrent Falstaff, Gadshill, Bardolph et Peto.

poins : Salut, Jack. D'où viens-tu?

falstaff : Peste soit des couards! Vengeance sur eux, — ainsi soit-il et amen! Garçon, verse-moi du vin. A poursuivre cette vie, je préférerais tricoter des bas, les rapetasser, les ressemeler. Maudits, les poltrons! Donne-moi une coupe de Xérès, coquin! N'y a-t-il plus de vertu sur terre?

Francis l'a servi, il boit.

HENRY, *à Poins* : As-tu jamais vu une tendre motte de beurre fondre sous la caresse du soleil? Regarde celle-ci.

FALSTAFF : Drôle! Il y a de la chaux dans ce vin!... D'un coquin on ne peut attendre que coquinerie. Eh bien, un lâche est pire qu'un verre de vin mêlé de chaux : infâme couard! Va ton chemin vieux Jack. Meurs à ton choix, — si la virilité, la véritable virilité n'a pas déserté la surface de la terre, je veux n'être qu'un hareng saur. Il n'est pas en Angleterre trois hommes de bien pour avoir échappé à la potence et l'un des trois est obèse et se fait vieux. Dieu nous aide. Ah! le méchant monde! Je voudrais être tisserand; je chanterais des psaumes ou toutes sortes de gaudrioles. Je le répète, la peste soit des pleutres.

HENRY : Quoi, ballot de laine! Que marmonnes-tu là?

FALSTAFF : Un fils de roi! Si je ne te chasse pas de ton royaume avec un sabre de bois, si je ne mène pas tes sujets devant toi comme un troupeau d'oies, je consens à être imberbe! Vous, prince de Galles?

HENRY : Fils de garce! Outre débordante!... Que veux-tu dire?

FALSTAFF, *sans les regarder* : N'es-tu pas un couard? Réponds-moi. Et Poins aussi.

POINS, *marchant sur lui, la main au poignard* : Toi, baudruche, si tu me traites de couard, je te dégonfle!

FALSTAFF *recule* : Moi, t'appeler couard? Je te verrai damné avant de te dire couard!...

Mais comme il a vu Henry retenir Poins en riant, il reprend sans les regarder :

Mais je donnerais mille livres pour courir aussi vite que toi. Vous avez les épaules droites, vous autres, et il vous est égal que l'on vous toise de dos. Appelez-vous ça donner un coup d'épaule à vos amis? La peste soit d'une pareille épaulée. Parlez-moi des gens qui vous font face!...

Francis traverse la pièce.

Garçon, du vin! « *Rivo!* »
FRANCIS : Tout à l'heure, tout à l'heure, Monsieur.
FALSTAFF : Que je sois démenti, si j'ai déjà bu aujourd'hui!
HENRY : Tes lèvres sont encore humides de ton dernier verre.

Francis verse à boire.

FALSTAFF : Qu'importe. Encore une fois, au diable les poltrons!

Il boit.

HENRY : Mais enfin, de quoi s'agit-il?
FALSTAFF : De quoi?... Nous sommes quatre ici qui avons pris mille livres ce matin.
HENRY : Où sont-elles, Jack, où sont-elles?
FALSTAFF : Où sont-elles? On nous les a reprises. Nous étions quatre malheureux contre cent!
HENRY : Combien! Cent?!
FALSTAFF : Je suis un menteur si je n'ai pas, durant deux heures, croisé l'épée avec une douzaine d'entre eux. C'est miracle que j'en sois rescapé. Huit pointes à travers mon pourpoint, quatre à travers mon haut-de-chausse; mon bouclier percé de part en part!... Mon épée est ébréchée comme une scie! « Ecce signum. » Je ne crois pas m'être mieux comporté depuis que je suis homme. En vain. Au diable, les pleutres! *(Désignant ses complices :)* Demandez-leur. S'ils disent plus ou moins que la

vérité, ce sont des drôles, des enfants de ténèbres!
HENRY : Parlez, Messieurs. Comment cela s'est-il passé?
GADSHILL : Nous autres quatre, sommes tombés sur une douzaine ou à peu près...
FALSTAFF : Seize au moins, Monsieur!
GADSHILL : Et nous les avons garrottés!
PETO : Non, ils n'ont pas été garrottés!
FALSTAFF : Drôle! Ils l'ont été, — ou je suis un pygmée, un nain tout petit!
GADSHILL : Comme nous partagions notre prise, six ou sept nouveaux venus, ont fondu sur nous...
FALSTAFF : Ils ont délivré les premiers; et puis il en a surgi d'autres.
HENRY : Quoi? Vous vous êtes battus contre eux tous?
FALSTAFF, *il boit, son ivresse croît* : Contre tous? J'ignore ce que vous entendez par tous, mais si je ne me suis pas battu avec une cinquantaine, je suis une botte de radis creux. S'ils n'étaient pas cinquante-deux ou trois sur le pauvre Jack, je ne suis pas sur deux pieds.
POINS : Je prie Dieu que vous n'en ayez pas égorgé quelques-uns.
FALSTAFF, *à Henry qui fait mine de ne pas entendre* : Votre prière vient trop tard! Car j'en ai poivré deux. A ces deux, vêtus de manteaux de bougran, j'ai réglé leur compte. Entends-moi, Riquet!... Si je mens crache-moi au visage, traite-moi de canasson. *(Il mime :)* Tu connais ma vieille garde. Je me tenais comme ceci et ma lame comme ça. Quatre misérables, habillés de bougran, foncent sur moi...
HENRY : Comment quatre? Tu disais deux, à l'instant.
FALSTAFF : Quatre. J'ai dit quatre, Riquet.

POINS : Oui, oui, il a dit quatre.

FALSTAFF : Ces quatre-là m'ont attaqué de front en même temps. Moi, sans embarras, j'ai ramassé leurs sept pointes dans mon bouclier.

HENRY : Sept? Ils n'étaient que quatre tout à l'heure.

FALSTAFF : En bougran.

POINS : Oui, quatre vêtus de bougran.

FALSTAFF : Sept, par cette épée, ou je ne suis qu'un poltron.

HENRY, *à Poins* : Je t'en prie, laisse-le aller, — nous en aurons davantage.

FALSTAFF : Tu m'écoutes, Riquet?

HENRY : Oui, Jack, et je t'entends.

FALSTAFF : Je t'en prie, car la chose vaut d'être écoutée. Les neuf en bougran dont je parlais...

HENRY : Bon, deux de plus.

FALSTAFF : Dans leur rage de manquer leurs boutonnières...

POINS : Perdirent leur culotte!

FALSTAFF : ...leurs pointes s'étant rompues, commencent à céder du terrain. Mais je les suivis pas à pas, je les attaquai du pied à la main et en moins de rien, je réglai leur compte à sept des onze.

HENRY : Oh! monstrueux accouchement! De deux hommes en bougran il en naquit neuf!...

FALSTAFF : Mais, le diable s'en mêlant, trois bâtards, en drap vert de Kendal, m'arrivent dans le dos, — car il faisait si noir, Riquet, que tu n'aurais pu voir ta main.

HENRY : Ces hâbleries ressemblent au père qui les engendre, gros comme des montagnes, impudents, palpables. Ah! gros ver à cervelle de boue, caboche épaisse, enfant de garce, obscène boule de suif!

FALSTAFF, *jouant la stupéfaction* : Quoi, deviens-tu fou? Es-tu fou? N'est-ce pas la vérité, toute la vérité, rien que la vérité?

Le prince Henry et Poins s'avancent vers Falstaff, chacun d'un côté, et le prennent au collet.

HENRY : Et comment as-tu pu reconnaître le drap vert de Kendal que portaient ces gaillards, puisqu'il faisait nuit à n'y pas apercevoir sa main? Allons, donne-nous une raison!

POINS, *le secouant* : Oui, une raison, Jack, une raison!

FRANCIS *passe* : Tout à l'heure, tout à l'heure Monsieur.

FALSTAFF, *se dégageant* : Quoi, par la contrainte? Non. Quand on me mettrait à la torture, qu'on m'infligerait tous les supplices du monde, je ne parlerais pas par contrainte. Une raison par contrainte!... Quand les raisons seraient aussi nombreuses que les myrtilles sur la colline, je n'en donnerais à personne par contrainte!

HENRY : Je ne serai pas plus avant le complice de ce vantard. Ce trembleur éhonté, ce défonceur de lit, cet effondreur de reins de cheval, ce dôme de viande...

FALSTAFF : Arrière, crève-la-faim, peau d'anguille, langue séchée, stockfisch... Ah! si je pouvais d'une haleine énumérer tout ce qui te ressemble! Doigt de gant, fourreau, canne à pêche, bout de seringue...

HENRY : Allons, reprends ton souffle. Et quand tu auras épuisé ton répertoire d'ignobles comparaisons, je parlerai à mon tour.

POINS : Écoute, Jack.

HENRY : Nous deux, Poins et moi, nous vous

avons vus tous les quatre tomber sur quatre, les garrotter et leur voler ce qu'ils possédaient. Or, remarque comme un simple récit va vous confondre. Alors, nous deux que voici, sommes tombés sur vous quatre et un mot, un seul mot a suffi à vous faire lâcher votre prise que nous nous sommes appropriée. Si bien que nous sommes en état de vous la montrer; elle est ici, dans la maison. Quant à vous, Falstaff, vous avez rassemblé vos tripes et décampé avec agilité, promptitude et prestesse, beuglant : « Merci » comme jamais nul n'a beuglé!... Quel drôle faut-il que tu sois pour avoir tailladé ton épée, et venir prétendre ensuite que tu l'as ébréchée au combat! Quel subterfuge, quel stratagème, quelle échappatoire imagineras-tu à présent, pour te dérober à une honte aussi flagrante?

POINS : Donc, Jack, nous t'écoutons. Quelle invention vas-tu nous sortir?

FALSTAFF *éclate de rire :* Parbleu! Je vous avais reconnus aussi bien que celui qui vous a faits!

Puis, avec bonhomie mêlée de respect feint :

Voyons, mes maîtres, eût-il été bien à moi d'occire l'héritier présomptif? Devais-je me dresser contre le prince légitime? Eh! Tu sais parfaitement que je suis aussi brave qu'Hercule. Eh bien! constate ce que c'est que l'instinct : le roi des animaux ne touche jamais à un prince de sang royal. L'instinct est une grande chose. Autant dire que j'ai été poltron par instinct. Je n'en aurai qu'une plus haute idée de toi et de moi-même, tant que je vivrai : de moi comme d'un lion vaillant, de toi comme d'un prince véritable.

Il change de ton :

Mais, pardieu, mes enfants, je suis enchanté que vous ayez l'argent! Hôtesse, veillez aux portes. Faites sentinelle, vous prierez demain!... Francis, à boire!

FRANCIS, *qui passait :* Tout à l'heure, tout à l'heure, Monsieur.

FALSTAFF : Compagnons, cœurs d'or, bons enfants, à vous tous les titres de la bonne camaraderie. On va s'amuser. Si nous improvisions une plaisante comédie?

HENRY : Soit, je le veux. Ta poltronnerie en fournira l'argument.

FALSTAFF : Ah! Riquet, si tu m'aimes, n'en parlons plus.

Entre l'Hôtesse.

L'HOTESSE : Monseigneur, le Prince...

HENRY : Eh bien, dame Hôtesse, que me veux-tu?

L'HOTESSE : Monseigneur, un noble seigneur de la Cour est à la porte, qui demande à vous parler. Il dit qu'il vient de la part de votre père.

HENRY, *lui donnant une pièce :* Tiens, donne-lui cette couronne qui le fera roi et renvoie-le à ma mère.

FALSTAFF : De quelle espèce d'homme est-il?

L'HOTESSE : C'est un vieillard.

FALSTAFF : Que fait la gravité d'un vieil homme hors de son lit, à minuit? Irais-je lui donner une réponse?

HENRY : Oui, Jack, réponds-lui.

FALSTAFF : Ma foi, je vais l'emballer.

HENRY, *aux autres :* Eh bien, par Notre-Dame, Messieurs, vous vous êtes bien battus!... Vous, Peto, vous également, Bardolph. Vous aussi, lions pour l'instinct, vous ne vouliez pas toucher au Prince! Fi, donc.

BARDOLPH : Ma foi, j'ai couru, entraîné par les autres.

HENRY : Dis-moi, maintenant, sans plaisanterie, comment l'épée de Falstaff est-elle ainsi ébréchée?

PETO : Eh! Il l'a écornée avec sa dague. Il m'a dit qu'il dilapiderait en serments tout l'honneur de l'Angleterre pour vous persuader que le dégât était le fait du combat. Il nous a conseillés de l'imiter.

BARDOLPH : Et même de nous écorcher le nez avec du chiendent, de barbouiller de sang nos vêtements et de jurer que c'était celui de nos adversaires. Il m'est arrivé de rougir de ses monstrueuses inventions, — ce qui ne m'était pas arrivé depuis sept ans!

Rentre Falstaff.

HENRY : Voici revenir le maigre Jack, le sac d'os. Eh bien, molle boursouflure, depuis combien de temps n'as-tu plus aperçu ton genou?

FALSTAFF : Mon genou? A ton âge, Riquet, j'avais la taille plus fine que la patte de l'aigle. Je me serais glissé dans une bague de fiançailles. Au diable les aspirations et les soupirs! ils vous gonflent un homme comme une vessie.

Il rejoint le prince Henry :

Il circule de mauvaises nouvelles. C'est John Bracy qui est venu de la part de votre père; il faut que vous vous présentiez à la Cour dans la matinée. Cet écervelé du Nord, Percy, et ce Gallois qui a donné la bastonnade à Amaimon, qui a fait Lucifer cocu et forcé le diable à se jurer son vassal sur la croix d'un poignard gallois... Comment l'appelez-vous?

POINS : Glendower.

FALSTAFF : Owen, Owen, c'est lui; et son gendre

Mortimer; et le vieux Northumberland; et cet Écossais, le plus leste des Écossais qui, sur son coursier, gravit la falaise à pic.

HENRY : Et qui, lancé au galop, tue d'un coup de pistolet un martin-pêcheur en plein vol.

FALSTAFF : Vous avez touché juste.

HENRY : Mieux qu'il n'a jamais touché l'oiseau.

FALSTAFF : Eh bien, ce rustre a du cœur; il ne fuira pas.

HENRY : Pourquoi le louais-tu de si bien courir?

FALSTAFF : A cheval, à cheval; à pied, il ne bougera pas d'une enjambée.

HENRY : Si fait, Jack, par instinct.

FALSTAFF : Par instinct, je veux l'admettre. Eh bien, donc, il est là ainsi qu'un certain Mordake et un millier de bonnets bleus. Worcester a déguerpi cette nuit. A ces nouvelles la barbe de ton père a blanchi. Vous pouvez, à présent, acheter des terres aussi bon marché que du maquereau pourri.

HENRY : En ce cas, si le mois de juin est chaud et si cette bagarre civile dure, nous achèterons des rosières comme on achète des œufs, treize à la douzaine.

FALSTAFF : Par la messe, mon enfant, tu dis vrai. Il est probable que de ce côté-là nous pourrons rafler.

Mais, dis-moi, Riquet, n'as-tu pas une peur horrible? En ta qualité d'héritier présomptif, le monde pouvait-il t'offrir trois ennemis pareils à ce démon de Douglas, ce diable de Percy et ce damné de Glendower? Ton sang ne frémit-il pas?

HENRY : Pas du tout, ma foi. Je n'ai pas ton instinct.

FALSTAFF : Tu vas être horriblement grondé demain, lorsque tu paraîtras devant ton père. Si tu m'aimes, prépare au moins une réponse.

HENRY : Eh bien, prends la place de mon père et examine ma vie en détail.

FALSTAFF, *apprêtant ses accessoires* : Tu le veux? J'y consens... Ce siège sera mon trône, ce poignard mon sceptre et ce coussin ma couronne.

HENRY : Ton trône est une chaise percée, ton sceptre un poignard de théâtre, ta couronne une tonsure de vieillard.

FALSTAFF, *prenant place sur son siège* : N'importe, s'il te reste un peu du feu de la grâce, tu vas être ému. Donne-moi une coupe de vin, que j'aie les yeux rouges et que l'on croie que j'ai pleuré. *(Il boit.)* Il faut que je parle avec chaleur, comme le roi Cambyse.

HENRY : C'est bon. Voici ma révérence.

FALSTAFF : Et voici mon discours. *(A tous les témoins :)* Rangez-vous, la Noblesse.

L'HOTESSE : Doux Jésus, voici, ma foi, un excellent divertissement.

FALSTAFF, *à l'Hôtesse, pathétique* : Ne pleurez pas, douce Reine, car cet épanchement de larmes est vain.

L'HOTESSE : Oh! le père, — qu'il montre bien sa dignité!

FALSTAFF, *avec une désolation outrée* : Pour l'amour de Dieu, mes Seigneurs, éloignez ma triste reine; les larmes obstruent les écluses de ses yeux.

L'HOTESSE : Doux Jésus! Il joue ça comme un de ces putassiers de comédiens que je vois encore.

FALSTAFF : Silence, Bonne bouteille! Silence, Tord-boyaux!...

Henry, je m'étonne, non seulement des lieux où tu passes ton temps, mais du choix de ta société. Car, s'il est vrai que la camomille pousse d'autant mieux qu'elle est foulée davantage, plus la jeunesse se prodigue plus elle s'épuise. Tu es mon fils, si j'en crois ta mère et mon opinion; mais j'ai encore pour garant cet affreux tic de ton œil, et ta lippe stupide. Si donc tu es mon fils, voici le point : pourquoi, étant mon fils, te pointe-t-on du doigt? Le radieux fils du ciel est-il fait pour se mettre à l'affût dans les haies et se nourrir de fruits sauvages? La question ne se pose pas. Verra-t-on le fils d'Angleterre se faire écornifleur et subtiliser des bourses? Voilà la question. *(Il regarde, l'un après l'autre, tous les témoins, comme pour les accuser.)* Il est une chose, Harry, dont tu as souvent entendu parler et qui est connue de bien des gens sous le nom de poix. Selon les anciens auteurs :

« Celui qui a touché à la poix sera sali. »

La société que tu fréquentes est de même. Je ne te parle pas dans le vin, mais dans les larmes, non dans la joie mais dans le déplaisir, non en vains mots mais dans l'affliction.

Pourtant, il y a un homme vertueux que j'ai souvent remarqué en ta compagnie, et dont j'ignore le nom.

HENRY : Quelle sorte d'homme est-ce, sous le bon plaisir de Votre Majesté?

FALSTAFF : Un homme de belle prestance, ma foi, corpulent, l'air gai, le regard gracieux, le port noble; âgé, je pense, d'une cinquantaine d'années, ou, par Notre-Dame, qui frise la soixantaine. Oh! à présent je me rappelle : son nom est Falstaff. Si cet homme est licencieux, il me trompe beaucoup, car, Henry, la vertu brille en ses yeux. Si l'arbre se connaît au fruit comme le fruit à l'arbre, je le proclame, il y a de la vertu dans ce Falstaff. Attache-toi à lui et bannis le reste! Et mainte-

nant, vilain drôle, qu'es-tu devenu depuis un mois?
HENRY : Est-ce là parler en roi? Prends ma place, je jouerai le rôle de mon père.
FALSTAFF : Tu me déposes. Si tu as seulement la moitié de ma gravité et de ma majesté, en paroles et en attitudes, je veux être pendu par les talons, comme un lapereau ou un lièvre à la potence d'un marchand de gibier.
HENRY, *prenant la place de Falstaff* : Me voici installé.
FALSTAFF : Et me voici debout. Jugez, mes maîtres.
HENRY : Eh bien, Harry, d'où viens-tu?
FALSTAFF : D'East-Cheap, mon noble Seigneur.
HENRY : Les plaintes que je reçois à ton sujet sont graves.
FALSTAFF : Sang-Dieu, elles sont fausses... Ah! On va voir si je suis chatouilleux pour un jeune prince!
HENRY : Tu jures, enfant malgracieux! Désormais ne lève plus les yeux sur moi. Tu es violemment entraîné hors des voies de la grâce; un démon te hante, sous la forme d'un gros homme : tu as pour compagnon un tonneau à deux pieds. Pourquoi te compromets-tu avec ce magma d'humeurs, ce filtre dégoûtant, cette énorme portion d'hydropisie, ce sac d'entrailles, ce bœuf au ventre farci, ce vice vénérable, cette iniquité grisonne, ce père rufian, cette caduque vanité. A quoi est-il bon? A goûter le vin et à l'entonner!... A quoi est-il propre? A découper une volaille et à la dévorer. Son habileté est de l'astuce, son astuce de la coquinerie. En quoi est-il coquin? En tout. En quoi est-il estimable? En rien.
FALSTAFF : Je voudrais que Votre Grâce n'allât pas aussi vite. De qui Votre Grâce veut-elle parler?

HENRY : De cet abominable corrupteur de la jeunesse, de ce vieux Satan à barbe grise, de Falstaff.

FALSTAFF : Monseigneur, je connais cet homme.

HENRY : Je le sais.

FALSTAFF : Mais dire que je lui connais plus de défauts qu'à moi-même, ce serait dire plus que je ne sais. Qu'il soit vieux — et il n'en est que plus à plaindre — ses cheveux blancs en témoignent. Mais qu'il soit, — sauf votre respect — un débauché putassier c'est ce que je nie absolument.

Si boire du vin sucré est un crime, Dieu prenne en pitié les coupables. Si la vieillesse et la gaieté sont des péchés, je connais plus d'un vieux convive à damner. Si l'on est haïssable pour être gras, alors il faut aimer les vaches maigres. Non, mon bon Seigneur, bannis Peto, bannis Bardolph, bannis Poins; mais quant à Falstaff, le bon Jack Falstaff, le loyal, le vaillant Jack Falstaff, ne le bannis pas de la société de ton Harry! Bannir le gros Jack Falstaff, autant bannir le reste du monde!

On frappe. Sortent l'Hôtesse, Bardolph et Francis.

HENRY : Je le bannis, je le veux.

Bardolph rentre en courant.

BARDOLPH : Oh! Monseigneur, le Shérif est à la porte, avec la garde la plus monstrueuse.

FALSTAFF : Au diable, drôle! Finissons la pièce. J'ai encore beaucoup à dire, à l'éloge de Falstaff.

L'Hôtesse rentre en courant.

L'HOTESSE : Oh! Jésus. Monseigneur, Monseigneur.

HENRY : Eh! Eh! Le diable vole à califourchon sur un archet de violon. Que se passe-t-il?
L'HOTESSE : Le Shérif et la garde sont à la porte. Ils viennent fouiller la maison. Faut-il les laisser entrer?

Le Prince acquiesce.

FALSTAFF, *aussitôt, apeuré* : Ça, comprends-tu bien, Riquet! comme on confond une vraie pièce d'or et une fausse, sans le paraître tu es fou.
HENRY : Et toi, poltron d'instinct, sans instinct.
FALSTAFF, *l'air offensé* : Je rejette ta proposition première. *(Puis, en prenant mal son parti :)* Si vous refusez de recevoir le Shérif, tant mieux. Sinon, tant pis, qu'il entre. *(Puis, avec défi :)* Si je ne fais pas aussi bonne figure qu'un autre sur la charrette... *(ceci s'adresse à ses acolytes effrayés)* je renie mon éducation. J'espère être étranglé par la corde aussi vite qu'autrui.
HENRY : Va te cacher derrière la tapisserie; que les autres aillent se réfugier là-haut.

Tous disparaissent en hâte.

Et maintenant, mes maîtres, bon visage et bonne conscience!
FALSTAFF : J'ai eu les deux, mais ce temps-là est passé. C'est pourquoi je me sauve.

Il disparaît. Demeurent seuls Henry et Poins.

HENRY : Fais entrer le Shérif.

Entrent le Shérif et un marchand.

Eh! bien, Maître Shérif, que voulez-vous?
LE SHÉRIF : Pardonnez-moi, Monseigneur. La clameur publique poursuit certains individus jusque dans cette maison.
HENRY : Quels individus?

LE SHÉRIF : L'un d'eux est assez connu, mon gracieux Seigneur : un gros homme gras.

LE MARCHAND : Gras comme le gras!

HENRY, *regardant autour de lui* : Cet homme assurément n'est pas ici. Je l'ai, moi-même, chargé, pour le moment, d'une occupation. Mais Shérif, je te donne ma parole de l'envoyer dès demain, avant l'heure du dîner, répondre devant toi de tout ce qu'on pourrait mettre à sa charge. Et sur ce, laissez-moi vous prier de quitter cette maison.

LE SHÉRIF : J'obéis, Monseigneur. Deux hommes, dans ce vol, ont perdu trois cents marcs.

HENRY : Il se peut. S'il a volé, il en répondra. Ainsi, adieu.

LE SHÉRIF : Bonne nuit, mon noble Seigneur.

HENRY : Ou plutôt bonjour, n'est-ce pas?

LE SHÉRIF : En effet, Monseigneur, je pense qu'il est deux heures du matin.

Le Shérif et le marchand sortent.

HENRY : Ce coquin huileux est aussi connu que l'église Saint-Paul! Allons, appelle-le.

POINS, *soulevant la tapisserie* : Falstaff!... Il s'est endormi, harassé, et il ronfle comme un cheval au haras.

HENRY : Entends, comme il respire péniblement. Fouille-le.

Poins le fouille.

Qu'as-tu trouvé dans ses poches?

POINS : Rien, que des papiers, Monseigneur.

HENRY : Voyons ce qu'ils sont. Lis-les.

POINS, *déchiffrant l'un des papiers* : *Item* une dinde. *Item* beurre. *Item* madère, neuf litres. *Item* anchois et madère après dîner. *Item* un petit pain.

HENRY : Peu de pain pour tant de vin!... Empoche le reste, nous le lirons à loisir. Laisse-le

dormir jusqu'au jour. Je me rendrai à la Cour dans la matinée. Nous allons tous partir en guerre; tu y auras un poste honorable. Je donnerai à ce drôle tout en chair un emploi dans l'infanterie, certain qu'une marche de six heures sera sa mort. L'argent sera remboursé avec usure. Rejoins-moi de bonne heure. Sur ce, bonjour Poins.
POINS : Bonjour, mon bon Seigneur.

Ils sortent.

RIDEAU

Acte II

PREMIER TABLEAU

East-Cheap. La Taverne de la Tête de Sanglier.

FALSTAFF : Bardolph, n'ai-je pas affreusement baissé depuis cette dernière affaire? Est-ce que je ne décline pas? N'ai-je pas déchu? La peau me pend sur les os comme la robe de nuit d'une vieille dame. Je suis talé comme une pomme. Allons, je vais me repentir tandis qu'il me reste quelque apparence; plus tard, à bout d'énergie, je n'en aurai plus la force. C'est la compagnie, la mauvaise compagnie, qui aura été ma perte!

BARDOLPH : Sir John, vous le prenez trop à cœur, — vous ne vivrez pas longtemps.

FALSTAFF : Oui, c'est cela même. Chante-moi une chanson troussée. Réveille-moi! J'avais de la vertu autant qu'il en faut à un gentilhomme. Vertueux tant soit peu, ne sacrant guère, truquant les dés pas plus de sept fois par semaine, fréquentant les mauvais lieux chaque quart d'heure à peine; rendant jusqu'à trois ou quatre fois de l'argent emprunté, vivant bien et bien réglé. A présent je mène une vie désordonnée et hors de toute mesure.

BARDOLPH : Avec votre rotondité, il faut bien

vivre en dehors de toute mesure, de toutes les mesures raisonnables.

FALSTAFF : Toi, réforme ton visage et j'amenderai ma vie!

Entre l'Hôtesse.

Eh bien, ma poulette, êtes-vous renseignée? Savez-vous qui a vidé mes poches?

L'HOTESSE : Quoi, Sir John? Que voulez-vous insinuer, Sir John? Croyez-vous que je donne asile à des voleurs en ma maison? Mon mari et moi nous avons enquêté, interrogé homme par homme, garçon par garçon, serviteur par serviteur. Jusqu'à présent personne n'a perdu un poil dans ma maison.

FALSTAFF : Vous mentez l'Hôtesse. Bardolph s'y est fait raser et en a perdu plus d'un. Vous êtes une femme!... Je pourrais juger qu'on a fouillé mes poches. *(Avec mépris :)* Une femme!

L'HOTESSE : Qui? Moi? Jour de Dieu, je soutiendrai le contraire! Je n'ai jamais été traitée ainsi dans ma maison.

FALSTAFF : Allez donc, je vous connais assez.

L'HOTESSE : Non, Sir John; vous ne me connaissez pas, Sir John; je vous connais, moi, Sir John. *(Elle se prend à pleurer.)* Vous me devez de l'argent, Sir John, et vous me cherchez querelle par diversion. J'ai acheté une douzaine de chemises à vous mettre au dos.

FALSTAFF : De la toile grossière, de la toile à gratter.

L'HOTESSE *pleure davantage :* Aussi vrai que je suis une femme véritable, c'était de la toile de Hollande. De plus, vous devez encore ici l'argent de votre nourriture, de vos boissons en dehors, sans compter les emprunts. Au total, vingt-quatre livres.

falstaff, *désignant Bardolph :* Il en a eu sa part : qu'il paie.

l'hotesse : Lui, hélas, — le pauvre, il n'a rien.

falstaff : Me prenez-vous pour un niais? Comment, je ne pourrais pas me mettre à l'aise dans mon auberge, sans me faire dévaliser. J'y ai perdu l'anneau de mon grand-père. Il valait quarante marcs.

l'hotesse, *indignée :* Oh! Jésus, j'ai entendu, je ne sais combien de fois, le Prince dire que cet anneau était de cuivre.

falstaff : Comment! Le Prince est un baudet, un pied-plat; mordieu, s'il était ici je lui donnerais du bâton!

> *Il fait tournoyer son bâton, d'un geste menaçant, au moment où le Prince et Poins entrent. Aussitôt le bâton devient un fifre dont il fait semblant de jouer en marchant à leur rencontre.*
> *Le Prince et Poins approchent au pas cadencé.*

Alors, mon garçon? C'est donc par cette porte que le vent souffle. Faudra-t-il que nous marchions tous?

bardolph : Oui, enchaînés deux à deux, comme dans une cour de prison.

l'hotesse : Monseigneur, je vous prie, veuillez m'écouter.

henry : Qu'y a-t-il, dame Quickly? Comment se porte ton mari? Je l'aime fort, ton mari, — bien mariné.

l'hotesse : Mon bon Seigneur, veuillez m'entendre.

falstaff, *vivement :* Je t'en prie, laisse-la et écoute-moi.

henry : Que veux-tu, Jack?

FALSTAFF : L'autre nuit, je me suis endormi ici, derrière la tapisserie et l'on a vidé ma poche. Cette maison est devenue un mauvais lieu, on y trouve des pickpockets.
HENRY : Qu'as-tu perdu, Jack?
FALSTAFF : Me croiras-tu Riquet? Trois ou quatre billets de quarante livres et l'anneau de mon grand-père.
HENRY : Une bagatelle, un objet de douze sous environ.
L'HOTESSE : C'est ce que j'ai prétendu, Monseigneur. Et j'ai dit que Votre Grâce l'avait estimée. Aussi, Monseigneur, il parle de vous vilainement, comme une mauvaise langue!... Il s'est fait fort de vous donner du bâton!
HENRY : Quoi! Et il ne s'exécute pas?
L'HOTESSE : Je n'ai ni foi, ni sincérité, ni sexe, s'il ne l'a pas dit.
FALSTAFF *crie pour la faire taire, menaçant :* Il n'y a pas plus de sincérité en toi que dans une porte entr'ouverte, de bonne foi que dans un chat qui ferme les yeux; et quant à ton sexe, la femme à barbe serait plus propre que toi à devenir la femme d'un constable...

Elle veut parler. Il lui lance, dans un sens injurieux :

Va... créature!
L'HOTESSE : Créature? Dis, quelle créature?
FALSTAFF : Quelle créature? Eh bien! une créature à remercier Dieu!
L'HOTESSE, *indignée :* Je ne suis pas une créature à remercier Dieu, il me plaît que tu le saches. Je suis la femme d'un honnête homme et, sauf le respect que l'on doit à ton titre, tu es un manant de m'appeler ainsi.

FALSTAFF *s'esclaffe* : Et sauf le respect que l'on doit à ton sexe, tu es une bête de dire le contraire.

L'HOTESSE : Quelle bête, manant, dis-le donc!

FALSTAFF : Quelle bête? Eh bien, une loutre.

HENRY : Une loutre, Sir John, pourquoi une loutre?

FALSTAFF : Parbleu, parce qu'elle n'est ni chair ni poisson; un homme ne sait comment la prendre.

L'HOTESSE : Tu es un homme injuste de parler comme ça. Toi comme un autre, tu sais comment me prendre, gredin.

HENRY : Tu dis vrai, Hôtesse; il attente grossièrement à ta réputation.

L'HOTESSE : A la vôtre aussi, Monseigneur. Il disait l'autre jour que vous lui deviez mille livres.

HENRY : Drôle! Je te dois mille livres?

FALSTAFF : Mille livres, Riquet? Un million de livres. Ton amitié vaut un million et je réclame ton amitié.

L'HOTESSE : Et puis, je vous l'ai dit, il s'est vanté de vous bâtonner.

FALSTAFF : Est-ce vrai, Bardolph?

BARDOLPH, *simplement* : C'est la vérité, Sir John, vous l'avez dit.

FALSTAFF : Baste!... S'il prétendait que mon anneau était de cuivre.

HENRY, *marchant sur lui* : Et je prétends qu'il est de cuivre. Oseras-tu tenir ta parole, à présent?

FALSTAFF *recule* : Enfin, Riquet, tu sais fort bien que, comme homme, tu ne me ferais pas reculer, mais en tant que Prince, je te redoute comme le lionceau rugissant.

HENRY : Et pourquoi pas le lion?

FALSTAFF : Seul, le Roi doit être redouté comme le lion. Crois-tu que je te redoute à l'égal de ton père? Si cela est, Dieu veuille faire craquer ma ceinture.

HENRY : Tu te prendrais les pieds dans les tripes! Il n'y a place dans ta panse, ni pour la bonne foi, ni pour la vérité, ni pour l'honnêteté. Rien que la tripe et l'enveloppe. Accuser une honnête femme de vider ta poche? Enfant de salope, poche de vent, y avait-il dans ta poche autre chose que du vent, des notes de taverne, des adresses de bouges, et un petit morceau de sucre candi pour te refaire l'haleine? Je veux n'être qu'un vilain s'il y avait autre chose que ces saletés dans tes poches. Mais tu t'obstines pour ne pas empocher un démenti. N'as-tu pas honte?

FALSTAFF, *bonasse* : Écoute, Riquet. Tu sais que dans un temps d'innocence, Adam a fauté. Que peut faire le pauvre Falstaff dans un temps de corruption? La chair est faible et, tu le sais, j'ai plus de chair qu'un autre homme.

Donc, vous confessez que vous avez vidé mes poches?

HENRY : Il le semble, d'après ma déposition.

FALSTAFF *se tourne vers l'Hôtesse, lui ouvre les bras* : L'Hôtesse, je te pardonne.

Elle accourt s'y réfugier. Il l'embrasse, puis magnanime :

Aime ton mari, ouvre l'œil sur tes gens, choie tes hôtes. Tu me trouveras traitable autant qu'il se puisse. Tu le vois, je suis apaisé.

Nouveau baiser. Il la pousse doucement vers la porte. Après trois pas, elle revient vers lui, avec élan.

Encore!... Voyons, je t'en prie, va-t'en.

L'Hôtesse sort.

Eh! bien, Riquet, mon fils. Quelles nouvelles de la Cour? Et l'histoire du vol, comment finit-elle?

HENRY : Mon cher rosbif, il faut que je sois ton bon ange. L'argent est restitué.

FALSTAFF : Que je n'aime pas cette restitution; ç'aura donné double peine!

HENRY : Je suis réconcilié avec mon père et je puis agir à mon bon plaisir.

FALSTAFF : Escamote le trésor royal avant que de te laver les mains.

BARDOLPH : Faites-le, Monseigneur.

HENRY : Jack, je t'ai procuré un emploi dans l'infanterie.

FALSTAFF *fait la grimace :* J'aurais préféré dans la cavalerie. Où trouverais-je un autre gaillard sachant voler proprement? Oh! un bon voleur, de vingt-deux ans, ou environ? Je suis dans un affreux dénuement. Allons, Dieu soit loué, ces rebelles-là ne s'en prennent qu'aux vertueux; je les félicite et les apprécie.

HENRY : A cheval! Nous avons trente milles à galoper avant le dîner. Jack, rendez-vous demain après-midi à deux heures, à Temple-Hall : tu connaîtras ton emploi. Tu recevras de l'argent et des instructions pour l'équipement de tes hommes. Le pays est en feu et Percy à son apogée; il va falloir en céder, — eux ou nous!

Il sort, accompagné de Poins.

FALSTAFF : Paroles magnifiques! Monde superbe! *(Il hèle :)* Hôtesse. *(Il s'installe à la table. Elle paraît.)* Mon déjeuner!... Ah! Je souhaiterais que cette taverne fût mon tambour!

RIDEAU

DEUXIÈME TABLEAU

Une cour devant la maison du juge Léger.
Entrent, de différents côtés, Léger, et Motus, puis
Moisy, Boscot, Faiblard, Leveau et Lombre.
Des domestiques, qui se tiennent au fond.

LÉGER, *aux recrues* : Avancez, avancez, avancez. *(A Motus :)* Donnez-moi la main, Monsieur. Un homme bien matinal. Comment se porte mon bon cousin Motus?
MOTUS : Bonjour, mon bon cousin Léger.
LÉGER : Et comment va ma cousine, votre compagne de lit? Et votre remarquable fille, ma filleule Hélène?
MOTUS : Hélas, ce n'est qu'un merle noir.
LÉGER : Par oui et non, Monsieur, j'ose dire que mon cousin Guillaume est devenu un bon étudiant. Il est toujours à Oxford, n'est-ce pas?
MOTUS : Certainement, et à mes frais.
LÉGER : Il va donc aller bientôt aux écoles de droit. J'ai été jadis à celle de Saint-Clément, où je pense qu'on parle encore de ce fol de Léger.
MOTUS : On vous appelait alors, cousin, ce gaillard de Léger.
LÉGER : On m'appelait n'importe quoi, car, au vrai, j'y faisais n'importe quoi, — et rondement. Il y avait là — moi, un petit Jean Doit et un certain George Nu et Francis Rongeos et Will Squele; quatre qui croisaient le fer comme on n'en

voit plus. Nous savions, j'ose le dire, où trouver les jupons coquins; le meilleur choix était à nos ordres. A cette époque Jack Falstaff, aujourd'hui Sir John, était un enfant.

MOTUS : Est-ce, cousin, le Sir John qui doit venir ici pour le recrutement?

LÉGER : Le même Sir John, précisément le même. Je lui ai vu fendre la tête de Skogan à la porte du collège quand il n'était encore qu'un gamin pas plus haut que ça. Le même jour je me suis battu avec un Samson Stockfish. Oh! Les jolies journées que j'ai passées! Et savoir combien de mes vieilles connaissances sont mortes.

Il en semble plutôt réjoui.

MOTUS : Nous les suivrons tous, cousin.

LÉGER, *pas très convaincu* : Certainement, certainement; c'est sûr, c'est bien sûr. *(Puis, il s'assombrit un peu.)* La mort, comme dit le psalmiste, est la seule certitude. Ils mourront tous.

Combien vaut un bon couple de bœufs à la foire?

MOTUS : Ma foi, cousin, je n'y suis pas allé.

LÉGER : La mort est certaine... Est-ce que le vieux Double, notre concitoyen, est encore en vie?

MOTUS : Mort, Monsieur.

LÉGER : Jésus! Jésus! Mort!... Lui, qui tirait si bien de l'arc! Jean de Gand l'aimait fort et pariait gros sur sa tête. *(Comme d'une chose incroyable et scandaleuse :)* Mort!? Il vous lançait une flèche... ça réjouissait le cœur de le voir!

Et combien vaut maintenant la vingtaine de brebis?

MOTUS : C'est selon : une vingtaine de bonnes brebis peut valoir dix livres.

LÉGER : Et le Vieux-Double est mort!

Entrent Bardolph et un compagnon.

Voici venir deux des gens de Sir John Falstaff, à ce que je crois.

BARDOLPH : Bonjour, honnêtes gentilshommes. Je vous prie, qui de vous est le juge Léger?

LÉGER : Je suis Robert Léger, Monsieur; un pauvre écuyer de ce comté, et l'un des juges de paix du Roi. Que désirez-vous de moi?

BARDOLPH : Monsieur, mon capitaine se recommande à vous; mon capitaine Sir John Falstaff, un gentilhomme de belle mine, par le ciel, et un vaillant officier.

LÉGER : Je me déclare très honoré, Monsieur; je l'ai connu excellent homme d'épée. Comment va ce bon chevalier? Et puis-je vous demander comment va Madame son épouse?

BARDOLPH : Pardon, Monsieur, mais un soldat est mieux accommodé quand il n'a pas d'épouse.

Entre Falstaff.

LÉGER : C'est fort juste!... Tenez, voici venir le bon Sir John! *(A Falstaff :)* Donnez-moi votre bonne main, donnez-moi votre bonne main, donnez-moi la bonne main de Votre Seigneurie. Ma foi, vous avez bonne mine et vous portez fort bien vos années. Soyez le bienvenu, bon Sir John.

FALSTAFF, *appuyant sur les « bon » et les « bien » :* Je suis bien aise de vous trouver bien portant, mon bon Maître Léger. *(Désignant Motus :)* Maître Surrecarte, je pense.

LÉGER : Non, Sir John, c'est mon cousin Motus, mon assesseur.

FALSTAFF : Motus? Maître Motus, il vous sied bien d'être pour la justice.

MOTUS : Votre Seigneurie est la bien venue.

FALSTAFF : Ouf!...Voilà un temps fort chaud. Mes-

sieurs, m'avez-vous une demi-douzaine d'hommes propres au service?
LÉGER : Oui, Monsieur. Veuillez vous asseoir.
FALSTAFF : Voyons-les, s'il vous plaît.
LÉGER, *cherchant* : Où est le rôle? Où est le rôle? Où est le rôle? *(Motus le lui passe.)* C'est ça, c'est ça, c'est ça... Monsieur Ralph Moisy! Qu'ils se présentent tous à l'appel. Qu'ils n'y manquent pas... Qu'ils n'y manquent pas...

Les hommes avancent d'un pas.

Voyons, où est ce Moisy?
MOISY, *quittant le rang* : Ici, s'il vous plaît.
LÉGER : Qu'en pensez-vous, Sir John? Un gaillard bien bâti, jeune, fort et de bonne famille.
FALSTAFF : Ton nom est Moisy?
MOISY : Oui, qu'il vous plaise.
FALSTAFF : Il est grand temps que l'on t'emploie.
LÉGER, *éclatant de rire, avec tous les gars* : Ah! ah! Très bon, sur ma foi! Les choses moisies doivent être vite utilisées!... Voilà qui est singulièrement bon... C'est bien dit, Sir John, c'est très bien dit!...
FALSTAFF, *à Léger* : Pointez-le, — d'une bonne pointe!
MOISY : J'ai déjà assez souffert d'un point!... Vous auriez pu me laisser tranquille! Ma vieille dame va perdre la tête, si quelqu'un n'est plus là pour faire son ménage et la grosse besogne? Vous n'aviez pas besoin de me pointer! Il y en a d'autres, plus à même de partir que moi.
FALSTAFF : Silence, Moisy; vous partirez, Moisy. Moisy, il est temps d'être un homme utile!
MOISY, *qui a mal compris, épouvanté* : Il est temps qu'on me mutile?
LÉGER : Paix, compagnon, paix! Range-toi.

Moisy rentre dans le rang.

Où donc te crois-tu? A un autre, Sir John...
Voyons un peu. Simon Lombre!

FALSTAFF : Ah! Morbleu! donnez-moi celui-ci, pour m'asseoir dessous : il fera de la troupe fraîche.

LÉGER : Où est Lombre?

LOMBRE : Ici, Monsieur.

FALSTAFF : Lombre, de qui es-tu le fils?

LOMBRE : Le fils de ma mère, Monsieur.

FALSTAFF : Le fils de ta mère, j'en augure. Et de ton père l'ombre! Certes l'enfant de la femelle est l'ombre du mâle; oui, cela est souvent ainsi, vraiment, car le père donne peu de soi.

LÉGER : Vous convient-il, Sir John?

FALSTAFF : Lombre servira l'été. Nous aurons besoin de bien des ombres pour remplir les cadres.

LÉGER : Thomas Boscot.

Falstaff examine les hommes, il ne saurait ne pas voir le bossu.

FALSTAFF : Où est-il?

BOSCOT, *sortant du rang* : Ici, Monsieur.

FALSTAFF : Ton nom est Boscot.

BOSCOT : Oui, Monsieur.

FALSTAFF : Tu es un Boscot bien bosselé.

LÉGER : Le pointerais-je, Sir John?

FALSTAFF, *il décrit le bossu sur de maigres jambes* : Ce serait superflu!... Son dos tient lieu de fourniment, le tout monté sur deux pointes : ne le pointez pas davantage.

LÉGER, *éclatant de rire* : Ah! ah!... A votre aise, Monsieur, à votre aise. Mes compliments! Francis Faiblard!

FAIBLARD *a l'aspect efféminé, la voix fluette* : Voici, Monsieur.

ACTE II, TABLEAU II

FALSTAFF : Quel est ton métier?
FAIBLARD : Tailleur pour dames, Monsieur.
LÉGER : Le pointerais-je, Monsieur?
FALSTAFF : Vous le pouvez, mais s'il avait été tailleur pour hommes c'est lui qui vous eût rendu des points... Feras-tu autant de jours dans les rangs ennemis que tu en as fait dans des jupes de femmes?
FAIBLARD, *de sa voix de châtré* : Je ferai de mon mieux, et vous ne pouvez pas en espérer davantage.
FALSTAFF : Bien dit, Faiblard, digne tailleur pour dames, courageux Faiblard! Tu seras aussi vaillant que la colombe en colère ou la souris la plus brave. Pointez bien le tailleur pour femmes, Maître Léger; appuyez bien sur le point.
FAIBLARD : Je voudrais que Boscot pût partir, Monsieur.
FALSTAFF : Je voudrais que tu fusses tailleur pour hommes, tu pourrais le remettre en mesure de partir. Je ne puis faire un simple soldat d'un gaillard qui a derrière lui une si grosse compagnie. Que cela te suffise, impétueux Faiblard.
FAIBLARD : J'en ai ma suffisance, Monsieur.
FALSTAFF : Je vous suis redevable, révérend Faiblard. A qui le tour?
LÉGER : Pierre Leveau.
FALSTAFF : Voyons le veau.
LEVEAU, *sortant du rang* : Voici, Monsieur.
FALSTAFF : Pardieu! Un beau gaillard!... Allons, aiguillonnez-moi Leveau, jusqu'à ce qu'il beugle!
LEVEAU *beugle, en effet* : Oh! mon Dieu, bon capitaine...
FALSTAFF : Quoi? Vas-tu beugler avant d'être piqué?
LEVEAU : Ah! Seigneur, Monsieur, je suis malade.
FALSTAFF : Quelle maladie as-tu?

LEVEAU : Une garce de toux; un rhume que j'ai attrapé à sonner les cloches pour les affaires du Roi, le jour de son couronnement, Monsieur.

FALSTAFF : Allons, tu iras à la guerre en robe de chambre. On y guérira ton rhume et si bien que tes parents feront sonner les cloches pour toi. Est-ce là tout?

LÉGER : On avait appelé deux hommes de plus que le contingent. Vous n'en avez que quatre à prendre ici. Sur ce, je vous prie de dîner avec moi.

FALSTAFF : Je trinquerai volontiers avec vous. Mais je ne puis m'attarder à dîner. D'honneur, je suis fort heureux de vous voir, Maître Léger.

LÉGER : Ah! Sir John, rappelez-vous cette nuit que nous avons passée tout entière dans le moutier de Saint-Georges.

FALSTAFF : N'en parlons plus, Maître Léger, ah, n'en parlons plus.

LÉGER : Ah! ce fut une joyeuse nuit! Et Jane-Nuit-ouvrable, vit-elle toujours?

FALSTAFF : Elle vit, Maître Léger.

LÉGER : Elle ne pouvait jamais se défaire de mon poids.

FALSTAFF : C'est vrai. Elle disait toujours qu'il lui était pénible de supporter Maître Léger.

LÉGER : Par la messe, je savais exciter sa fureur. C'était alors une jupe légère. Se conserve-t-elle bien?

FALSTAFF : Elle est vieille, vieille, Maître Léger.

LÉGER, *comme blessé dans son amour-propre* : En effet, elle doit être vieille; elle n'a pas eu à choisir d'être vieille; certes, elle est vieille...

MOTUS : Il y a cinquante-cinq ans de cela.

LÉGER, *chassant vite cette pensée* : Ah! cousin Motus, si vous aviez vu ce que ce chevalier et moi avons vu!... N'est-ce pas, Sir John?

FALSTAFF : Nous avons entendu les carillons de minuit.

LÉGER : Pour ça, oui; pour ça, oui; pour ça, oui!... Ah, vraiment, Sir John, pour ça, oui. Notre mot d'ordre était : « Hem, garçons! » Allons dîner, allons dîner... Ah! les jours que nous avons vus! Allons, allons...

Falstaff sort, avec Léger et Motus.

LEVEAU, *aussitôt s'approche de Bardolph* : Mon bon Monsieur le caporal Bardolph, soyons amis. Voici pour vous quatre livres. *(Il lui passe une bourse.)* En toute vérité, Monsieur, je désire autant être pendu, Monsieur, que de partir. Pour ce qui est de moi personnellement, Monsieur, je n'en ai pas le moindre souci. Mais c'est plutôt que je n'en ai nulle envie. Et pour ce qui est de moi, je préfère me consacrer à mes amis. Autrement, Monsieur, et pour ce qui est de moi, je n'en aurais aucune répugnance.

BARDOLPH, *cédant* : Eh bien! va; mets-toi de côté.

MOISY *s'approche* : Moi aussi, je vous en prie, Monsieur le caporal capitaine, pour l'amour de ma vieille dame, soyez mon ami; elle n'aura personne à son service quand je serai parti; elle est vieille et ne peut se soulager elle-même; vous aurez deux livres pour vous.

Il lui glisse de l'argent dans la main.

BARDOLPH, *cédant* : Allons, mets-toi de côté. *(A part :)* Quatre et deux, voilà six bonnes livres.

Il se tourne vers Faiblard, attendant sa requête.

FAIBLARD : Par ma foi, ça m'est égal. Un homme ne peut mourir qu'une fois. Nous devons une mort à Dieu. Je n'aurai jamais l'âme vile. Puisque c'est ma destinée, soit... Si ce ne l'est pas, soit encore. Aucun homme n'est trop bon pour servir son prince. Et, par n'importe quel chemin, celui qui mourra cette année en est quitte pour l'année prochaine.

BARDOLPH : Bien dit, tu es un brave.

Rentrent Falstaff, Léger et Motus.

FALSTAFF : Alors, Monsieur, quels hommes emmènerai-je?

LÉGER : Quatre à votre choix.

BARDOLPH, *attirant Falstaff à l'écart* : Monsieur, un mot... J'ai trois livres pour libérer Moisy et Leveau.

FALSTAFF : Trois livres.

BARDOLPH : Trois, oui, trois.

FALSTAFF : Va, c'est bien.

LÉGER : Or, Sir John, lesquels enrôlez-vous?

FALSTAFF : Choisissez pour moi.

LÉGER : En ce cas, je désigne Moisy, Leveau, Faiblard et Lombre.

Les autres, non désignés, échangent de joyeuses bourrades. Moisy et Leveau paraissent inquiets et adressent à Bardolph des regards désespérés.

FALSTAFF : Moisy et Leveau... Vous, Moisy, restez chez vous jusqu'à ce que vous soyez tout à fait impropre au service; et vous, Leveau, jusqu'à ce que vous y soyez propre. Je ne veux pas de vous.

LÉGER : Sir John, Sir John, vous vous faites tort; ce sont nos plus beaux hommes et je voudrais voir à votre service ce qu'il y a de mieux.

FALSTAFF : Allez-vous m'apprendre, Maître Léger, à choisir un homme? Qu'ai-je à me soucier, moi, des membres, du nerf, de la stature, du volume, de l'assemblage d'un homme? C'est du cœur qu'il me faut, Maître Léger. Voyez Boscot, voyez son allure déjetée! Eh bien! il vous chargera et déchargera son arme à la vitesse d'un marteau d'étameur. Quant à Lombre qui est tout entier de profil, il n'offre aucune prise à l'ennemi; autant vaudrait viser le tranchant d'un canif. Et lors d'une retraite, avec quelle prestesse ce tailleur pour dames se taillera! Quelle fuite!... Donnez-moi les hommes de la réforme et réformez-moi les bons.

Ces gaillards-là feront mon affaire, Maître Léger. Dieu vous garde Maître Motus, je n'abuserai pas de paroles avec vous... Motus. Portez-vous bien tous les deux. Je vous remercie. J'ai à faire une douzaine de milles cette nuit. Bardolph, prenez la tête des hommes. En avant.

Bardolph sort avec les recrues.

LÉGER : Sir John, que le Seigneur vous bénisse, fasse prospérer vos affaires et nous envoie la paix. A votre retour, j'espère vous revoir. Nous fêterons notre vieille connaissance. J'irai peut-être avec vous à la Cour.

FALSTAFF : Je le souhaite, Maître Léger.

LÉGER : J'ai tout dit. Portez-vous bien.

Léger et Motus sortent.

Portez-vous bien, aimables gentilshommes.

FALSTAFF : A mon retour, je palperai un peu ces juges. Je vois déjà le juge Léger jusqu'à son fond. Seigneur, Seigneur, combien, vieilles gens, sommes enclins à mentir. Ce juge décharné n'a radoté que sur les extravagances de sa jeunesse, sur ses exploits amoureux. Sur trois mots il disait un mensonge, payé à l'auditeur rubis sur l'ongle. Je me souviens de lui en ce temps comme de l'un de ces bonshommes que l'on découpait, après dîner, dans un croûton de fromage. Tout nu, il ressemblait à un radis fourchu dont on aurait sculpté la tête avec un couteau. Si chétif, qu'il demeurait presque invisible à un myope. Le génie de la famine, représentez-vous ça! Lubrique comme un singe, les femelles l'appelaient « Mandragore ». Toujours à l'arrière-garde de la mode, il chantait à ses coquines des refrains qu'il avait empruntés à ses charretiers et il jurait que c'étaient des ballades dont il était l'auteur. Vous l'auriez fourré lui, et tout son fourniment, dans une peau d'angulile. Et maintenant, il a des bœufs et des terres. Allons, si je reviens, je renouerai les liens avec lui; et je jouerai de malchance, si je ne change pas, à mon usage, tout ce plomb en or. Si le jeune goujon est un appât pour le vieux brochet, pourquoi ne pas le happer? Vienne l'occasion, on verra!

RIDEAU

TROISIÈME TABLEAU

Une route en avant de Coventry. Au crépuscule du soir.
Entrent Falstaff et Bardolph.

FALSTAFF : Bardolph, va jusqu'à Coventry; emplis-moi une bouteille de madère; nos soldats

ACTE II, TABLEAU III

traverseront la ville; nous irons ce soir à Sutton-Cap-Hill.

BARDOLPH : Voulez-vous me donner de l'argent, capitaine.

FALSTAFF : Avance-le, avance-le. J'en réponds. Dis à mon lieutenant Peto de me rejoindre à l'entrée de la ville.

BARDOLPH : Bien, capitaine. Adieu.

Il sort.

FALSTAFF : Si je ne rougis pas de mes soldats, c'est que je suis au naturel un rouget mariné. J'ai diablement abusé de l'enrôlement du Roi. J'ai reçu, pour le remplacement de cent cinquante soldats, trois cents et quelques livres. Je ne pressure que de grands propriétaires et des fils de gros fermiers; je recherche les gaillards fiancés, dont les bans ont été publiés, une bande de gars ardents qui préfèrent écouter le diable que le tambour. Je n'ai taxé que ces lécheurs de plats qui n'ont de cœur au ventre pas plus gros qu'une tête d'épingle. A présent, toute ma troupe se compose d'enseignes, de caporaux, de lieutenants, de chefs de compagnie, tous gueux aussi dénudés que ce Lazare que l'on voit sur les tableaux, des chiens affamés léchant ses blessures. Des gens galonnés qui n'ont jamais été soldats, des valets congédiés pour vol, des cadets de leur cadet, des garçons de taverne en rupture, des aubergistes ruinés, rongeurs d'un monde tranquille et d'une longue paix, des chenapans plus loqueteux qu'un vieux drapeau. Voilà les gens que j'ai, en remplacement de ceux qui se sont rachetés. On croirait voir cent cinquante enfants prodigues, en haillons, gardiens de cochons qui se sont nourris à l'auge d'eau de vaisselle et de glands. Un mauvais plaisant m'a accusé d'avoir dépeuplé les gibets et recruté au cimetière. On n'a jamais vu semblables épouvantails. Certes, ce n'est pas avec eux que je traverserai Coventry. Pour comble, ces sacripants marchent les jambes écartées, comme s'ils avaient des chaînes aux pieds. Il est vrai que, pour la plupart, je les ai tirés de prison. Ma compagnie ne possède, en tout et pour tout, qu'une chemise entière et la moitié d'une, celle-ci faite de deux serviettes cousues ensemble et jetées sur les épaules comme la cotte sans manches d'un héraut d'armes. Quant à la chemise, pour tout dire, je l'ai volée. Mais, qu'importe, ils trouveront assez de linge mis à sécher sur les haies.

Entrent le prince Henry et Westmoreland.

HENRY : Te voilà, Jack l'enflure!... Te voilà, édredon!

FALSTAFF : Quoi, Riquet!... Eh bien! jeune fol. Que diable fais-tu ici? Mon bon seigneur de Westmoreland, je vous demande pardon. Je croyais déjà Votre Honneur à Shrewsbury.

WESTMORELAND : Ma foi, Sir John, il est grand temps que j'y sois, — et vous aussi. Mes troupes y sont déjà; le Roi compte sur nous tous. Nous avons à marcher toute la nuit.

FALSTAFF : N'ayez crainte pour moi. Je suis aussi vigilant qu'un chat autour d'un pot de crème.

HENRY : Tu en as tant volé que c'est toi le pot de crème!

Entrent, équipés à peu près selon la description de Falstaff, les quatre recrues choisies chez le juge Léger. Henry les désigne.

Dis-moi, Jack, à qui sont ces hommes qui viennent là?

FALSTAFF : A moi, Henry, à moi, entre autres.

HENRY : Je n'ai jamais vu d'aussi pitoyables gueux.

FALSTAFF : Bah! Bah! Ils sont assez bons pour la pointe d'une pique. Chair à canon, chair à canon. Ils rempliront une fosse aussi bien que les meilleurs. Eh! mon cher, ce sont des hommes, des mortels, des hommes mortels!

WESTMORELAND : Oui, mais Sir John, ils me paraissent pauvres et maigres plus qu'il n'est tolérable, — de vrais mendiants.

FALSTAFF : Ma foi, pour la pauvreté, je ne sais où ils l'ont mendiée; quant à leur maigreur, ils ne me l'ont pas empruntée.

HENRY : Non, j'en jurerais. Mais dépêchons-nous. Percy est déjà dans la plaine.

WESTMORELAND : Oui, Sir John, je crains que nous nous attardions.

Ils sortent.

FALSTAFF, *à leur suite :* La fin d'une bataille et le commencement d'un repas, voilà qui convient à un guerrier mou et à un estomac résistant.

RIDEAU

Acte III

PREMIER TABLEAU

Le camp du Roi. Le jour se lève. Fanfares et clameurs proches et lointaines.
Le prince Henry entre d'un côté, Falstaff de l'autre. Le Prince, en pleine action, ne fait que traverser.

FALSTAFF *lui crie :* Riquet, si tu me vois tomber dans la bataille, couvre-moi de ton corps, — c'est un devoir d'amitié.

HENRY : Il y faudrait un géant. Dis tes prières et adieu!

FALSTAFF : Je voudrais qu'il fût l'heure d'être au lit et que tout allât bien.

HENRY : Tu dois une mort à Dieu!

Il sort.

FALSTAFF, *seul, s'assied sur le talus :* C'est une dette qui n'est pas venue à échéance; je répugnerais à payer avant terme. Quel besoin aurais-je d'aller au-devant de qui ne m'affronte pas? Mais là n'est pas la question. L'honneur me pousse en avant. Oui, mais s'il me pousse en avant pour y rencontrer la mort? Alors? L'honneur peut-il rafistoler une jambe? Non. Un bras? Non. Enlever la douleur d'une blessure? Non. L'honneur n'entend donc rien à la chirurgie? Non. Qu'est-ce que l'honneur? Un mot. Qu'y a-t-il dans ce mot honneur? Du vent. Le beau bénéfice! Qui le possède, cet honneur? Celui qui est mort mercredi. Le sent-il? Non. L'entend-il? Non. L'honneur a donc vertu insensible? Oui, pour les morts. Mais ne peut-il exister avec les vivants? Non. Pourquoi? La médisance s'y oppose. Aussi, je n'en veux pas. L'honneur n'est qu'un écusson et ainsi finit mon credo.

Mouvement de troupes. Escarmouches. On sonne la charge. Il fait grand jour, ensoleillé. Douglas et Blunt se livrent à un combat singulier; Blunt est tué. Douglas sort, repoussant une autre attaque.

FALSTAFF, *qui s'est dissimulé* : J'ai eu beau ne pas régler mon compte à Londres, j'ai grand peur qu'on ne me le fasse régler ici! Ici, on ne vous fait pas de marques sur une note, mais sur la caboche!... *(Se penchant sur Blunt mort :)* Doucement, qui est là? Sir Walter Blunt!... Vous voilà comblé d'honneur!... Fi de la vanité. Je suis brûlant, mais comme du plomb, et aussi lourd. Dieu me préserve du plomb, je n'ai pas besoin de peser davantage. J'ai mené mes chenapans quelque part où ils ont été poivrés. Sur les cent cinquante, il ne m'en reste que trois de vivants et ceux-ci ne sont plus bons qu'à mendier pour leurs restes à la porte des villes.

Mais qui vient là?

Entre le prince Henry, sans épée.

HENRY : Quoi, tu demeures là à ne rien faire? Prête-moi ton épée.

FALSTAFF : Oh! s'il te plaît, Riquet, laisse-moi respirer. Le Turc n'a jamais accompli autant d'exploits que moi aujourd'hui!... J'ai réglé son compte à Percy; son sort est certain.

HENRY : Il est certain. Il vit pour te tuer : prête-moi ton épée.

FALSTAFF : Si Percy est vivant, de par Dieu, tu n'auras pas mon épée. Prends mon pistolet, si tu veux.

HENRY : Donne-le moi... Quoi! Tu le gardes dans sa gaine.

FALSTAFF : Oui, Riquet, tout chaud, au chaud! Il y a là de quoi raviner leurs terres!

Il tire de la gaine une bouteille de vin.

HENRY : Quoi! Est-ce le moment de plaisanter et de rire!

Il lui jette la bouteille à la tête et sort.

FALSTAFF : Dieu, si Percy est vivant, je le transperce!... A condition qu'il se trouve sur ma route, bien entendu. Qu'il fasse de moi une carbonnade si je vais volontiers sur la sienne : je n'aime pas la gloire grimaçante de Sir Walter Blunt.

Il a regardé le cadavre et se détourne.

Donnez-moi la vie. Tant que je pourrai la conserver, tout ira bien. Sinon, il m'en viendra une gloire que je n'aurai pas cherchée, — et ce sera la fin de tout.

Il sort.

RIDEAU

DEUXIÈME TABLEAU

Une autre partie du champ de bataille.
Fanfares d'alarme. Mouvements de troupes.
Entre le prince Henry, comme sortant du combat, couvert de sang, l'épée à la main, hagard.
Il semble chercher parmi les morts et soudain s'arrête. Il vient d'apercevoir Falstaff étendu.

HENRY : Quoi? Une vieille connaissance! Une telle quantité de chair ne pouvait-elle plus couver un peu de vie? Adieu, pauvre Jack. J'aurais perdu avec moins de chagrin un meilleur que toi. Ta mort me serait un vide à ta mesure, si j'étais encore frivole. Dans cette mêlée sanglante la mort a frappé de plus chères existences, mais non pas d'existence plus en chair. Je te ferai embaumer bientôt; jusque-là reste couché dans le sang du noble Percy.

Il sort.
Fanfares, clameurs, au loin.

FALSTAFF *se relève lentement :* M'embaumer? Si tu me mets à mariner aujourd'hui, je te permets de me saler et de me manger demain... Pardieu, il était temps de faire le mort ou ce bouillant Écossais m'aurait proprement écossé. Ai-je simulé? Je me trompe, car je n'ai rien de faux-semblant. C'est le mort qui contrefait, car il n'est plus que le simulacre d'un homme, celui qui n'a plus de vie;

au contraire, contrefaire le mort pour sauver sa vie, ce n'est pas être une effigie, mais bien le réel et parfait modèle de la vie. La meilleure partie de la valeur, c'est la prudence, et c'est grâce à cette meilleure partie que j'ai sauvé ma vie.

*Il considère avec crainte le cadavre de Percy.
Il baisse la voix :*

Morbleu! J'ai peur de ce Percy au cœur de salpêtre, tout mort qu'il soit. Si lui également simulait? Et s'il allait se dresser? Diable! J'ai peur que de deux contrefaçons de mort il ne soit la meilleure. Aussi, je vais le confirmer mort; oui, et je jurerai l'avoir tué. Pourquoi ne pourrait-il pas se relever aussi bien que moi? Seul un témoin pourrait me démentir et personne ne me voit.

Il donne un coup de poignard à Percy.

Donc, l'ami, encore cette blessure à la cuisse et viens avec moi.

*Il charge le cadavre de Percy sur son dos.
Rentrent le prince Henry et le prince Jean.*

LE PRINCE JEAN : Mais voyez!... qui voilà. Ne m'aviez-vous pas dit que ce gros homme était mort?

HENRY : En effet, je l'ai vu mort, inanimé, couvert de sang. Es-tu vivant? N'es-tu qu'un fantôme? Je t'en prie, parle. Nous n'en croirons pas nos yeux sans nos oreilles. Es-tu ce que tu parais être?

FALSTAFF : Non, bien sûr, — je ne suis pas un homme à deux têtes, mais si je ne suis pas Falstaff, je ne suis qu'un squelette.

Jetant le corps de Percy.

Si votre père veut m'accorder quelque honneur, je dis merci; sinon, qu'il tue lui-même le prochain

Percy. J'ai ce qu'il faut pour être comte ou duc, je puis l'assurer.

HENRY : Mais c'est moi qui ai tué Percy, et, toi, je t'ai vu mort.

FALSTAFF : Des mêmes yeux! Toi!... Seigneur, Seigneur, que le monde est enclin au mensonge!... Je reconnais que j'étais à terre, hors d'haleine. Lui aussi. Tout à coup nous nous relevâmes ensemble, et nous battîmes durant une heure d'horloge. Si l'on m'en croit, fort bien. Sinon, que ceux qui doivent récompenser la valeur répondent de leur ingratitude sur leur tête. Je soutiendrai jusqu'à la mort que c'est moi qui lui ai fait cette blessure à la cuisse; si cet homme était vivant et m'infligeait un démenti, je lui ferais avaler un morceau de mon épée.

LE PRINCE JEAN : Voilà la plus étrange histoire que j'aie jamais entendue.

HENRY : Et voilà bien aussi, mon frère, le plus étrange gaillard. Va, porte fièrement ton bagage sur ton dos. Pour ma part, si un mensonge peut t'être utile, je le dorerai des plus beaux éloges.

Ils sortent.

FALSTAFF, *hissant son fardeau* : Je vais les suivre, soi-disant pour la récompense. Dieu récompense qui me récompensera!... Si je deviens important, je diminuerai, car je prendrai des purges, renoncerai à la boisson et vivrai proprement, comme il convient à un gentilhomme.

RIDEAU

TROISIÈME TABLEAU

Londres. Une rue.
Entre Falstaff, suivi d'un petit Page portant son épée et son bouclier.

FALSTAFF : Eh bien! géant, que dit le médecin de mon urine?

LE PAGE : Il a dit, Messire, que l'urine elle-même est belle et bonne, mais que la personne qui l'a rendue pouvait avoir plus de maladies qu'elle n'imaginait.

FALSTAFF : Les gens de toute espèce se font gloire de me moquer. La cervelle stupide de ce tas d'argile que l'on appelle un homme, ne saurait rien trouver de risible qui ne soit inventé par moi ou sur moi. Non seulement j'ai de l'esprit, mais j'en donne aux autres...

Auprès de toi, je suis comme une truie qui aurait écrasé toute sa portée, sauf un petit. Si le Prince ne t'a pas mis à mon service pour me servir de repoussoir, je n'ai aucun jugement. Enfant de garce, mandragore, tu ferais mieux comme plume à mon chapeau que comme valet à mes talons. C'est la première fois que je suis orné d'une miniature. Mais je ne vous enchâsserai ni dans l'or ni dans l'argent, plutôt dans une grossière monture et je vous renverrai à votre maître, bijou; oui, au Prince votre maître, ce jouvenceau qui n'a pas encore de poil au menton. Il me poussera de la barbe dans la main avant qu'il lui en vienne au visage. Il est fier de sa figure comme si elle était déjà frappée sur un écu. Or, elle ne vaut pas dix sous pour un barbier. Et il se dresse sur ses ergots comme s'il était né quand son père était encore novice. Sa Grâce n'est pas en grâce auprès de moi, je puis le lui assurer.

Qu'a dit Maître Dumbleton, pour ce qui est du satin de mon manteau court et de mon haut-de-chausses?

LE PAGE : Il dit, Messire, que faut lui donner une plus sûre caution que Bardolph. Il n'accepte ni son billet ni le vôtre. Il ne se contente pas de cette garantie-là.

FALSTAFF : Que sa langue se dessèche en enfer, comme celle du glouton! Un fils de catin, une canaille, oui, vraiment. Tenir un gentilhomme en haleine, et puis demander des garanties. Ces fils de garce à caboche mielleuse n'usent plus que de hauts souliers et portent des trousseaux de clefs à la ceinture. Et quand un honnête homme leur fait une bonne commande, ils réclament des sûretés. Autant vous fourrer de la mort-aux-rats dans la bouche que vous parler de garanties. Je comptais, foi de chevalier, qu'il m'enverrait vingt-deux verges de satin et c'est une demande de sûreté qu'il m'adresse!... Eh bien! qu'il dorme en sûreté, car il porte la corne d'abondance. La légèreté de sa femme brille au travers et lui n'en voit rien, quoiqu'il ait sa lanterne pour s'éclairer.

Entrent le Lord Grand Juge et un exempt.

LE PAGE : Messire, voici le Lord Grand Juge qui a fait emprisonner le Prince pour l'avoir frappé à propos de Bardolph.

FALSTAFF *s'éloigne lentement* : Suis-moi; je ne veux pas le voir.

LE GRAND JUGE, *à l'Exempt :* Qui va là?

L'EXEMPT : Sous le bon plaisir de Votre Seigneurie, c'est Falstaff.

LE GRAND JUGE : Celui qui a été impliqué dans le vol?

L'EXEMPT : Lui-même. Mais il a rendu des services à Shrewsbury et j'ai entendu dire qu'il allait se rendre en mission auprès de Lord John de Lancastre.

LE GRAND JUGE : Comment, à York. Rappelez-le.

L'EXEMPT *appelle :* Sir John Falstaff!

FALSTAFF : Page, dis-lui que je suis sourd.

LE PAGE, *à l'Exempt :* Parlez plus haut, mon maître est sourd.

LE GRAND JUGE : Je suis sûr qu'il l'est à tout bon conseil. *(A l'Exempt :)* Allez, tirez-le par le coude, il faut que je lui parle.

L'EXEMPT : Sir John!

FALSTAFF : Quoi! Jeune drôle, tu mendies!... Est-ce qu'il n'y a pas de guerres? Pas d'emplois? Le Roi ne manque-t-il pas d'hommes? et les rebelles de partisans? Bien que des deux partis, un seul soit honorable, il y a plus de honte à mendier qu'à servir dans le mauvais, fût-il hautement flétri du nom de rébellion.

L'EXEMPT : Vous vous trompez sur mon compte, Monsieur.

FALSTAFF : Pourquoi? Ai-je dit que vous étiez honnête homme. Mon double titre de chevalier et de soldat mis à part, j'en aurais menti par la gorge, si je l'avais dit.

L'EXEMPT : Eh bien! je vous prie, Monsieur, mettez à part votre double titre de chevalier et de soldat et permettez-moi de vous déclarer que vous en avez menti par la gorge, si vous dites que je suis autre chose qu'un honnête homme.

FALSTAFF : Que je te permette de me parler ainsi?! Mettre à part ce qui est partie de moi-même! Si tu obtiens jamais une telle permission, que je sois pendu; et si tu la prenais, il vaudrait mieux pour toi t'aller pendre!... Arrière, chien mal dressé, file!

L'EXEMPT : Monsieur, Milord voudrait vous parler.

LE GRAND JUGE : Sir John Falstaff, un mot.

FALSTAFF : Mon cher Seigneur... que Dieu accorde un bon jour à Votre Seigneurie. Je suis fort heureux de voir Votre Seigneurie dehors; je m'étais laissé dire que Votre Seigneurie était malade. J'espère que Votre Seigneurie est sortie avec la permission du médecin. Votre Seigneurie n'a pas atteint les limites de la jeunesse, mais elle sent déjà les approches de l'âge, avec l'avant-goût de l'amertume du temps. Elle doit prendre un soin jaloux de sa santé, je l'en prie humblement.

LE GRAND JUGE : Sir John, je vous avais mandé avant votre départ pour Shrewsbury.

FALSTAFF : N'en déplaise à Votre Seigneurie, j'ai entendu dire que Sa Majesté est revenue du pays de Galles, fort affligée.

LE GRAND JUGE : Je ne parle pas de Sa Majesté... Vous avez refusé de venir lorsque je vous ai mandé.

FALSTAFF : Et j'ai appris, en outre, que Sa Grandeur a été atteinte à nouveau par cette catin d'apoplexie.

LE GRAND JUGE : Le ciel l'en guérisse! Je vous prie, laissez-moi vous parler.

FALSTAFF : A mon idée, cette apoplexie serait une sorte de sommeil du sang, un coquin de tintement...

LE GRAND JUGE : Que me chantez-vous là? Qu'elle soit ce qu'elle voudra!

FALSTAFF : Elle a son origine dans l'excès de chagrin et d'étude, une perturbation du cerveau. J'ai lu dans Galien la cause des effets. C'est une espèce de surdité.

LE GRAND JUGE : Je pense que vous êtes atteint de cette même maladie, pour ne pas entendre ce que je vous dis.

FALSTAFF : Très bien, mon Seigneur, très bien; mais, ne vous en déplaise, mon infirmité serait plutôt de ne pas écouter, ma maladie, de ne pas prêter attention. Voilà mon trouble.

LE GRAND JUGE : En vous pendant par les talons, on ferait descendre l'attention dans vos oreilles; il ne me déplairait pas d'être votre médecin.

FALSTAFF : Aussi pauvre que Job, je n'ai pas sa patience. Votre Seigneurie peut, en raison de ma pauvreté, m'administrer comme remède la paille du cachot, mais que je sois un patient à suivre vos prescriptions, c'est un point sur lequel les savants pourraient avoir quelques grains de scrupule et même un scrupule entier.

LE GRAND JUGE : Je vous avais mandé pour certaine affaire où il y allait de votre vie.

FALSTAFF : Et moi, sur le conseil de mon avocat, qui est fameux dans le pays, je ne me suis pas présenté.

LE GRAND JUGE : En vérité, Sir John, vous vivez dans une considérable infamie.

FALSTAFF : Un homme bouclé dans ma ceinture ne peut pas vivre à moins.

LE GRAND JUGE : Vos ressources sont minces et vos dépenses énormes.

FALSTAFF : Je voudrais bien être, au contraire, avec d'énormes ressources, un mince dépensier!

LE GRAND JUGE : Vous avez égaré le jeune Prince.

FALSTAFF : C'est le jeune Prince qui m'a égaré. A cause de mon gros ventre, je ne vois pas où je mets les pieds : il est le caniche de l'aveugle.

LE GRAND JUGE : Allons, ne rouvrons pas une blessure fraîchement fermée. Vos exploits, le jour de Shrewsbury, ont un peu redoré votre exploit de la nuit de Gadshill. Vous pouvez bénir notre époque agitée qui a permis d'abandonner cette affaire.

FALSTAFF : Monseigneur...

LE GRAND JUGE : Restons-en là, mais n'éveillez pas le loup qui dort.

FALSTAFF : Éveiller le loup est aussi désagréable que de flairer le renard.

LE GRAND JUGE : Eh!... Vous êtes comme une chandelle aux trois quarts consumée.

FALSTAFF : Reste le bout de suif d'une chandelle d'orgie. Et pourtant, je suis Sire, de ma nouvelle qualité.

LE GRAND JUGE : Chaque poil blanc de votre face devrait donner la grâce à votre personne.

FALSTAFF : A ma grasse personne! A ma grasse personne!

LE GRAND JUGE : Vous suivez le jeune Prince partout, comme son mauvais génie.

FALSTAFF : Non, Seigneur, votre génie est léger, tandis qu'il suffit de me regarder pour estimer le mien sans me peser. Mais en ces temps mercantiles, la vertu a si peu de prix que le génie se fait montreur d'ours. Le véritable esprit devient garçon de cabaret et épuise sa verve à des additions. Tout le génie de l'homme, déformé par la corruption du siècle, ne vaut pas une groseille à maquereau. Vous, qui êtes vieux, vous ne prenez pas en considération notre caractère; vous jugez de la chaleur de notre rein à l'aigreur de votre bile.

Nous que voilà, débordants de jeunesse, sommes un peu mauvais sujets, je le reconnais.

LE GRAND JUGE, *rendant coup pour coup :* Quoi, vous vous comptez au nombre des jeunes gens, vous qui montrez tous les signes de la vieillesse, l'œil humide et la main sèche, le teint jaune et la barbe blanche, la jambe amaigrie et le ventre enflé. Votre voix n'est-elle pas cassée, votre respiration courte? Votre menton n'a-t-il pas doublé, votre esprit diminué, et toutes vos facultés ne sont-elles pas flétries par l'âge? Et vous vous donnez pour jeune? Fi! fi! Sir John.

FALSTAFF : Seigneur, je suis né vers trois heures de l'après-midi, chauve, et de la rondeur au ventre. Pour ma voix, je l'ai perdue à brailler et à chanter des cantiques. Quant à vous avancer d'autres preuves de ma jeunesse, je n'en ferai rien; la vérité est que je suis vieux uniquement par la raison et l'entendement. Si quelqu'un veut parier mille marcs contre moi à qui fera la plus belle cabriole, qu'il sorte l'argent et prenne garde!... *(Il se venge.)* Pour le soufflet dont vous a gratifié le Prince, il vous l'a envoyé avec une brutalité princière et vous l'avez reçu avec une noblesse sensible. Je l'en ai grondé. Et le jeune lion fait pénitence, non sous la cendre et en sac de bure, mais sous la soie et en sac à vin.

LE GRAND JUGE : Puisse le ciel assurer au Prince un meilleur compagnon.

FALSTAFF : Et puisse Dieu assurer au compagnon un meilleur Prince! Je ne puis me débarrasser de lui.

LE GRAND JUGE : Eh bien! le roi vous a séparé du prince Henry. J'apprends que vous allez marcher avec John de Lancastre, contre l'archevêque et le comte de Northumberland.

FALSTAFF : Ouais? Je remercie Votre Grâce de sa suave amabilité. Mais vous, qui me cocufiez à domicile avec la Paix, priez que nos armées ne se rencontrent pas par une journée chaude, car je n'emporte avec moi que deux chemises et je n'entends pas transpirer outre mesure. Pour peu que la journée soit chaude, je ne veux plus jamais cracher blanc si je brandis d'autre arme que ma bouteille. A peine prépare-t-on une action dangereuse qu'on m'y fourre!... Je ne peux pas survivre toujours. Mais ç'a toujours été la maladie de la nation anglaise : dès qu'elle a quelque bonne chose, elle en met partout. Si vous voulez à toute force que je sois vieux, laissez-moi en repos. Pardieu!... Je déplore que mon nom soit en terreur à l'ennemi!... J'aimerais mieux être bloqué à mort par la rouille que réduit à zéro dans un mouvement perpétuel.

LE GRAND JUGE : Allons, soyez honnête, soyez honnête, et Dieu bénisse votre expédition.

FALSTAFF : Votre Seigneurie voudrait-elle me prêter mille livres pour m'équiper?

LE GRAND JUGE : Pas un sou, pas un sou. Vous êtes bien pressé d'ajouter à vos équipées! Adieu. Recommandez-moi à mon cousin Westmoreland.

Le Grand Juge sort, avec l'Exempt.

FALSTAFF : Si je le fais, qu'on me renverse d'une chiquenaude!... L'homme ne peut pas plus séparer la vieillesse de l'avarice que la jeunesse de la paillardise!... La goutte tourmente l'une, la vérole pince l'autre. Inutile donc de maudire. Page?

LE PAGE : Messire?

FALSTAFF : Combien reste-t-il dans ma bourse?

LE PAGE : Dix fois cent sous et dix sous.

FALSTAFF : Il n'y a pas de remède à cette anémie de la bourse : emprunter à tempérament c'est donner de la rallonge jusqu'à épuisement. La maladie est incurable. Va porter cette lettre à Monseigneur de Lancastre; celle-ci au Prince; celle-ci au comte de Westmoreland et celle-ci à la vieille Madame Ursule, que je jure chaque semaine d'épouser depuis mon premier poil blanc. Va, tu sauras où me retrouver.

Le Page sort.

La vérole soit de cette goutte, ou la goutte de cette vérole, car l'une ou l'autre ou les deux me travaillent le gros orteil!... Mais qu'importe si je boite : la guerre sera mon prétexte et ma pension n'en paraîtra que plus légitime. Un bon esprit tire parti de tout; je saurai profiter de mes infirmités.

RIDEAU

QUATRIÈME TABLEAU

Londres. Une rue.
Entrent l'Hôtesse, Fang et son valet, puis Share qui suit.

L'HOTESSE : Alors, Maître Fang, avez-vous enregistré l'action?
FANG : Elle est enregistrée.
L'HOTESSE : Où est l'officier de police? Est-ce un homme vaillant? Tiendra-t-il ferme?
FANG, *à son valet :* Garnement, où est Share?

L'HOTESSE : Oh! oui, Seigneur! Ce bon Maître Share.

SHARE, *s'avançant* : Voici, voici!

FANG : Share, nous devons arrêter Sir John Falstaff.

L'HOTESSE : Oui, mon bon Maître Share, j'ai introduit l'affaire et tout.

SHARE : Nous y risquions un mauvais coup où quelques-uns pourraient perdre la vie.

L'HOTESSE : Miséricorde! Prenez garde à lui; il m'a poignardée dans ma propre maison et le plus bestialement du monde. Franchement, il ne se connaît plus quand son arme est à l'air; il frappe comme un diable, n'épargnant ni homme, ni femme, ni enfant!

FANG : Si je puis en venir à bout, je ne me soucie pas de ses assauts.

L'HOTESSE : Moi non plus. Je vous viendrai en aide.

FANG : Si je puis l'empoigner! Le serrer dans cet étau...

L'HOTESSE : Je suis ruinée par son départ. Je vous assure qu'il a chez moi à son compte des encoches à n'en plus finir. Cher Maître Fang, tenez-le bien. Bon Maître Share, ne le laissez pas échapper. Il va continuellement au coin de la rue, — sauf votre respect —, quérir une selle; et il est invité à dîner à la Tête de Léopard, dans la rue des Lombards, chez Maître Ledoux, le marchand de soieries. Je vous en prie, puisque l'affaire est introduite et cette affaire ouvertement connue, faites-lui rendre gorge. Cent marcs, c'est une grosse somme pour une femme seule!... Et j'ai supporté, supporté, supporté... Et j'ai été droguée, droguée, droguée, que c'est une honte d'y penser. Il n'y a aucune honnêteté dans ses procédés; et il faudrait qu'une femme soit changée en bête pour prendre en charge les derniers outrages du premier sacripant venu.

Le voici qui vient. Et avec lui Bardolph, au nez lie de vin. Faites votre office, Maître Fang et Maître Share; faites-moi, faites-moi, faites-moi votre office.

Entrent Falstaff, son page et Bardolph.

FALSTAFF : Eh bien! qui a perdu sa jument ici? Qu'y a-t-il?

FANG : Sir John, je vous arrête à la requête de Mistress Quickly.

FALSTAFF : Arrière valets!... Tire ton épée Bardolph!... Tranche-moi la tête de ce vilain et précipite la gouine dans le canal!

Aussitôt c'est la mêlée.

L'HOTESSE : Me jeter dans le canal? C'est moi qui vais t'y jeter. Veux-tu! Veux-tu?! Coquin, bâtard!... Au meurtre! Au meurtre! Rustre nourri de miel!... Grain mielleux! Dompteur pour hommes, dompteur pour femmes!

FALSTAFF : Écarte-moi cette canaille, Bardolph!

FANG *appelle* : Main-forte! Main-forte!

L'HOTESSE, *aux gens accourus* : Bonnes gens, venez au secours... un ou deux... Tu ne veux pas? Tu ne veux pas? Ah! tu ne veux pas. Gibier de potence!

FALSTAFF : Arrière, souillon! gueuse! drôlesse!... Je vais vous chatouiller la catastrophe!

Entrent le Grand Juge et sa suite.

LE GRAND JUGE : Que se passe-t-il? Restez en paix! Assez!

L'HOTESSE : Mon bon Seigneur, soyez bon pour moi! Je vous en supplie, assistez-moi.

LE GRAND JUGE : Vous encore, Sir John! Qu'avez-vous à brailler ici. Est-ce votre place, et le temps, et votre mission? Vous devriez déjà être sur la route d'York! *(Au record :)* Lâchez-le, l'ami. Pourquoi te pends-tu à lui?

L'HOTESSE : O! Vénérable Seigneur, n'en déplaise à Votre Grâce, je suis une pauvre veuve d'East-Cheap et il est arrêté sur ma plainte.

LE GRAND JUGE : Pour quelque endettement!

L'HOTESSE : Plus qu'un entêtement, Monseigneur!... Il s'agit de tout mon bien. Il a tout englouti, moi et ma maison, toute ma substance pour engraisser son ventre! Mais tu m'en rendras une partie, ou je sauterai chaque nuit sur toi comme une bête de cauchemar.

FALSTAFF : Je présume que c'est moi qui chevaucherai la bête, si j'ai l'avantage du terrain.

LE GRAND JUGE : Qu'est-ce à dire, Sir John!... Fi! quel homme raisonnable endurerait ce concert d'imprécations! N'avez-vous pas honte de pousser une pauvre veuve à de telles extrémités pour retrouver son bien?

FALSTAFF : Quelle est donc, au total, la somme que je lui dois?

L'HOTESSE, *avec grande précipitation :* Vraiment, tu me dois ta personne et mon argent, si tu es honnête homme! Tu m'as juré sur un gobelet à moitié doré, assis à la table ronde, dans la chambre du Dauphin, auprès d'un feu de charbon, le mercredi de la semaine de la Pentecôte, le jour où le Prince t'a fendu la tête pour avoir comparé le Roi, son père, à un chanteur de Windsor, — tu m'as juré, tandis que je soignais ta blessure, que tu m'épouserais et ferais de moi ta noble femme. Oserais-tu le nier? Est-ce que la femme du boucher n'est pas arrivée à ce moment — même qu'elle m'a appelée commère Quickly — pour m'emprunter un peu de vinaigre, disant qu'elle apprêtait un bon plat de crevettes, — même que tu as eu envie d'en manger, sur quoi je t'ai dit que c'était mauvais pour une blessure fraîche. Et quand elle était au pied de l'escalier, ne m'as-tu pas blâmée d'être trop familière envers ces petites gens, jurant qu'avant qu'il soit tard ils m'appelleraient Madame? Et puis, ne m'as-tu pas embrassée en me demandant d'aller te chercher trois écus? Maintenant, devant le saint livre, oses-tu jurer du contraire?

FALSTAFF : Monseigneur, c'est une pauvre folle. Elle va partout dans la ville, assurant que son fils aîné vous ressemble. Elle était dans une situation aisée et la pauvreté lui a troublé la cervelle. Quant à ces imbéciles d'huissiers, permettez-moi, s'il vous plaît, de me retourner contre eux.

LE GRAND JUGE : Sir John, Sir John, je connais votre manière d'engager la vérité sur une fausse voie. Ni votre mine assurée, ni ce flot de paroles, ni cette impudente effronterie, n'entameront mon impartialité. Vous avez abusé la crédulité de cette femme, faisant servir à vos besoins ensemble la bourse et la personne.

L'HOTESSE : Voilà la vérité, Monseigneur!

LE GRAND JUGE, *à l'Hôtesse :* Silence, je te prie!... *(A Falstaff :)* Remboursez-la de ce que vous lui devez et effacez ainsi la double vilenie que vous avez commise à son égard. Vous le pouvez, d'une part avec de bon argent, d'autre part avec la réparation habituelle.

FALSTAFF : Monseigneur, je n'avalerai pas cette réprimande sans répliquer. Vous qualifiez d'impudente effronterie une honorable franchise : qu'un homme fasse une révérence silencieuse et voilà un vertueux personnage. Eh bien! Monseigneur, sans manquer au respect, je ne parlerai pas en solliciteur; je dis que je veux être délivré de ces huissiers, le service du Roi m'appelant sans retard.

LE GRAND JUGE : Vous parlez comme un homme placé au-dessus du mal; répondez donc d'une manière digne de votre investiture et donnez satisfaction à cette pauvre femme.

FALSTAFF : Écoute-moi, l'Hôtesse.

Il lui entoure l'épaule du bras et l'entraîne à l'écart. Entre Gower.

LE GRAND JUGE : Eh bien, Maître Gower? Quelles sont les nouvelles?

GOWER, *remettant un pli* : Monseigneur, le Roi et le prince de Galles vont arriver. Ce pli vous dira le reste.

Le Grand Juge commence sa lecture.

FALSTAFF, *cajolant l'Hôtesse* : Parole de gentilhomme.

L'HOTESSE : Vous disiez ainsi.

FALSTAFF : Foi de gentilhomme... *(Il lui tourne le dos.)* Allons, n'en parlons plus...

L'HOTESSE, *revenant à lui, suppliante* : Par la terre céleste où je marche, je serai forcée de mettre en gage mon argenterie et les tapisseries de la salle.

FALSTAFF : Quoi! des verres, des verres, il n'en faut pas plus pour boire. Et quant à tes murs, une petite drôlerie, peinte à même, comme .l'histoire de « l'enfant prodigue », ou « la chasse allemande » fera tout aussi bien l'affaire que des rideaux de lit ou des tapisseries mangées aux mites. Emprunte vingt livres, s'il se peut. Sans ta mauvaise humeur, il n'y aurait pas en Angleterre de meilleure fille que toi. Va, lave-toi la figure et retire ta plainte. Ne sois pas aussi hargneuse avec moi. Est-ce que tu ne me connais pas? Allons, je sais bien qu'on t'avait encouragée à ça.

L'HOTESSE : Je t'en prie, Sir John, contente-toi de dix livres. Je le jure, je serais obligée d'engager mon argenterie, sérieusement, là.

FALSTAFF : N'en parlons plus. Je me débrouillerai autrement... *(Il lui tourne le dos.)* Vous serez toujours une sotte.

L'HOTESSE, *court à lui* : Eh! bien, c'est dit, vous aurez la somme quand je devrais mettre ma robe en gage. J'espère que vous viendrez souper? Vous me paierez le tout ensemble.

Elle s'éloigne.

FALSTAFF : Qui vivra verra. *(A Bardolph :)* Va avec elle!... Amorce, amorce...

L'HOTESSE, *revient à Falstaff et pour le gagner* : Voulez-vous, à souper avec vous, Dorothée-Troue-Drap?

FALSTAFF : C'est dit, qu'elle vienne.

Sortent l'Hôtesse, Bardolph, les Exempts, le Page.

LE GRAND JUGE, *au Courrier* : J'ai ouï de meilleures nouvelles.

FALSTAFF, *au Grand Juge* : Quelles sont les nouvelles, mon cher Seigneur?

LE GRAND JUGE, *à Gower, sans regarder Falstaff* : Où le Roi a-t-il couché, l'autre nuit?

GOWER : A Basingtoke, Monseigneur.

FALSTAFF : J'espère, Monseigneur, que tout va bien... Quelles sont les nouvelles, Monseigneur?

LE GRAND JUGE, *à Gower, toujours, sans regarder Falstaff* : Est-ce que toutes ses forces reviennent?

GOWER : Non, — quinze cents hommes à pied, cinq cents chevaux sont en route pour rejoindre

Monseigneur de Lancastre et marcher contre Northumberland et l'archevêque.

FALSTAFF, *au Grand Juge* : Est-ce que le Roi revient du pays de Galles, mon noble Seigneur?

LE GRAND JUGE, *à Gower* : Je vous remettrai mes lettres, tout à l'heure. Venez avec moi, mon bon Maître Gower.

FALSTAFF, *interpellant Gower* : Maître Gower!

LE GRAND JUGE : Qu'y a-t-il?

FALSTAFF, *sans regarder le Grand Juge* : Maître Gower, puis-je vous inviter à dîner?

GOWER : Je suis à la disposition de Monseigneur; mais je vous remercie, bon Sir John.

LE GRAND JUGE : Sir John, vous vous attardez trop longtemps ici. Vous avez à lever les hommes dans les pays que vous traverserez.

FALSTAFF, *même jeu* : Ou bien, voulez-vous souper avec moi, Maître Gower?

LE GRAND JUGE : Quel est le maître sot qui vous a appris ces façons, Sir John?

FALSTAFF, *à Gower* : Maître Gower, si elles ne me vont pas, c'est un sot qui me les a apprises...

Il s'adresse enfin au Grand Juge.

C'est la finesse même de l'escrime, Monseigneur : touche pour touche; partant, quitte!

LE GRAND JUGE : Que le Seigneur t'éclaire, tu es un grand sot.

Ils sortent.

RIDEAU

Acte IV

PREMIER TABLEAU

*Londres. Une autre rue.
Entrent le prince Henry et Poins.*

HENRY : Devant Dieu, je suis extrêmement las!
POINS : Las! en sommes-nous là!... Je n'aurais pu croire que la lassitude osât adultérer un sang aussi bleu.
HENRY : Ma foi, si! j'en conviens, quitte à le décolorer par cet aveu, lui, et l'éclat de ma grandeur. Et encore, n'est-elle pas indigne de moi, cette soif que j'ai de petite bière?
POINS : Un prince aussi distingué ne devrait pas se souvenir d'un aussi pauvre mélange.
HENRY : Il faut que mon goût ne soit pas d'essence princière, car vraiment, j'ai en ce moment un arrière-goût de petite bière. En vérité, ces humbles préoccupations jurent avec ma Grâce. Mais n'est-ce pas une disgrâce aussi pour moi, que de me rappeler ton nom, de reconnaître demain ton visage, de noter le nombre de tes bas de soie, de compter cette paire-ci et cette paire-là qui était couleur de pêche; de faire l'inventaire de tes chemises : une pour la cérémonie et l'autre pour l'ordinaire? Mais là-dessus le gardien du jeu de paume en sait

davantage, car il faut que tu sois bien à court de linge pour ne pas te montrer une raquette à la main depuis si longtemps!

POINS : Ces propos frivoles sont-ils de saison après de si hauts exploits, pour un jeune et bon prince dont le père est si malade?

HENRY : Te dirais-je quelque chose, Poins?

POINS : Certes, et que ce soit une très bonne chose.

HENRY : Elle sera toujours à la mesure de ton entendement.

POINS : Allons, j'attends de pied ferme cet assaut.

HENRY : Je te dirai donc qu'il ne sied pas que je sois triste à ce moment à cause de la maladie de mon père. Et pourtant, je puis te confier, — comme à un homme qu'il me plaît, faute de mieux, d'appeler mon ami, — que je pourrais en être triste, profondément triste.

POINS : Difficilement.

HENRY : Par cette main, tu me crois donc endiablé autant que toi et Falstaff, pour l'endurcissement et la perversité!... Laisse faire le temps. Déjà, je te le déclare, le cœur de mon cœur saigne de savoir mon père si malade. Mais une mauvaise compagnie, telle la tienne, me défend de laisser paraître ma douleur.

POINS : Et pourquoi?

HENRY : Que penserais-tu de moi, si je pleurais?

POINS : Je te jugerais le prince des hypocrites.

HENRY : Comme tout le monde! Tu es heureusement doué pour partager l'opinion commune. Jamais la pensée d'un homme n'a mieux suivi la grand-route. En effet, dans l'esprit de tous, je serais un hypocrite. Et quoi donc porte votre pensée suprême à conclure ainsi?

POINS : Vous vous êtes montré si débauché et tellement entiché de Falstaff...

HENRY : Et de toi!

POINS : Par le ciel, ce que l'on dit de moi, je puis l'entendre des deux oreilles! J'ai bonne réputation. Le pis que l'on me reproche c'est d'être cadet, pauvre et adroit de mes mains, griefs contre lesquels, je le reconnais, je ne puis rien. Pardieu, voici venir Bardolph.

HENRY : Et le page que j'ai donné à Falstaff. Il était chrétien et voyez si notre gras-double ne l'a pas transformé en singe!

Entrent Bardolph et le page.

BARDOLPH : Dieu sauve Votre Grâce.

HENRY : Et la vôtre, très noble Bardolph. Comment va ton maître?

BARDOLPH : Bien, Monseigneur. Il a appris que Votre Grâce viendrait en ville : voici une lettre pour vous.

POINS : Remise avec grand respect!... Et comment va l'été de la Saint-Martin, votre maître?

BARDOLPH : Bien de corps, Seigneur.

POINS : C'est la partie immortelle qui aurait besoin d'un médecin; il ne s'en soucie guère : qu'elle soit malade, elle ne meurt pas.

HENRY : Je permets à cette énorme tumeur d'être aussi familier avec moi que mon chien : et il tient à son privilège. Voyez comme il m'écrit.

Il remet la lettre à Poins, qui lit :

POINS : « John Falstaff, Chevalier... » Il le répète à chacun, à toute occasion.

HENRY : Mais, la lettre...

POINS, *lisant :* « Sir John Falstaff, Chevalier, au fils du Roi, le plus proche héritier de son père,

Harry, prince de Galles, — salut! » C'est un certificat!...

HENRY : Poursuis.

POINS, *lisant :* « J'imiterai, du noble romain, la brièveté. » Certes, il veut parler de son souffle, de sa respiration courte... « Je me recommande à toi, je te recommande au ciel et je prends congé de toi. Ne sois pas trop familier avec Poins, car il abuse de ta faveur jusqu'à jurer que tu vas épouser Nelly, sa sœur. Fais pénitence à tes heures perdues, selon ton possible, et, sur ce, adieu.

« Je suis tien, oui et non, — d'après ton traitement.

« John Falstaff, pour mes familiers, John, pour mes frères et sœurs, et Sir John pour toute l'Europe. »

POINS : Je vais faire tremper sa lettre dans le madère et la lui faire manger.

HENRY : Ce ne sera jamais que lui faire ravaler vingt paroles. Mais est-ce vrai, Ned, que vous en usiez ainsi avec moi? Dois-je épouser votre sœur?

POINS : Puisse la pauvre fille ne pas faire un plus mauvais parti! Mais je n'ai pas dit cela.

HENRY : Allons, nous gaspillons le temps comme des fous et les esprits sages se moquent de nous de là-haut!... Votre maître est-il à Londres?

BARDOLPH : Oui, Monseigneur.

HENRY : Où soupe-t-il? Le vieux pourceau mange-t-il toujours à la même étable?

BARDOLPH : La même, Monseigneur, à East-Cheap.

HENRY : En quelle compagnie?

LE PAGE : Avec des païens, Monseigneur, du vieil autel.

HENRY : A-t-il des femmes à souper?

LE PAGE : Aucune, Monseigneur — si l'on ne

compte pas la Madame Quickly et la Madame Dorothée Troue-Drap.

HENRY : Quelle mécréante est-ce là?

LE PAGE : Une dame comme il faut, Monseigneur; et parente de mon maître.

HENRY : Parente comme la génisse au taureau! Si nous les surprenions à souper, Ned?

POINS : Étant votre ombre, Seigneur, je m'attache à vos pas.

HENRY, *au Page :* Toi, fripon, et toi Bardolph, ne prévenez pas votre maître de mon arrivée en ville. Voici de quoi enrichir votre silence.

Il leur donne de l'argent.

BARDOLPH : Je n'ai plus de langue, Seigneur.

LE PAGE : La mienne, je la gouvernerai.

HENRY : Adieu. Allez.

Ils sortent.

Cette Dorothée Troue-Drap doit être quelque voie publique!

POINS : Je vous le garantis, — aussi publique que la rue du Marché.

HENRY, *entraînant Poins :* Comment pourrions-nous, sans nous montrer, voir Falstaff, cette nuit, sous ses vraies couleurs?...

POINS : Habillons-nous de jaquettes et de tabliers de cuir, et servons à table, comme garçons.

HENRY : De Dieu devenir taureau! Quelle déchéance! Bast! ç'a été le cas de Jupiter. De prince devenir apprenti!... Dégradante métamorphose, — ce sera la mienne. En toute chose, le résultat seul compense la folie. Viens, Ned.

RIDEAU

DEUXIÈME TABLEAU

Londres. La Taverne de la Tête de Sanglier, dans East-Cheap.
Entrent deux garçons de cabaret, glabres.

PREMIER GARÇON : Que diable as-tu apporté là? Des poires de Messire Jean. Tu sais que Sir John ne peut les souffrir.

DEUXIÈME GARÇON : C'est vrai, tu as raison. Un jour, le Prince a posé un plat de Messire Jean devant Sir John et lui a dit : « Voici, six Sir John de plus »; et, se découvrant, il a ajouté : « A présent, je vais prendre congé de ces six chevaliers, jaunes, ronds, vieux et ridés. » Ça l'a blessé au cœur, mais il l'a oublié.

PREMIER GARÇON : Eh bien, range-les. Et tâche de découvrir Sheak, sa clique et son vacarme. Madame Troue-Drap voudrait entendre de la musique. Presse-toi! La pièce où ils ont soupé est étouffante. Ils vont arriver à l'instant.

DEUXIÈME GARÇON : Le Prince et Maître Poins ne tarderont pas non plus. Ils endosseront nos vestes et mettront nos tabliers. Il importe que Sir John l'ignore. Bardolph m'a prévenu.

PREMIER GARÇON : Par la messe, ce sera une bonne farce.

DEUXIÈME GARÇON : Je vais voir si je puis amener Sheak et ses instruments.

Les deux garçons sortent, l'un à droite, l'autre à gauche. En même temps, du fond, entrent l'Hôtesse et Dorothée.

L'HOTESSE : Ma foi, cher cœur, il me paraît que vous êtes en excellente condition, votre pouls bat aussi vite qu'on peut le souhaiter et votre teint, je vous l'assure, est aussi rouge qu'une rose, ça c'est la vérité. Il est de fait que vous avez bu trop de vin de Canarie; c'est une liqueur qui mêle son esprit au sang avant qu'on puisse dire : « Que m'arrive-t-il? » Comment vous sentez-vous?

DOROTHÉE : Mieux que tout à l'heure!... Je dis : « Hem. »

L'HOTESSE : Bien dit. Un cœur à l'épreuve, c'est de l'or. Tenez, voici Sir John.

Falstaff entre en chantant. Derrière lui deux garçons de cave barbus et moustachus, en qui l'on reconnaît aussitôt le Prince et Poins, remplaçant les deux autres.

FALSTAFF, *chantant* : « Quand Arthur parut à la Cour... »

Il baisse la voix, désigne la chambre voisine et commande au garçon qui doit être le Prince :

Videz le pot de chambre.

Il chante :

« C'était un digne Roi... »

Le garçon sort. Il vient à Dorothée.

L'HOTESSE : Elle a des nausées. *(Bas, avec un clin d'œil complice :)* C'est un bon présage.

FALSTAFF, *bourru* : Toutes de même espèce : une fois calmées, elles ont du dégoût!

DOROTHÉE : Canaille stupide! voilà toute ta consolation.

FALSTAFF : Vous la faites grasse votre canaille, Dame Dorothée!

DOROTHÉE : Je la fais grasse?... C'est la gloutonnerie et la maladie qui vous enflent et non moi!

FALSTAFF : Si Maître Coq aide à la gloutonnerie, vous aidez bon coq à la maladie! Nous vous devons tant de choses, Dott, tant de choses! conviens-en, ma pauvre vertu.

DOROTHÉE : Oui, parbleu, vous nous prenez tant de choses; nos chaînes et nos bijoux.

FALSTAFF *chante :* « Vos broches, perles et bouclettes... »

Pour faire bonne guerre, vous le savez, il faut tenir ferme, aller à la brèche, l'arme bravement tendue, braver le chirurgien, s'aventurer bravement sur les pièces chargées...

DOROTHÉE : Allez vous faire pendre, congre fangeux!

L'HOTESSE : Vraiment, c'est une vieille habitude. Vous ne pouvez jamais vous rencontrer sans chicaner; vous êtes, sur mon âme, plus déformées que de vieilles tartines rôties : on ne peut plus vous mettre en pile. *(A Dorothée :)* Par le mal coquin! L'un de vous doit supporter l'autre; et c'est vous, qui êtes, comme on dit, le vaisseau le plus vide.

DOROTHÉE : Comment un faible vaisseau supporterait-il un baril de cette importance? Il y a en lui la vendange d'un marchand de Bordeaux. Allons, viens Jack, soyons bons amis. Tu vas partir pour la guerre et que je doive ou non te revoir, c'est ce dont personne ne s'émeut.

Rentrent le garçon, Poins *et le Prince, puis Bardolph et le Page.*

LE GARÇON, *derrière Falstaff* : Messire, l'enseigne Pistolet est en bas, et voudrait vous parler.

DOROTHÉE, *aussitôt, furieuse* : Qu'il soit pendu, le fanfaron!... Ne le laisse pas monter! C'est le gredin le plus mal embouché de l'Angleterre!

L'HOTESSE : C'est un bravache! Qu'il ne monte pas!... Non, par ma foi. Je dois vivre avec les voisins; je ne veux pas de tapageurs. J'ai bonne renommée auprès de gens respectables. Fermez la porte! Il n'entre pas de querelleurs ici. Je n'ai pas vécu aussi longtemps pour avoir des querelles à présent : fermez la porte.

La scène dégénère vite en tumulte, tous parlant à la fois. Ils se groupent près de la porte, criant, gesticulant, faisant plus de vacarme qu'ils n'en craignent.

Les deux garçons assistent à la scène, à l'écart.

ENSEMBLE

FALSTAFF : Écoute donc, l'Hôtesse!

L'HOTESSE : Soyez calme vous-même, John. Il n'entrera pas de disputeurs ici.

FALSTAFF : Écouteras-tu, c'est mon enseigne!

L'HOTESSE : Je m'en moque, Sir John! Votre tapageur d'enseigne ne passera pas la porte. J'étais l'autre jour, par-devant Maître Maigriot le député, qui m'a dit — c'était mercredi dernier, pas plus tard — ...

FALSTAFF : Ce n'est pas un querelleur, hôtesse.

L'HOTESSE : ...voisine Quickly, me dit-il...

FALSTAFF : C'est un tricheur inoffensif. Vous pouvez le caresser aussi gentiment qu'un chiot...

L'HOTESSE : ...recevez ceux qui sont civils, car, me dit-il, vous avez mauvaise réputation...

FALSTAFF : Il ne montrerait pas les crocs à une

poule de Barbarie, si elle hérissait seulement les plumes...

Fin des répliques dites ensemble.

L'HOTESSE : Vraiment, je me trouve mal dès que l'on parle de querelleurs. Sentez comme je tremble...

Falstaff lui pose la main sur le sein.

Tenez, je vous le garantis.

Bardolph lui pose la main sur le sein, puis Dorothée :

DOROTHÉE : En effet.

L'HOTESSE : N'est-ce pas? En vérité, je tremble comme une feuille de peuplier.

Le Page lui pose la main sur le sein.

Je ne puis pas souffrir les querelleurs.

Entre Pistolet.

PISTOLET, *très ivre* : Dieu vous garde, Sir John.

Aussitôt, rangés en demi-cercle, on lui barre le passage.

FALSTAFF : Soyez le bienvenu, enseigne Pistolet.

Il lui tend une coupe de vin, emplie par le garçon.

Tenez, Pistolet, je vous charge avec une coupe de vin d'Espagne.

PISTOLET, *vidant la coupe* : A vous, Dame Dorothée; je vais vous attaquer!

DOROTHÉE : M'attaquer? Je vous méprise, Scorbut! Fondement! Fripon! Fourbe! Vagabond sans linge! Arrière, toi, Farceur moisi. C'est pour ton maître que je suis faite.

Elle se réfugie près de Falstaff.

PISTOLET *veut s'avancer* : Je vous ai connue, Dame Dorothée.

DOROTHÉE : Arrière! misérable coupe-bourse, sale bouchon, arrière! Si vous êtes impoli avec moi, je plante mon couteau dans votre gueule pourrie. Avaleur de sabre!... Depuis quand, s'il vous plaît? Quoi! Parce que vous avez deux galons sur l'épaule! Voilà grand'chose!

PISTOLET *s'avance encore, retenu par les autres* : Pour ceci, je veux lui arracher la collerette!

FALSTAFF : Assez, Pistolet; je ne veux pas que vous éclatiez ici. Déchargez-vous ailleurs, Pistolet.

L'HOTESSE, *apeurée* : Pas ici, mon bon capitaine Pistolet.

DOROTHÉE, *déchaînée* : Capitaine, toi? abominable et damné tricheur!... N'as-tu pas honte de te laisser appeler capitaine? Si les capitaines étaient comme moi, ils te donneraient du bâton de commandement sur la caboche pour avoir usurpé leur titre!... Vous, capitaine, vous, esclave?

BARDOLPH : Je te prie, redescends, brave enseigne.

DOROTHÉE : Capitaine? Pour avoir déchiré la collerette d'une pauvre créature dans un mauvais lieu!

PISTOLET : Que je descende! Je te le dis, caporal Bardolph, je veux me venger d'elle. Je la mettrai en pièces!

BARDOLPH : Va-t'en, brave enseigne, cela prendra de l'importance tout à l'heure!

Ils parlent tous à la fois.

ENSEMBLE

LE PAGE : Je t'en prie, descends.

DOROTHÉE : Ces drôles rendront le mot capitaine

ausi malsonnant que le mot baiser, qui était très convenable avant d'avoir été corrompu!

PISTOLET : Quand elle aura été damnée dans le lac damné de Pluton, dans l'abîme infernal... A bas, à bas, chiens! A bas!

L'HOTESSE : Bon, capitaine, soyez calme. Il est tard sur ma foi!

Silence soudain.

FALSTAFF : Pistolet, je voudrais être tranquille.

PISTOLET : Doux chevalier, je baise ton esclave! Nous avons vu les sept planètes.

DOROTHÉE : Jetez-le au bas de l'escalier. Je ne puis pas endurer le langage tarabiscoté de ce drôle!

PISTOLET : Me faire dégringoler les escaliers! *(Déclamatoire :)* Ne connaissez-vous pas les chevaux de Galloway!

FALSTAFF : Bardolph, envoie-le comme un galet sur la dernière marche de l'escalier. Pour ne dire que des riens, il n'a rien à faire ici.

BARDOLPH : Allons, descendez!

PISTOLET, *dégainant* : Quoi? Nous en venons aux incisions. Nous allons tremper dans le sang.

Bardolph a dégainé aussi. Mouvement. Le Page a tiré son poignard. Engagements de fers sans vraie intention. Tout le monde parle à la fois.

ENSEMBLE

PISTOLET : Alors, que la mort berce et abrège mes tristes jours! Alors, que les blessures horribles, béantes, démêlent l'écheveau des trois Parques!

L'HOTESSE : Voilà une fameuse bagarre!

FALSTAFF, *dans le tumulte* : Donne-moi ma rapière, page.

DOROTHÉE, *idem* : Je t'en prie, Jack, je t'en prie, ne dégaine pas.

FALSTAFF, *dégainant à demi* : Pistolet, descendez les escaliers.

L'HOTESSE : Voilà un beau vacarme! Je renoncerai à tenir maison. S'il faut vivre dans ces terreurs et ces peurs-là!... Un meurtre, c'est sûr! Hélas! Rentrez-vous épées nues!... Rentrez vos épées nues!...

Sort Pistolet repoussé par Bardolph.

DOROTHÉE, *ramenant Falstaff et le cajolant* : Je t'en prie, Jack, calme-toi. Le drôle est parti. Oh! le vilain et vaillant petit putassier.

L'HOTESSE : N'êtes-vous pas blessé au ventre? Il m'a semblé qu'il vous allongeait un coup bas.

Rentre Bardolph.

FALSTAFF : L'avez-vous mis dehors?

BARDOLPH : Oui, mon Seigneur. Le coquin est ivre. Vous l'avez blessé dans le dos.

FALSTAFF : La canaille! Oser me braver!

DOROTHÉE, *aidant Falstaff à s'asseoir* : Ah! vous, joli petit coquin. Miséricorde, pauvre singe, comme tu transpires!

Elle lui essuie le visage.
Les deux garçons, tandis qu'elle est agenouillée devant lui, viennent, de chaque côté, lui présenter une coupe. Il ne les regarde pas, vide l'une et puis vide l'autre. Les deux garçons s'éloignent.

Allons, laisse-moi essuyer ton visage. Ah! c'est que je t'aime, vraiment. Tu es aussi vaillant qu'Hector de Troie, tu pèses cinq Agamemnon et tu vaux dix fois les neuf Preux! Ah! vilain.

FALSTAFF : Un valet fripon!... Je ferai sauter le drôle sur une couverture.

DOROTHÉE : Fais-le, si tu en as le cœur. Si tu le fais, moi je te ferai sauter dans une paire de draps.

Entrent des musiciens. Ils vont s'installer dans une petite pièce qui forme alcôve et tribune.

LE PAGE : La musique est arrivée, Seigneur.

FALSTAFF : Qu'elle joue! Jouez, mes maîtres. Assieds-toi sur mes genoux, Dott. Un misérable fanfaron! Le drôle m'a échappé comme une goutte de mercure.

DOROTHÉE : Et toi, tu l'as poursuivi comme la goutte. Ah! petit cochon en pain d'épice, quand cesseras-tu de t'escrimer et le jour et la nuit? Quand commenceras-tu à embaumer ton corps pour le ciel?

La musique s'élève, en sourdine.

FALSTAFF : Paix, Dott. Ne me montre pas la tête de mort de ta bague. Laisse-moi oublier ma fin.

Un garçon de cave vient présenter une coupe à Falstaff. (Le prince Henry?) Il attend que Falstaff se serve, et écoute.

DOROTHÉE : Dis-moi, comment est le Prince?

FALSTAFF : Comme l'ombre d'un jeune homme. Il aurait fait un bon coupeur de pain, il aurait taillé des tranches fines.

DOROTHÉE : Il paraît que Poins a de l'esprit.

FALSTAFF : De l'esprit, lui — la peste du babouin — de l'esprit aussi épais que de la vieille moutarde.

Le Prince fait un signe à l'autre garçon qui vient aussi présenter une coupe. Ils attendent, l'un et l'autre.

DOROTHÉE : Pourquoi le Prince l'aime-t-il autant?

Falstaff vide une coupe et la rend au garçon, qui s'éloigne.

FALSTAFF, *l'autre garçon, Poins, écoutant :* Parce qu'ils pourraient chausser les mêmes bottes; parce que Poins joue fort bien au palet, qu'il mange gloutonnement du céleri, avale le contenu d'une veilleuse sans gober la mèche, joue à saute-mouton avec les pages, saute à pieds joints par-dessus les tabourets, sacre avec grâce, porte la botte collée au mollet comme sur l'enseigne d'un chausseur, évite les querelles en taisant les histoires scabreuses; enfin parce qu'il possède une foule de qualités frivoles qui attestent peu d'esprit dans un corps délié. Voilà ce qui le fait bien voir du Prince.

Il vide l'autre coupe.

Le Prince lui ressemble tellement que pesés l'un et l'autre sur la balance, le poids d'un cheveu ne ferait pas pencher le plateau d'un côté.

Le garçon a rejoint l'autre garçon.

HENRY : Ce roué a envie d'être roué!

POINS : Battons-le, sous les yeux de sa gouge.

HENRY : Vois donc le vieux déplumé qui se fait gratter la nuque comme un perroquet.

POINS : N'est-il pas étrange que l'appétit survive si longtemps à l'estomac?

FALSTAFF : Embrasse-moi, Dott.

Elle l'embrasse.

HENRY : Saturne et Vénus en conjonction cette année! Que dit de ça l'astrologue?

POINS, *désignant Bardolph et l'Hôtesse en galante conversation :* Et voyez ce tison brûlant, son écuyer, qui caresse le vieux registre de son maître, son carnet de comptes, son agenda!

FALSTAFF : Tu me donnes des baisers menteurs.

DOROTHÉE : Non, vraiment, ce sont les baisers d'un cœur bien attaché.

FALSTAFF : Je suis vieux, je suis vieux.

DOROTHÉE : Je t'aime mieux que je n'aime ces jeunes pouilleux.

FALSTAFF : De quelle étoffe veux-tu avoir une jupe? Je recevrai de l'argent jeudi : tu auras une coiffe demain... *(Il crie aux musiciens :)* Allons, une chanson joyeuse! Il se fait tard; nous irons nous coucher.

CHANSON

FALSTAFF, *ému :* Tu m'oublieras quand je serai parti.

DOROTHÉE : Tais-toi, tu vas me faire pleurer. On ne me verra pas belle une fois avant ton retour! Écoute la fin de la chanson.

CHANSON

FALSTAFF *hèle :* Du madère, Francis!

Poins et le prince Henry accourent.

POINS et HENRY : Tout à l'heure, tout à l'heure, Monsieur!

Ils enlèvent moustaches et barbes.

FALSTAFF, *les considérant l'un après l'autre à travers les vapeurs de l'ivresse :* Hé! un bâtard du Roi!... Et toi, n'es-tu pas frère de Poins?

HENRY : Ça, globe d'impurs continents, quelle vie mènes-tu?

FALSTAFF : Une vie meilleure que la tienne. Je suis un gentilhomme et vous un tireur de vin.

HENRY : Pour l'instant un tireur d'oreilles, — et tu vas le savoir.

L'HOTESSE, *accourant pleine de componction* : Le ciel garde Ta Grâce! Le Seigneur bénisse ta chère tête. Oh, Jésus! Êtes-vous donc revenu du pays de Galles? Sur ma foi, sur ma foi, vous êtes le bienvenu à Londres.

FALSTAFF *l'imite, caressant Dorothée* : Fille de garce, par cette chair fraîche et ce sang corrompu, tu es la bienvenue à Londres.

DOROTHÉE : Hein! Gros cornichon, je vous méprise.

POINS : Monseigneur, il vous fera oublier votre vengeance et tournera tout à la plaisanterie si vous ne tournez pas le fer tandis qu'il est chaud!...

HENRY : Immonde dépôt de suif, quel ignoble langage teniez-vous à mon endroit devant cette honnête, vertueuse et civile demoiselle?

L'HOTESSE, *se pressant contre Dorothée* : Béni soit votre bon cœur!... C'est tout elle, sur mon âme.

FALSTAFF, *au Prince* : Veuille m'écouter.

HENRY : Oui, bien sûr, vous m'aviez reconnu comme le jour de Gadshill, où vous vous êtes si bien enfui; vous saviez que j'étais auprès de vous et parliez ainsi pour mettre ma patience à l'épreuve.

FALSTAFF, *avec force, les déconcertant* : Non, non, non; non pas. Je ne savais pas que tu fusses à portée de ma voix.

HENRY : Je vais donc vous contraindre à confesser que c'étaient là de franches injures et apprendre comment vous châtier!

FALSTAFF : Il n'y avait pas d'injure, Riquet, sur mon honneur.

Aucune injure.

HENRY : Me déprécier, m'appeler tailleur de tartines, panetier et je ne sais quoi! Aucune injure?

FALSTAFF, *il gagne du temps* : Pas une injure, Riquet.

POINS : Pas une injure?

FALSTAFF : Aucune injure, Ned, honnête Ned. *(Il a trouvé.)* Je t'ai dénigré devant les méchants, afin que les méchants ne se prennent point à t'aimer. Ce faisant, je me montrais ami dévoué, sujet fidèle et ton père me doit de la reconnaissance. Il n'y a pas d'insulte, Riquet, aucune insulte, Ned. Non, mes enfants, il n'y en a pas.

HENRY : Vois, à présent, si la couardise ne te pousse pas à insulter cette vertueuse demoiselle pour te réconcilier avec nous. Tu la comptes donc parmi les méchants? Et l'Hôtesse est-elle au nombre des méchants? Et l'honnête Bardolph, dont le nez brûle d'un feu sacré. Et le Page?

POINS : Réponds, arbre mort, réponds!...

FALSTAFF : Bardolph est perdu sans retour; le reflet de l'enfer est sur sa face. Pour le Page, il a auprès de lui un bon ange... *(C'est de lui, certes, qu'il parle.)* Mais le diable a le dessus.

HENRY : Quant aux femmes...

FALSTAFF, *désignant Dorothée* : L'une d'elles est déjà dans les flammes, et elle brûle, la pauvre âme. A l'autre je dois de l'argent. Sera-t-elle, pour cela, damnée? Je l'ignore.

L'HOTESSE : Non! Je vous le garantis.

FALSTAFF : Si tu le garantis, je ne crois pas que tu le sois; cette garantie vaut un acquit. Mais il y a un autre grief contre toi... Tu souffres que l'on fasse consommation de chair dans ta maison, contrairement à la loi... Pour cela, je crois que tu hurleras.

L'HOTESSE : Tous les aubergistes en font autant. Qu'est-ce qu'un gigot ou deux pendant un carême?

HENRY, *à Dorothée* : Vous, gentille femme...

DOROTHÉE : Que dit Votre Grâce?
FALSTAFF : Sa Grâce dit une chose contre laquelle sa chair se rebelle...

On frappe.

L'HOTESSE : Qui frappe si fort à la porte? Va voir, Francis.

Entre Peto.

HENRY : Eh bien, Peto, quelles nouvelles?
PETO : Le Roi votre père est à Westminster; vingt courriers exténués sont arrivés du Nord; en venant, j'ai rencontré et dépassé une douzaine de capitaines, tête nue, en sueur, qui frappaient à la porte de toutes les tavernes, cherchant partout Sir John Falstaff.
HENRY : Par le ciel, Poins, je suis fort à blâmer de perdre un temps si précieux. Donnez-moi mon épée et mon manteau. Bonne nuit, Falstaff.

Sortent le prince Henry, Poins, Peto et Bardolph.

FALSTAFF : Bonne nuit? Voici que se présentait le morceau le plus friand de la nuit, et il nous faut partir sans y goûter! *(On frappe.)* On frappe encore.

Entre Bardolph.

Eh bien! qu'y a-t-il?
BARDOLPH : Il faut que vous vous rendiez immédiatement à Westminster; une douzaine de capitaines vous attendent à la porte.
FALSTAFF, *au Page* : Paye les musiciens, faquin! *(Il embrasse l'Hôtesse.)* Adieu, l'Hôtesse. *(Il embrasse Dorothée.)* Adieu, Dott. *(Il les tient contre lui, de chaque côté, du bras leur entourant l'épaule.)* Vous voyez, mes bonnes filles, comme on recherche les hommes de mérite. Adieu, bonnes filles.

Il se dirige vers la porte. Elles l'accompagnent. L'Hôtesse pleure.

Si je ne suis pas expédié sur-le-champ, je vous reverrai.

DOROTHÉE : Je ne puis pas parler... Mon cœur est prêt d'éclater... Cher Jack, prends bien soin de toi.

FALSTAFF : Adieu! Adieu!

Falstaff et Bardolph sortent.

L'HOTESSE : Allons, adieu!... Il y aura vingt-neuf ans à la saison des pois verts que je le connais pour l'homme le plus honnête et le cœur le plus fidèle, — bien, porte-toi bien.

BARDOLPH *appelle au-dehors* : Dame Dorothée!

L'HOTESSE : Qu'y a-t-il?

BARDOLPH *se montre à la porte entrouverte* : Dites à Dame Dorothée de venir trouver mon maître!

L'HOTESSE, *la poussant au-dehors* : Oh! cours, Dott; cours, bonne Dott.

Elles sortent.

RIDEAU

TROISIÈME TABLEAU

Une partie de forêt dans l'Yorkshire. Fanfares, mouvements de troupes. Entrent Coleville, blessé et Falstaff, l'épée au poing.

FALSTAFF, *l'arrêtant* : Quel est votre nom, Monsieur? Votre qualité? De quel endroit êtes-vous?

coleville : Je suis chevalier, Monsieur, mon nom est Coleville de la Vallée.

falstaff : Eh bien! donc, Coleville est votre nom, chevalier votre titre et votre résidence est le val. Coleville demeurera votre nom. Je vous mets la main au col, votre titre est d'être vil et vous irez en résidence avec ceux qui vous valent, en sorte que vous serez toujours Coleville du Val!

coleville : N'êtes-vous pas Sir John Falstaff?

falstaff : Qui que je sois, Monsieur, je l'égale en courage. Est-ce que vous vous rendez à moi, ou faudra-t-il que je transpire pour vous réduire? En ce cas, chaque goutte de ma sueur coûtera une larme à vos amis, car ils pleureront votre mort. Songez à craindre et à trembler et abandonnez-vous à ma merci.

coleville : Je pense que vous êtes Sir John Falstaff et dans cette foi, je me rends.

falstaff : J'ai dans le ventre toute une assemblée de bavards qui proclament mon nom. Si j'avais un ventre de commune mesure je serais le gaillard le plus actif de l'Europe. Ma grosseur, ma grossesse, ma graisse me trahissent! Voici venir notre général.

Entrent le prince Jean de Lancastre, Westmoreland et les autres.

le prince jean, *à Westmoreland :* La fureur est apaisée, n'allons pas plus loin. Rappelez les troupes, bon cousin.

Westmoreland sort.

Falstaff, où étiez-vous pendant la mêlée? Vous arrivez lorsque tout est fini. Ma parole, ces fantaisies de traînard vous mèneront un jour au gibet qui se brisera sous votre poids!

FALSTAFF : Je serais désolé, Monseigneur, qu'il en allât autrement. J'ai toujours constaté que blâmes et reproches sont toujours le salaire de la valeur. Me prenez-vous pour une hirondelle, une flèche, un boulet? Puis-je avoir, sur de pauvres vieilles jambes, la rapidité de la pensée? J'ai dépensé, pour venir, toute la promptitude possible. J'ai crevé cent quatre-vingt-dix chevaux de poste; et ici, tout boueux encore de la chevauchée, de par ma pure et immaculée vaillance, j'ai réussi à faire prisonnier Sir John Coleville de la Vallée, un chevalier des plus acharnés, un ennemi valeureux! Mais c'est peu que cela! Il m'a vu, il s'est rendu. Je puis dire, comme le Romain au nez crochu : *Veni, vidi, vici!*

LE PRINCE JEAN : Vous le devez plus à sa courtoisie qu'à votre mérite.

FALSTAFF : Je ne sais. Mais le voici prisonnier; je vous le remets, et supplie Votre Grâce de compter cet exploit parmi tous ceux de cette journée. S'il en va autrement, je ferai composer une ballade où l'on me verra représenté, Coleville me baisant les pieds. Si j'en arrive là vous ne paraîtrez auprès de moi que comme monnaie dorée; dans le ciel de la renommée je vous éclipserai, comme la pleine lune éteint autour d'elle les étoiles pas plus grosses à l'œil qu'une tête d'épingle. Si j'y manque ne croyez plus à un noble serment. Donc, faites-moi justice et laissez s'élever le mérite!

LE PRINCE JEAN : Le tien a trop de poids pour s'élever.

FALSTAFF : Soit. Faites-le briller.

LE PRINCE JEAN : Trop épais pour briller.

FALSTAFF : Bref, mon bon Seigneur, faites pour lui de quoi me satisfaire et appelez ça comme il vous plaira.

LE PRINCE JEAN, *au prisonnier* : Ton nom est Coleville?
COLEVILLE : Oui, Monseigneur.
LE PRINCE JEAN : Tu es un rebelle fameux, Coleville.
FALSTAFF : Et c'est un fidèle fameux qui l'a pris.
COLEVILLE : Je suis, Monseigneur, ce que sont ceux qui me commandaient. Si j'avais été à leur tête, la victoire vous aurait coûté davantage.
FALSTAFF : Je ne sais combien ils l'ont vendue, mais toi, en bon garçon, tu me l'as donnée gratis et je t'en remercie.

Rentre Westmoreland, avec son escorte.

LE PRINCE JEAN : A-t-on cessé la poursuite?
WESTMORELAND : On a sonné la retraite et suspendu le carnage.
LE PRINCE JEAN : Envoyez Coleville à York, avec ses complices. Qu'ils soient exécutés sur-le-champ. Vous, conduisez-le et mettez-le sous bonne garde.

Coleville sort, escorté.

Maintenant, Messeigneurs, hâtons-nous de partir pour la Cour. J'ai entendu dire que mon père était très malade.
FALSTAFF : Monseigneur, quand vous serez à la Cour, soyez bon prince, je vous prie, et faites mon éloge.
LE PRINCE JEAN : Adieu, Falstaff. Je parlerai de vous mieux que vous ne le méritez.

Ils sortent.

FALSTAFF : Plus d'esprit vaudrait mieux que votre duché... — ce que je vous souhaite. Sur mon âme, ce jeune homme au sang froid ne m'aime pas.

On n'arrive pas à le faire rire. Ce n'est pas étonnant, il ne boit pas de vin. Ces garçons sévères ne prospèrent jamais; leur boisson plate et leurs plats de poisson leur refroidissent si fort le sang qu'ils tombent dans une indigence virile : mariés, ils n'engendrent que des femmelettes. Ils sont généralement sots et couards, comme seraient certains des nôtres sans stimulant.

Il tire sa bouteille et boit.

Un bon vin a un double effet : d'abord il monte au cerveau, y évapore les vapeurs de la bêtise épaisse, le rend vif, prompt à comprendre, imaginatif, empli de créations légères ou ardentes ou délectables, qui, traduites par la langue, deviennent de bons mots spirituels.

Il boit.

La seconde propriété du vin est de réchauffer le sang, qui, froid et lent vous donne le foie blanc, signe d'inquiétude et de couardise; tandis qu'échauffé il court du cœur vers chacune des extrémités. Il illumine la face comme un fanal qui signale à toutes les forces du petit royaume humain le moment de se mettre sous les armes. Alors, toute la milice vitale se rassemble autour du cœur, leur capitaine, qui, fier et dilaté, encouragé par ce cortège, accomplit de grands exploits. Toute valeur tient du vin. De sorte que la vertu guerrière n'est rien sans le vin qui la met en action. Voilà pourquoi le prince Henry, mon Riquet, est vaillant. Il avait naturellement hérité de son père un sang glacé. Mais comme on fait d'un terrain stérile, il l'a si bien engraissé, labouré, cultivé, avec l'appoint de bien boire de fécondes rasades de vin, que ce sang est devenu brave et ardent. Si j'étais père de mille garçons, le premier principe humain que je leur enseignerais serait d'abjurer les boissons fades et de s'adonner au bon vin.

Entre Bardolph.

Eh bien, Bardolph?

BARDOLPH : L'armée est licenciée et partie.

FALSTAFF : Qu'elle parte. Moi, je vais dans le Glostershire, où je ferai visite à Maître Léger, écuyer. Je l'ai déjà pétri comme cire, entre le pouce et l'index, — je le revêtirai de mon cachet!...

RIDEAU

Acte V

PREMIER TABLEAU

La maison de Léger. Chambre et verger.
Entrent dans la chambre, Falstaff, Bardolph, le Page et Motus.

LÉGER : Vraiment non, Seigneur, vous ne vous en irez pas ce soir. *(Appelant :)* Holà, Davy... Viendras-tu?

FALSTAFF : Il faut que vous m'excusiez, Maître Robert Léger.

LÉGER, *à chacun, à tour de rôle* : Je ne vous excuserai point; vous ne serez pas excusé; les excuses ne sont pas de mise; il n'y a pas d'excuses qui tiennent; vous ne serez pas excusé. Eh bien, Davy!

Entre Davy.

DAVY : Voilà, Monsieur.

LÉGER : Davy, Davy, Davy... voyons, Davy, voyons Davy, voyons. Oui, c'est ça! William, le cuisinier, dis-lui de venir ici. *(Falstaff veut protester.)* Sir John, vous ne serez pas excusé. Quant au cuisinier... N'y a-t-il pas de pigeonneaux?

DAVY : Oui, Monsieur.

Falstaff veut protester.

LÉGER : Sir John, vous ne serez pas excusé... Des pigeons, Davy, une couple de poulardes à courtes pattes, une pièce de mouton et quelques gentils petits rogatons... Dis ça à William, le cuisinier.

DAVY *entraîne Léger à l'écart* : Est-ce que l'homme de guerre restera ici toute la nuit, Monsieur?

LÉGER : Oui, Davy. *(Très haut :)* Je veux le bien traiter. *(Bas :)* Un homme à la Cour vaut mieux qu'une pièce dans la bourse. *(Haut :)* Traite bien ses gens, Davy. *(Bas :)* Car ce sont des malandrins qui pourraient piquer.

DAVY, *bas* : Pas plus qu'ils ne sont piqués eux-mêmes, car ils ont du linge prodigieusement habité.

LÉGER *rit, bas* : Bien trouvé, Davy. *(Très haut :)* A ton affaire, Davy. Où êtes-vous, Sir John!... Allons, allons, allons, débottez-vous.

Davy sort.

Donnez-moi la main, Maître Bardolph.

BARDOLPH : Je suis heureux de voir Votre Honneur.

LÉGER : Je vous remercie de tout mon cœur, aimable Maître Bardolph... *(Au Page :)* Et toi aussi, sois le bienvenu, mon grand gaillard... Venez, Sir John.

Il se dirige vers la porte donnant sur le verger.

FALSTAFF : Je vous suis, mon bon Maître Robert Léger.

Ils descendent trois marches et se trouvent dans le jardin.

LÉGER : Allons! vous verrez mon verger; et sous une tonnelle nous mangerons une reinette de l'an dernier, greffée par moi; avec un plat de confitures et toutes autres choses... Venez, cousin Motus; et ensuite, au lit!

FALSTAFF : Pardieu, vous avez là une belle et riche habitation.

LÉGER : Stérile! Stérile! Stérile!... Tous misérables, tous misérables, Sir John... Mais, dame, l'air est bon. Sers Davy, sers Davy, sers. C'est bien Davy.

Davy met le couvert.

FALSTAFF : Ce Davy sert souvent. Il est votre valet et votre jardinier.

LÉGER : Un bon valet, un bon valet, un fort bon valet, Sir John. Par la messe j'ai bu trop de vin. Un bon valet. Maintenant asseyez-vous, maintenant asseyez-vous. Venez, cousin.

Falstaff, Motus et Léger s'attablent.

MOTUS : Ah! ma foi, nous ferons, comme on dit :

Il chante :

« Rien que manger et faire bonne chère
Et remercier le ciel que l'année soit bonne.
Quand la viande est pour rien et les femelles chères
Quand les godailleurs rôdent çà et là,
    Vive la joie!
Et vive à jamais la joie! »

FALSTAFF : Voilà un joyeux convive!... Cher Maître Motus, je veux boire à vous, pour cela!

LÉGER, *à Davy* : Verse du vin à Bardolph, Davy.

DAVY, *à Bardolph* : Doux Seigneur, asseyez-vous.

Il installe Bardolph et le Page à une autre table.

Je suis à vous tout à l'heure... Mon très doux Monsieur, asseyez-vous. Maître Page, Maître Page, prenez place. Grand bien vous fasse! Ce qui manquera dans les plats, nous l'aurons dans les verres! Il faut nous excuser. Du moment que le cœur y est.
LÉGER : Soyez gai, Maître Bardolph. *(Au Page :)* Et toi, mon petit soldat, sois joyeux.
MOTUS, *chantant :*

« Soyons gais, soyons gais, ma femme vaut les
[autres.
Les femmes sont des diablesses, toutes, petites
[et grandes.
Il y a de la joie dans la maison quand les barbes
[se trémoussent.
Et Carnaval est le bienvenu.
Soyons gais, soyons gais. »

FALSTAFF : Je ne croyais pas que Maître Motus fût d'humeur si expansive!
MOTUS : Qui? Moi? J'ai été en ribote plus d'une fois déjà.

Rentre Davy.

DAVY, *à Bardolph* : Voici, pour vous, un plat de pommes.
LÉGER : Davy!...
DAVY : Votre honneur? Je suis à vous tout de suite... *(A Bardolph :)* Une coupe de vin, Monsieur?
MOTUS *chante :*

« Une coupe de vin léger et pétillant
Et je bois à ma maîtresse!
Un cœur joyeux vit longtemps. »

FALSTAFF : Bien dit, Maître Motus.
MOTUS, *chantonnant* :

« Et soyons gais! Voici venir
Le doux moment de la nuit. »

FALSTAFF : Santé et longévité à vous, Maître Silence.
MOTUS *chante* :
« Remplissez la coupe et passez-la-moi
Je vous fais raison à un mille de profondeur. »

Les allées et venues continuelles de Davy sont un jeu. Il apporte sans cesse des plats et des cruchons qu'il remporte, sans servir jamais, souvent aidé par un signe de l'avare Léger, ou par ses mouvements. C'est le cas cette fois. Davy approche de la table de Bardolph et du Page, dans le geste de servir à boire. Léger l'y précède et le repousse. Davy s'éloigne.

LÉGER : Sois le bienvenu, honnête Bardolph. Si tu as besoin de quelque chose et que tu ne le demandes pas, sois maudit!... *(Au Page :)* Sois le bienvenu, petit fripon mignard... Bienvenu aussi, toi. Je veux boire à Maître Bardolph et à tous les chevaliers de Londres.
DAVY *revient* : J'espère voir Londres une fois avant de mourir.
LÉGER, *qui l'empêche d'approcher avec les brocs* : Tudieu!... Vous boirez des pots ensemble! N'est-ce pas, Maître Bardolph?
BARDOLPH : Oui, Monsieur, des pots de quatre pintes.
LÉGER, *empêchant Davy d'approcher* : Eh! voilà

parler comme un roi! Ne vous privez de rien. Soyez gais!... *(On frappe.)* Davy, vois qui est à la porte. Holà! Qui frappe?

MOTUS, *chantant :*

« Fais-moi raison
Et arme-moi chevalier
Samingo! »

FALSTAFF : Oui-da, vous m'avez fait raison.
MOTUS : N'est-ce pas? Avouez qu'un vieil homme est encore bon à quelque chose...

Rentre Davy.

DAVY : N'en déplaise à Votre Honneur, il y a là un Pistolet qui arrive de la Cour avec des nouvelles.

Tous se dressent. Mouvement.

FALSTAFF : De la Cour! Qu'il entre.

Entre Pistolet.

Eh bien, Pistolet?
PISTOLET : Dieu vous garde, Sir John!
FALSTAFF : Quel recul, Pistolet, vous a lancé ici?
PISTOLET : Un bon recul et une bonne avance. Doux chevalier, tu es à cette heure un des plus grands personnages du royaume.
MOTUS : Par Notre-Dame, je le crois, — mais après Patapouf!
PISTOLET : Pouf! Au diable ton pouf! lâche et vil mécréant. Sir John, je suis ton Pistolet et ton ami. J'ai galopé cul par-dessus tête jusqu'ici et je t'apporte des nouvelles de joie et de fortune, des événements d'or, des informations du plus haut prix.

FALSTAFF : Je t'en prie, annonce-les comme homme au monde.

PISTOLET : Merda pour ce monde et ses vils mondains. Je te parle de Golconde et des joies de l'âge d'or.

FALSTAFF *déclame* : Oh! vil chevalier assyrien, quelles sont tes nouvelles? Que le roi Cophetua sache la vérité.

MOTUS *chante* :

« Et Robin Hood, Écarlate et Johan... »

PISTOLET : Des chiens de basse-cour aboyeront-ils aux trousses des enfants d'Hélicon? Se moquera-t-on de la bonne nouvelle? Alors Pistolet, cache ta tête dans le giron des furies!...

LÉGER, *ahuri* : Honnête gentilhomme, je ne comprends rien à votre art.

PISTOLET : Eh bien, déplore-le.

LÉGER, *sentencieux* : Pardon, Monsieur, si vous apportez des nouvelles de la Cour, de deux choses l'une : ou les dire ou les taire. Monsieur, de par le Roi, j'exerce quelque autorité...

PISTOLET : De par quel Roi, besogneux? Parle ou crève.

LÉGER : De par le roi Henry.

PISTOLET : Quel Henry? Quatrième ou cinquième?

LÉGER : De par Henry quatre.

PISTOLET : Merda pour ton autorité!... Sir John, ton tendre agnelet est roi; Henri le cinquième est ton homme. Je dis la vérité. Si Pistolet ment, fais-lui cueillir une figue sous la queue d'une mule!

FALSTAFF : Quoi, le vieux roi est mort?

PISTOLET : Comme un clou dans une porte. Et je dis vrai.

FALSTAFF : En route Bardolph! Qu'on selle mon

cheval! Maître Robert Léger, choisis l'office qui te conviendra dans le pays, — il est à toi. Pistolet, je te chargerai de dignités doublement.

BARDOLPH : Oh! joyeux jour! Je n'échangerais pas ma fortune contre un titre de chevalier!

PISTOLET : Dites donc, suis-je messager de bonnes nouvelles?

FALSTAFF, *moqueur :* Portez Maître Motus au lit. Maître Léger, Monseigneur Léger, sois ce que tu veux, je suis l'intendant de la fortune.

Il l'entraîne à l'écart, lui parle bas, puis :

Enfile tes bottes, nous chevaucherons toute la nuit.

Il lui reparle à l'oreille. Maître Léger acquiesce et sort en courant.

Oh! doux Pistolet. En route Bardolph.

Bardolph sort. Il attire Pistolet. Il attend visiblement le retour de Léger.

Viens, Pistolet, dis-m'en davantage; en outre, rêve de ce qui peut t'être agréable...

Rentre Léger qui passe, non sans regret, une bourse pleine à Falstaff. Pour conclure :

Mettez vos bottes, Maître Léger! Je sais que le jeune roi est impatient de me voir.

Maître Léger sort en courant. Il revient botté presque aussitôt.

Prenons les chevaux de n'importe qui, n'importe où : les lois de l'Angleterre sont à mon bon plaisir. Heureux ceux qui furent mes amis et malheur au Grand Juge!

PISTOLET : Que les vautours lui dévorent les poumons!...

Il chante :

« Où est la vie que je menais autrefois... ».

Heureux jour!
Ils sortent tous.

RIDEAU

DEUXIÈME TABLEAU

Londres. Une rue.
Entrent des sergents, traînant l'hôtesse Quickly et Dorothée.

L'HOTESSE : Infâme coquin! J'accepte de crever pour te voir pendu! Tu m'as démis l'épaule.
LE PREMIER SERGENT : Les constables me l'ont confiée!... Elle sera fouettée, je le garantis. Deux hommes ont été tués dernièrement à cause d'elle.
DOROTHÉE, *qui paraît enceinte exagérément :* Tu mens, grande perche à gauler les noix! Mais, je vais te dire, face de gras-double, si l'enfant que je porte arrive avant l'heure tu aurais mieux fait de frapper ta mère, crapule à figure de papier mâché!
L'HOTESSE : Ah! Seigneur, si Sir John était présent! Il aurait fait pour quelqu'un un jour sanglant

de ce jour! Mais je prie Dieu que le fruit de ses entrailles la délivre avant le temps!

LE PREMIER SERGENT, *palpant le ventre de Dorothée* : Si cela lui arrive, ajoutez un coussin à la douzaine qu'elle porte. Allons, suivez-moi. L'homme que vous avez battu, Pistolet et vous, cet homme est mort!

DOROTHÉE : Je vais te dire, maigre figure de gargouille, je vous ferai fustiger pour votre dû, grosse mouche bleue, sale tortionnaire décharné! Si vous n'êtes pas battu, je fais allonger ma jupe!

LE PREMIER SERGENT : Allons, allons, sorcière de minuit!

L'HOTESSE : Après la souffrance viendra le plaisir.

DOROTHÉE : Oui, coquin, mène-moi chez le juge!

L'HOTESSE : En avant, chien mal nourri!

DOROTHÉE : Espèce de pièce d'anatomie!

LE PREMIER SERGENT : Très bien!

RIDEAU

TROISIÈME TABLEAU

Une place publique près de l'abbaye de Westminster.
Deux hommes entrent qui couvrent le pavé de nattes de jonc.

LE PREMIER : Plus de joncs, plus de joncs!
LE DEUXIÈME : La trompette a sonné deux fois.
LE PREMIER : Il sera deux heures avant qu'ils

reviennent du couronnement. Dépêchons, dépêchons!

Ils sortent.
Entrent Falstaff, Léger, Pistolet et le Page.

FALSTAFF : Tenez-vous à mon côté, tout près de moi, Maître Robert Léger. Je vais vous faire distinguer par le roi. Je le regarderai du coin de l'œil lorsqu'il passera et vous verrez la mine qu'il me fera!...

PISTOLET : Dieu bénisse tes poumons de chevalier!

FALSTAFF : Viens ici, Pistolet, range-toi derrière moi. *(A Léger :)* Ah! si j'avais eu le temps de me faire tailler une livrée neuve, j'y aurais volontiers consacré les mille livres que je vous ai empruntées. Mais, peu importe, ce pauvre accoutrement vaut mieux; il prouvera la hâte que j'avais de le voir...

LÉGER : En effet.

FALSTAFF : ma dévotion...

LÉGER : En effet.

FALSTAFF : la ferveur de mon affection.

LÉGER : En effet, en effet, en effet.

FALSTAFF : J'aurai l'air d'avoir chevauché nuit et jour sans délibérer, sans réfléchir, sans avoir pris le temps de me changer. Et me voici, crotté du voyage, suant du désir de le voir, ne pensant à rien qu'à lui, mettant à l'oubli toute autre affaire, comme si le contempler était l'unique chose importante au monde.

PISTOLET : « Semper idem; absque hoc nihil est. » C'est juste.

LÉGER : En effet.

PISTOLET : Mon chevalier, je vais enflammer ton noble foie et te mettre en colère. Ta Dorothée, l'Hélène de tes chères pensées, est enfermée dans un vil cachot, dans une infecte prison. Elle y a été traînée par des mains sales et grossières... Évoque, de sa tanière d'ébène, le serpent vengeur d'Alecto, car Dorothée est sous les verrous!... Pistolet ne ment jamais.

FALSTAFF : Je la délivrerai!

Acclamations. Fanfares.

PISTOLET : La mer rugit, la trompette retentit!

Entrent le Roi et son cortège où l'on remarque le Grand Juge.

FALSTAFF : Dieu conserve ta Grâce, roi Henry. Mon royal Riquet!
PISTOLET : Le ciel te protège et te garde, très royal enfant de la gloire.
FALSTAFF : Dieu te protège, mon doux enfant.
LE ROI, *désignant Falstaff* : Seigneur Grand Juge, parlez à cet insolent!
LE GRAND JUGE, *à Falstaff* : Avez-vous votre raison? Savez-vous à qui vous parlez?
FALSTAFF, *sans répondre au Juge* : O mon Roi! Mon Jupiter! C'est à toi que je parle, mon cœur.
LE ROI : Je ne te connais pas, vieil homme. Songe à prier. Les cheveux blancs ne conviennent pas à un fou ou à un bouffon. J'ai vu longtemps en rêve un homme qui lui ressemblait, aussi gonflé par les excès, aussi vieux et aussi impie. Réveillé à présent, mon rêve me répugne. Tâche désormais d'avoir moins de chair et plus de vertu. Renonce à la goinfrerie. Reconnais que le tombeau ouvre pour toi une mâchoire trois fois plus large que pour un autre. Ne me réplique pas par une facétie de pitre. Ne t'imagine pas que, Roi, je sois pareil à ce que j'étais. Car Dieu le sait, et le monde s'en apercevra, j'ai renié l'homme que je

fus et je renoncerai à mes compagnons. Quand tu apprendras que je suis redevenu qui j'étais, rejoins-moi et tu seras à nouveau le tuteur et le pourvoyeur de mes dérèglements. Jusque-là, je te bannis sous peine de mort, comme j'ai banni mes autres corrupteurs et je te défends de résider à moins de dix milles de notre personne. Quant à tes moyens d'existence, j'y pourvoirai, afin que le manque de ressources ne te pousse pas au mal. Si nous apprenons que vous vous êtes réformé, nous vous trouverons un emploi, à la mesure de votre savoir et de vos qualités. *(Au Grand Juge :)* Chargez-vous, Monseigneur, de faire exécuter mes ordres.

Le Roi et sa suite sortent.

FALSTAFF, *défaillant, soutenu, par Léger, Pistolet et Bardolph, presque sans voix* : Maître Léger, je vous dois mille livres.

LÉGER : Oui, Sir John, et je vous supplie de me les laisser remporter chez moi.

FALSTAFF *reprend peu à peu de l'assurance* : Ce serait difficile, Maître Léger. Mais ne vous chagrinez pas, il m'enverra chercher secrètement. Voyez-vous, il affecte cette attitude pour le monde. Ne craignez pas pour votre avancement. Je suis toujours à même de faire de vous un gros personnage.

LÉGER : Je ne vois pas comment, sauf à m'endosser votre pourpoint bourré de paille. Je vous en supplie, Sir John, sur les mille livres, rendez-m'en cinq cents.

FALSTAFF : Maître, je n'ai qu'une parole. Il tient à moi, sous couleur de me chasser.

LÉGER : J'ai peur que, de cette couleur-là, vous soyez teint et reteint.

FALSTAFF : Ne vous préoccupez pas des couleurs. Venez dîner avec moi. Venez, lieutenant Pistol. Venez Bardolph. Il me fera appeler ce soir, de bonne heure.

Rentrent le Grand Juge et des officiers de Justice.

LE GRAND JUGE : Allez. Conduisez Sir John Falstaff à la prison. Emmenez ses compagnons avec lui.

FALSTAFF : Monseigneur, Monseigneur...

LE GRAND JUGE : Je ne puis vous parler en ce moment; je vous entendrai bientôt. Emmenez-les.

PISTOLET : « Si fortuna me tormenta, la speranza me contenta. »

On les emmène.

RIDEAU

UNE FEMME
QU'A LE CŒUR TROP PETIT

Création à Bruxelles, au Palais des Beaux-Arts,
le 11 janvier 1934
et à Paris, au Théâtre de l'Œuvre, le 15 janvier 1934.

BALBINE . .	Mmes	Madeleine Lambert
PATRICIA .		Josette Day
ISABELLE .		Annette Poivre
LA FAILLE .		Claire Gérard
MINNA . .		Raymone
OLIVIER . .	MM.	Henry Roger
GABRIEL . .		Marcel Herrand
CONSTANT .		Jacques Ferréol
XANTUS . .		Arthur Devère

ACTE PREMIER

Grande salle commune d'une maison de campagne.
Portes à droite et à gauche.
Par un escalier léger amorcé au fond, à droite, on accède à la passerelle qui traverse la scène juste au-dessus du proscenium et conduit aux chambres de l'étage.
Matin de juin très ensoleillé.
Minna, la jeune servante et Xantus, le garçon à tout faire, achèvent d'enrouler à la rampe de la galerie, de suspendre aux barreaux, des guirlandes de feuillage.
Elle est en haut, lui en bas.
Leur dialogue semble sortir d'une brume épaisse, non qu'ils parlent à voix couverte, mais parce qu'ils ne laissent aucun temps, aucun silence entre leurs répliques.

MINNA : Parle plus bas. Tu réveilleras Mademoiselle.
XANTUS : Je réveillerai Mademoiselle, moi ?
MINNA : Oui, tu réveilleras Mademoiselle. On dirait que tu parles dans un tonneau.
XANTUS : Je parle dans un tonneau, moi ? Et toi, tu parles dans une cuvelle. Et c'est toi qui

réveilleras Mademoiselle. Et s'il est tard pour nous, il est tôt pour elle.

MINNA *rit :* Et toi, tu parles en vers comme les ivrognes et comme les fous.

XANTUS : Je parle en vers, moi? Et toi les vers te démangent!

MINNA, *furieuse :* Et moi, les vers me démangent? Et moi, je dis que tu n'es même pas bon à me gratter là où les vers me démangent. *(Xantus rit.)* Et tu es un pauvre garçon sans honte et sans espérance.

XANTUS : Sans honte et sans espérance? Je suis un pauvre garçon, moi? Mais si, tout à l'heure, j'ai fait la moitié de ta besogne, je serai un garçon plein de promesses.

MINNA : Un garçon plein de promesses?

XANTUS : Si j'ai fait la moitié de ta besogne, comme d'habitude.

MINNA : Comme d'habitude? La moitié de ma besogne? Et comme d'habitude, tu mens sans reprendre haleine.

XANTUS : Je mens, moi? Je mens sans reprendre haleine?

MINNA : Oui, tu mens, toi. Et tu mens serré comme un artichaut.

XANTUS : Je mens serré comme un artichaut, moi?

MINNA : La moitié de ma besogne? Le quart de ma besogne suffirait à te fatiguer.

XANTUS : Suffirait à me fatiguer? Et c'est toi qui mens, voilà!

MINNA : C'est moi qui mens?

XANTUS : C'est toi qui mens, voilà. Et si le mensonge avait une odeur le pays serait empesté et on t'écouterait par le nez.

MINNA : On m'écouterait par le nez?

ACTE PREMIER

XANTUS : Et c'est une chance pour toi que je ne t'aie pas encore raclé la couenne.

MINNA : Tu ne m'as pas encore raclé la couenne?

XANTUS : Non, je ne t'ai pas encore raclé la couenne.

MINNA, *menaçante* : Et tu oserais, toi, me racler la couenne?

XANTUS : Oui, j'oserais, moi, oui, j'oserais, si j'en avais l'envie.

MINNA : Ha! Ha! Si tu en avais l'envie? Mais tu n'as qu'une seule envie. Et je la connais ton envie. Tu n'as envie que de dormir.

XANTUS : J'ai envie de dormir, moi?

MINNA : Tu dormirais sur un lit de clous, tant tu as le sommeil épais!

XANTUS : Je dormirais sur un lit de clous? J'ai le sommeil épais, moi?

MINNA : Oui, tu as le sommeil épais.

XANTUS : Et je dormirais sur des œufs de pigeon sans les écraser, tant j'ai le sommeil léger.

MINNA *rit* : Hou! Hou!... Tu dormirais sur des œufs de pigeon sans les écraser. Et j'ai cogné à ta porte plus de dix fois avant que tu t'éveilles.

XANTUS : Tu as cogné à ma porte plus de dix fois? Plus de dix fois, ça n'est pas dix fois, ni onze fois, — et voilà comme tu mens.

MINNA : Et voilà comme je mens? Ce n'est pas dix fois ni onze fois et c'est peut-être treize fois à la douzaine!

XANTUS : C'est peut-être treize fois à la douzaine, oui? Et moi, j'attendais depuis une heure, j'attendais les yeux ouverts que tu m'appelles.

MINNA : Tu attendais que je t'appelle? Tu attendais les yeux ouverts? Et moi, j'ai entendu ton ronflement emplir toute la maison.

XANTUS : Tu as entendu mon ronflement?

MINNA : J'ai entendu ton ronflement à travers nos deux portes fermées, si fort que l'on se serait cru à l'intérieur du moulin.

XANTUS : On se serait cru à l'intérieur du moulin, — oui? A travers nos deux portes fermées, oui? *(Il a trouvé la réplique, il triomphe sournoisement.)* Et justement je ronflais et justement je ne dormais pas. A chaque fois que tu dis vrai c'est pour prouver que tu mens.

MINNA : C'est pour prouver que je mens?

XANTUS : Et moi je ronfle au moment de m'endormir et le ronflement me réveille. Et je ronflais justement pour me tenir éveillé.

MINNA : Pour te tenir éveillé? Parce que tu n'entends pas chanter le coq, ni sonner la cloche.

XANTUS : Je n'entends pas sonner la cloche, moi?

MINNA : Et tu n'entends pas les agneaux bêler, et tu n'entends pas l'âne braire parce que tu es dur d'oreille.

XANTUS, *il est vraiment indigné* : Je suis dur d'oreille, moi? J'ai l'oreille fine, moi!

MINNA : Tu as l'oreille fine, toi?

XANTUS : Et j'entends le renard courir et j'entends les lapins danser sur le pré.

MINNA : Tu entends les lapins danser sur le pré? Et moi, je les entends tourner les oreilles.

Xantus, cette fois, s'arrête, scandalisé. Il la regarde de bas en haut.

XANTUS : Tu les entends tourner les oreilles?

MINNA : Et j'entends les fourmis emporter leurs œufs sur le toit.

XANTUS : Et tu entends les fourmis...!!!

MINNA : Et j'entends les araignées tisser leur toile. Et j'entends...

XANTUS, *furieux* : Et tu es toi-même une menteuse, une hypocrite, une fainéante, une crasseuse et une impie.

MINNA, *outrée à son tour et penchée sur la rampe :* Je suis une crasseuse et une impie, moi?

Et soudain, Xantus baisse le ton.

XANTUS, *doucement :* Et tu sauras que tu es là-haut et que, moi, je suis en bas. Et que je vois d'ici qu'il fait grand jour sous ta jupe.

MINNA, *ahurie :* Il fait grand jour sous ma jupe?

XANTUS : Et tu n'as pas mis tes housses.

MINNA : Je n'ai pas mis mes housses, moi?

XANTUS : Et je vois, sans me tromper, que tu es une garce de pucelle.

La deuxième porte à gauche s'ouvre et Isabelle fait irruption. C'est une jolie jeune fille aux yeux toujours étonnés.

ISABELLE : Bonjour, Xantus. Mademoiselle Patricia est debout? *(Elle aperçoit Minna.)* Bonjour, Minna.

MINNA : Je vais voir, Mademoiselle.

Minna va mettre l'œil au trou de la serrure de la porte de droite, à l'étage.

XANTUS : Si Mademoiselle est debout?

A ce moment, la porte s'ouvre, là-haut, et Patricia paraît. Elle surprend Minna encore penchée.

PATRICIA : Oh! Minna!... que faites-vous là?

MINNA : J'espionnais pour savoir si Mademoiselle est couchée, assise ou debout.

PATRICIA *voit Isabelle, descend aussitôt, suivie de Minna :* Isabelle, tu es là?

XANTUS : Oui, Mademoiselle est debout. J'espère que Mademoiselle n'a pas entendu. Quoi? Notre dispute. Parce que j'ai dit un vilain mot à Minna. J'ai dit à Minna : « Tu es une garce de pucelle. » Mais j'espère que Mademoiselle n'a pas entendu. Non? Dieu soit loué.

PATRICIA, *regardant le décor* : Xantus, vous monterez sur cette table un petit tonneau de vin blanc et des verres pour tout le monde.

XANTUS : Pour tout le monde?

PATRICIA : Vous pensez qu'il y aura grand défilé des gens du village dès qu'on apprendra le retour des maîtres.

ISABELLE : Et de la nouvelle maîtresse surtout.

XANTUS : C'est qu'avant tout, il faudrait bien finir d'habiller l'arc de triomphe à l'entrée du parc.

PATRICIA *hésite un instant* : Ah, oui?... *(Puis légèrement :)* Bien, Xantus, bien...

XANTUS : Bien, Xantus, bien?... *(A Minna :)* Nous pouvons aller.

Il sort, suivi de Minna.

MINNA, *passant la porte* : Je suis une fainéante, moi?

Aussitôt que les jeunes filles sont seules :

PATRICIA, *très vite* : Où vas-tu? Réponds-moi, — où vas-tu?

ISABELLE, *étonnée* : Quoi?... Je t'accompagne à la gare.

PATRICIA : Trop tard. Et trop tard, l'arc de Xantus. Quelle déconvenue pour le pauvre garçon. Je n'ose l'avertir.

ISABELLE : Mais quoi? Que se passe-t-il?

PATRICIA, *désignant la première porte de droite* : Là, derrière cette porte!... Elle est là, derrière cette porte! Balbine, oui!... Elle est là, dormant. *(Elle désigne la porte de gauche.)* Et là, dormant aussi, mon père. Là et là. Elle et lui. Ils sont arrivés à minuit.

ISABELLE, *mais à quoi pense-t-elle?* : Ah?

PATRICIA : Je venais d'éteindre ma lampe lorsque j'entendis la grille principale crier de toute sa rouille.

ISABELLE : Ils ne dorment pas dans le même lit, dans la même chambre?...

PATRICIA : Je me penche à ma fenêtre, et presque aussitôt, je reconnais l'attelage du vieux Martin lancé au grand trot entre les peupliers.

ISABELLE : Dis, tu as compris, toi, le vilain mot de Xantus à Minna?

PATRICIA : Sous le clair de lune et les ombres, au passage, qui pavoisaient la voiture, c'était comme dans un conte!

Mon père et Balbine!

Oh! que mon père était beau! Il est toujours beau, n'est-ce pas? Dis, qu'il est beau!

ISABELLE : Qui?

PATRICIA : Mon père! Mais hier, il avait l'air d'un vrai jeune homme!

ISABELLE : Et elle?

PATRICIA : Je suis déjà dans ses bras : « Appelle-moi Balbine, nous sommes des amies. »

ISABELLE : Quelle robe?

PATRICIA, *très agitée* : C'est effrayant! Tout ce que mon père m'écrivait d'elle est vrai. Lorsqu'elle vous regarde, on sait tout de suite qu'elle vous propose un échange équitable. Elle est saine, calme, franche, bonne.

Elle est tout cela, certainement. Brrou!...

ISABELLE : De quoi as-tu peur?

PATRICIA : De moi; — j'aurai souvent honte devant elle,

ISABELLE *éclate de rire :* Toi! Hou! Hou!... Toi!...
(Et brusquement :) Tu n'es pas jalouse?
PATRICIA : Oh! non, pourquoi! Crois-tu que mon père puisse m'aimer moins? Je suis son œil droit, son cœur gauche. Au contraire, son amour pour Balbine tient sans doute de ce qu'elle a encore d'étranger pour lui.
ISABELLE : Si c'est vrai, ça ne durera donc pas?
PATRICIA : Après, il l'aimera pour ce qu'elle a d'aimable et de présent, et pour leur vie ensemble. Mais elle gardera toujours le mystère de son enfance. Elle aura beau raconter et raconter, ce passé demeurera pour mon père comme une légende.
ISABELLE, *comme d'une grande découverte :* Oh! qui t'apprend à parler ainsi de l'amour? *(Elle lui pince le bras.)* Toi, ma belle, tu as un amoureux.
PATRICIA *rit :* Où? Quand? Comment? Tu le saurais : si je sors, c'est avec toi.
ISABELLE : Moi, j'en ai cinq, à présent !... Comprends-tu, lorsque je passe à côté des garçons, je les regarde de coin... Tu ne veux pas essayer, tu as tort, c'est amusant!
Cinq : Horace, Christian, Jou, Paque et François-le-moustachu. *(Elle rit.)* Cinq!

Patricia s'est caché le visage et sanglote.

Oh! petite sotte! Pourquoi pleures-tu? *(Elle lui relève la tête, l'embrasse, baisse la voix.)* Tu as du chagrin?
PATRICIA *s'est reprise. Elle rit :* Mais non! Je suis énervée. Viens, assieds-toi, là! Je n'ai guère dormi cette nuit, et j'ai fait mon examen de conscience. Juge-moi à ton tour.
Premièrement, je me suis comparée à Balbine. J'ai mis en balance ce que je sais et d'elle et de moi.

Est-ce péché d'orgueil? Suis-je envieuse?
ISABELLE : Tu es inquiète seulement.
PATRICIA : Balbine est douce et patiente. Moi, je suis emportée. Rappelle-toi, au Lycée, à chaque fois qu'on applaudissait une élève qui chantait faux...
ISABELLE : Élise!...
PATRICIA : ...j'enrageais au point de devenir noire!
ISABELLE : Tu exagères.
PATRICIA, *frappée* : Oui, voilà! tu le dis : j'exagère. Encore une faute. Balbine est mesurée, moi, j'exagère toujours.

Mais la vérité vraie, c'est que je crispais le pied à trouer ma paire de bas, je le jure. Non que l'élève chante faux...
ISABELLE : Élise!...
PATRICIA : ...mais qu'on applaudisse! Si une compagne récoltait des bons points pour une mauvaise réponse, je pleurais...
ISABELLE *rit* : Oui! Hou! Hou!... « Pourquoi pleurez-vous, Mademoiselle? »
PATRICIA : Tu te souviens? Et je mentais : « Parce que, « moi non plus » je ne sais pas la leçon. »
ISABELLE *rit* : « Moi non plus! »
PATRICIA : « Moi non plus », oui!!! Balbine est franche et indulgente. Moi je suis implacable et menteuse. Était-ce dépit d'un effort inutilement accompli par moi, ou besoin que l'autre enfin soit traitée selon son mérite? Paresse trompée?
ISABELLE : Goût de la justice.
PATRICIA : Et quand j'ai été brillante et récompensée, vite je m'excuse auprès des bêtasses. Pourquoi?
ISABELLE : Pitié d'elles.

PATRICIA : Ou de moi, qui crains d'être jalousée. Balbine est courageuse, je suis lâche. Balbine est juste, je suis injuste...
ISABELLE : ...envers toi!
PATRICIA : Une fois j'ai osé dire : « Le Maître me favorise probablement parce qu'il est amoureux. » Je tournais contre lui le ressentiment des gamines.
ISABELLE : Pauvre bonhomme!
PATRICIA : S'il avait su!...
ISABELLE : S'il avait su, moi, je l'aurais rendu vraiment amoureux pour prouver que j'avais raison.

Paraît, venant du dehors, Constant, oncle de Patricia. C'est un gaillard d'une quarantaine d'années, au poil dru, haut en couleur et en voix, toujours jovial.
Il laisse la porte ouverte après lui.

CONSTANT : Bonjour, les filles!
PATRICIA, *vivement :* Chut!... plus bas, — bonjour, mon oncle. — Chut!... Oui.
ISABELLE, *se mordillant les ongles et le regard en dessous :* Ils ne couchent pas dans la même chambre!
PATRICIA : Papa et Balbine sont rentrés cette nuit.
CONSTANT, *surpris :* Ah?... — comme ça... Tant pis... — Tant mieux! Et ils dorment encore, quand dehors souffle une brise de miel! Déjà de mauvaises habitudes.
PATRICIA *reproche :* Pourquoi dites-vous : déjà?
CONSTANT : Je gage que ton père sera bientôt pâle et mou comme une trempette de lait. Balbine le dorlotera. *(Il désigne la porte de gauche.)* Il est là?... *(C'est plutôt à Isabelle qu'il s'adresse. Elle répond oui, de la tête.)* ... Seul?

ACTE PREMIER 179

isabelle, *sourire ambigu* : Ils ne dorment pas dans le même lit...
constant, *à Isabelle* : Pourquoi me regardes-tu de profil, comme une égyptienne?
isabelle *va lentement vers la porte de sortie* : Ce n'est pas exprès... — Vous êtes trop vieux! *(Elle éclate de rire et se sauve. On entend sa voix :)* Patricia!... Viens!...
patricia *va la rejoindre au jardin* : Ne soyez pas trop brutal avec papa.
constant, *au seuil* : Il doit avoir l'air mal cuit. Je vais le tirer au soleil pour lui redorer la croûte.
la voix d'isabelle, *hélant* : Patricia!

Patricia est sortie.
Constant pousse du pied la porte de gauche, demeure au seuil.

constant : Holà!... Holà!... Debout! — Salut!... — Ton cheval piaffe, tu es couché en rond. Debout! garçon! tu ne retrouveras jamais une matinée pareille, quand toutes les femmes s'y mettraient.

Il entre et referme la porte après lui.
A l'étage la porte de la chambre de Patricia s'est entrouverte doucement et Gabriel passe la tête avec précaution.
Il est seul. Il entre et descend vite, sur la pointe des pieds. Arrivé au bas, il s'assied sur la première marche de l'escalier.
Vingt-deux ou vingt-trois ans, efflanqué, il a l'air tendre et un peu comique, très gai, assurément.

gabriel : Sauvé!... Perdu!... Le cœur me bat à me saouler; j'ai ses oreillettes dans les oreilles!...
Je suis sauvé, cette fois, — et je suis à jamais perdu!

Patricia? Qui est-elle? D'où vient-elle? On la nomme Patricia!...

Patricia, tu n'es ni un souvenir d'enfance, ni une apparition créée par le désir. Tu es Patricia. J'ai entendu crier ton nom. On t'appelle Patricia. Ce nom qui te désigne et te fait réelle m'accompagnera désormais comme le vaste chœur des grillons poursuit le voyageur solitaire. Le pâtre ne sait plus s'il écoute l'innombrable chant de la terre ou le fourmillement du silence. Ainsi de moi! Patricia, je suis pâtre, tu es patricienne, j'ai une nouvelle Patrie, me voici empatricié! *(Il va entrouvrir la porte extérieure, regarde au-dehors.)* Elle a disparu. Adieu, Princesse des feuillages!...

Il revient.

Pourquoi, Princesse des feuillages? Je ne sais, ma bien-aimée, mais j'en sens la signification dans mon cœur. *(A ce moment, Xantus et Minna rentrent, portant ensemble un grand panier vide. Gabriel s'adresse à eux, tout naturellement :)* Il y a dix minutes, j'étais libre comme un fou. Miracle! j'ai regardé cette jeune fille et, — miracle! je l'ai vue. Je pense qu'elle est la première personne que j'ai regardée vivre. *(Gabriel a bientôt oublié Xantus et Minna. — Ceux-ci, ahuris, montent lentement à l'étage, sans bruit.)* La jeune fille était ici, il n'y a qu'un instant, dans cette chambre, à cette place! Et moi, caché derrière l'arbre, je la regardais. Je l'ai regardée trop longtemps et je suis perdu.

Pourquoi, étant libre, me suis-je caché derrière l'arbre? Étais-je vraiment libre ou ne l'étais-je déjà plus? Il y a des présages : ce vol de pigeons autour du clocher, ce matin, comme une phrase écrite sur le ciel par les oiseaux. Vais-je en comprendre le sens? Il faut y croire. Les hommes lèvent les yeux et disent : « le ciel est pur », alors qu'ils regardent sans le voir un grand peuple d'anges bleus. *(Xantus et Minna sont sur la galerie. Gabriel, qui a levé la tête semble s'adresser à eux :)* Moi, caché derrière l'arbre, j'ai vu! Elle a le nez un peu lourd, la bouche large, les épaules trop hautes, les pieds grands. Et je l'aime!... Preuve que j'aime un être et non pas un miroir. J'aime : voilà la parole dite!... A peine l'ai-je prononcée elle s'empare de moi, elle m'emporte, — elle ne me lâchera plus. Toute parole que tu libères t'enchaîne. *(Xantus et Minna disparaissent à gauche.)* Comment suis-je ici? Je n'ai pas osé affronter Patricia. Lorsque je l'ai vue venir, je me suis échappé si vite que j'ai cru me détacher de mon ombre!... Et puis l'échelle et la fenêtre ouverte!...

Sauvé! Perdu!

J'aime! J'aime! J'aime cette jeune fille inconnue et qui m'ignore. Et je vois déjà nos initiales entrelacées en broderie sur les oreillers. *(Constant et Olivier entrent de gauche. Ils sont arrêtés par le discours de Gabriel qui les regarde droit sans paraître les voir.)* Voyons? Suis-je éveillé? Est-ce que je rêve?

Il appelle :

Gabriel! *(Plus haut :)* Gabriel!... *(Plus bas :)* Présent!...

Je ne rêve pas. Dans le rêve, il est vrai, je suis présent aussi. De la méthode! J'ai quitté ma maison à six heures. J'ai longé le canal jusqu'à la rue des Noisetiers. C'est du clocher de Saint-Rémy que s'envola vers l'azur la mystérieuse sentence. *(Il semble vraiment s'adresser aux témoins :)* Tout est signe de Dieu et message, qui ne se traduit que dans l'âme.

Non, je ne rêve pas. J'ai rencontré le notaire sur le quai. Il m'a conseillé : « Va au domaine de Neuf-le-Vieil, on y demande un ingénieur agronome. » J'y suis, j'attends le maître de la maison.
OLIVIER : C'est moi.

Gabriel sursaute, comme soudainement réveillé.

GABRIEL : Pardon?
OLIVIER : Oui, c'est moi, le maître de la maison. *(Olivier est très étonné.)* Et vous êtes agronome?
CONSTANT, *dans un gros rire* : Et somnambule?...
GABRIEL : Somnambule?... Ah! oui... *(Il sourit, très aimablement.)* Non, mais, toujours seul, dans la campagne, j'ai pris la fâcheuse habitude...
OLIVIER, *à Constant* : C'est inouï! Balbine est arrivée cette nuit, elle dort là, dans cette chambre et déjà sa prévoyance agit. Elle a besoin d'un agronome : le voici!
CONSTANT : Sans doute a-t-elle écrit au notaire pendant votre voyage.
OLIVIER, *à Gabriel* : Mon ami, vous reviendrez dans une heure et ma femme vous recevra. C'est elle qui conduira la maison. Au revoir.

Gabriel salue et se dirige rapidement vers l'escalier. A la deuxième marche, il est arrêté par Olivier.

Ici, la porte!
GABRIEL *perd la tête* : Ah! oui!... je dois être un peu myope.
CONSTANT : Par surcroît!

Gabriel est sorti.

OLIVIER, *dès le départ de Gabriel se montre très animé* : « Tout est message de Dieu qui ne se résout que dans l'âme. » Bien dit! Merci, jeune homme,

Peu avant de connaître Balbine, moi aussi j'ai surpris dans la nature d'étranges insinuations. Tous les mouvements autour de moi avaient des dessous secrets.

CONSTANT : Parbleu !... les dessous de Balbine !... Et vous faites chambre à part, après ce mariage brusqué ?

OLIVIER : Pas tant brusqué que tu crois. Ainsi qu'on voit au crépuscule son ombre s'allonger, je regardais grandir Patricia. Et je pensais : bientôt le soir viendra pour moi. Je serai seul. Et j'ai senti cette maison m'abandonner. Je l'ai vue, — souvenirs, espérances, — se vider de son riche contenu comme par une lente évaporation. J'ai vu les objets se décolorer et, chose plus singulière, les murs perdre à mes yeux de leur poids et de leur volume, comme si la matière ne tenait sa solidité que de notre consentement.

CONSTANT, *feignant d'être dégoûté* : Mystique et sentimental, beh !

OLIVIER : Fanfaron !... Ris si tu veux ! Un matin, des hauteurs de Bontigneulles, je n'ai plus reconnu cette ville où nous sommes nés, la cité de toutes nos heures. Elle me parut, frappée de désertion, vacante, n'être plus qu'une maquette de ville due à un architecte mort depuis longtemps.

CONSTANT, *moqueur* : Heureusement Balbine est venue !

OLIVIER : Oui ! Et la voici dans ma maison, que je reconnais à nouveau et qui sera la sienne. Elle dort ici, dans ma maison. Elle y veillera. Oui, Balbine est là, que j'aime ! Elle est sage, joyeuse, chaste, mesurée. C'est une flamme bien abritée qui me rassure. Elle nous conduira tous avec ordre, dévouement...

CONSTANT, *très vite* : ...certitude, franchise, discrétion...

OLIVIER : Oui!
CONSTANT : ...obligeance, économie, persévérance...
OLIVIER : Oui et oui!
CONSTANT : Une flamme bien abritée, — oui! — tes lettres étaient grasses de son huile.
OLIVIER : Moque-toi, — tu seras gagné aussi!

> *Patricia, les bras chargés de roses coupées, arrive en courant, suivie d'Isabelle. Elles semblent stupéfaites et tournent la tête vers la porte d'entrée.*

PATRICIA : Papa!... Papa!...
OLIVIER : Ma petite fille!...

> *Arrêt. Silence. Et Balbine entre, venant du dehors. Elle est vêtue d'un costume d'homme trop large, coiffée d'un vieux chapeau de jardin. Des bottes.*
> *Elle rit de bon cœur devant la stupéfaction qu'elle cause. Elle est joyeuse, alerte.*

BALBINE : Oui, c'est moi. Bonjour, bonjour. Je suis drôle, n'est-ce pas, sous cet accoutrement, — oui.
OLIVIER : Balbine?... Je vous croyais encore endormie...
CONSTANT : Il était là, devant votre porte, tout près de vous offrir l'aubade.
BALBINE *tend la main à Constant* : Bonjour, Constant. Je vous donne du petit nom tout de suite : je vous connais... *(A Olivier :)* Non, monsieur, non, — je me lève avec le jour en toute saison. *(Olivier veut l'embrasser, elle se dérobe.)* Vous n'y pensez pas, je suis couverte de poussière. *(Xantus et Minna paraissent à l'étage, pétrifiés.)* Mes malles fermées, j'ai décroché cette défroque

dans une armoire. La terre était mouillée des averses d'hier et je voulais fureter. Bon et vaillant matin sur une terre courageuse! J'ai fait déjà une fructueuse inspection du domaine. Un moment...

Elle passe dans la chambre de droite, laissant la porte ouverte après elle.
C'est le moment que choisit Xantus pour s'écrier avec désespoir :

XANTUS : Malheur!... Les maîtres sont revenus!
MINNA, *en écho* : Les maîtres sont revenus!
OLIVIER : Bonjour, mes amis. Descendez, qu'on vous retrouve. *(Ils descendent, Minna pleure dans le coin de son tablier.)* Pourquoi pleurez-vous, Minna?
XANTUS, *tête basse* : Pourquoi pleurez-vous, Minna? Et je pleure aussi, moi. Depuis quinze jours, on émonde, nous, on élague, nous, on taille, nous, et on rase, on bine et on ratisse, nous! Et on a dessiné en fleurs une devise dans la grande corbeille et on a noué le feuillage...

Balbine est entrée vêtue d'une robe légère. Elle a entendu et compris.

BALBINE, *gaiement* : ...et on a échafaudé à l'entrée de l'avenue un Arc triomphal! Et c'était grandiose sur le ciel de minuit, sombre et léger comme un pont jeté par-dessus les étoiles...
XANTUS, *déjà conquis et rouge d'orgueil* : Et on n'avait pas fini!
BALBINE : Et j'étais très fière et j'ai pensé : « J'entre par la belle porte dans la maison des serviteurs fidèles. » Je vous dis merci, Minna, — votre nom est Minna, oui? — et je vous dis merci, Xantus. C'est bien Xantus qu'on vous nomme?

XANTUS, *très fier* : Xantus, oui, c'est-à-dire Alexandre, Sandre, Xantus.

BALBINE, *à Olivier* : Ah! vous dormiez, paresseux! Et savez-vous les nouvelles? Les blés fleurent déjà la farine; mais votre pain blanc sera dévoré en épis par les corbeaux. Il en sort de telles volées des hautes branches qu'on croirait voir les arbres effeuillés vivants dans le ciel!... Les groseilliers sont des buissons de rubis, mais les oiseaux sont dedans qui nous donneront un trille à la place d'une grappe, une chanson pour un pot de confiture. *(Elle embrasse Patricia.)* Bonjour, Patricia. Tu as belle mine et fraîche comme cette matinée. *(Patricia rougissante, lui pose sur les bras sa gerbe de fleurs.)* Est-ce pour moi?

PATRICIA : De la part d'Isabelle, aussi.

C'est une présentation. Isabelle fait la révérence.

BALBINE *achève la conquête d'Isabelle* : Vous êtes charmantes, toutes les deux. Merci. Isabelle est ta seule amie, — oui, je sais. Je compte, sans te faire tort, qu'elle sera la mienne aussi. — Minna! *(Elle lui donne la gerbe.)* Ces fleurs dans l'eau tiède, tout de suite. *(Minna sort, elle reprend aussitôt :)* Partout les arbustes en dentelle étouffent sous des colliers de chenilles. Il y a tant de papillons, déjà, sur les prairies, qu'on imagine qu'à la brise toutes les jeunes filles du pays ont déchiré leurs carnets de bal.

OLIVIER : C'est une belle fête!

BALBINE : Oui, monsieur! — et qui coûtera cher. Tandis que vous dormez, la nature joue sans vous aux métamorphoses. Elle s'y ruine et vous ruine.

Soudain, à Xantus :

Xantus, — quel est ce bois rangé dehors qui prend la pluie contre le hangar?

XANTUS, *décontenancé :* Quel est ce bois, contre le hangar?

BALBINE : Il n'est pas vert, ce bois?

XANTUS : Il n'est pas vert? Il prend la pluie, ce bois?

BALBINE : Il prend la pluie quand il pleut, et il pleuvait hier. Il est humide aujourd'hui.

XANTUS : Il pleuvait, hier?

BALBINE : Les chemins creux sont des bourbiers.

XANTUS : Les chemins creux sont des bourbiers?

BALBINE, *amusée :* Mon ami, si vous apprenez par cœur tout ce qui se dit, vous aurez la cervelle encombrée.

XANTUS : J'apprends par cœur, moi?

BALBINE : Vous répétez chaque phrase, comme au théâtre.

XANTUS : Je répète chaque phrase, moi? *(Il fait un violent effort.)* Ce bois, dehors, c'est du bois qu'on a rentré!...

BALBINE : Ah? — *(Mais elle n'insiste pas.)* Patricia, es-tu donc descendue de ta chambre par la fenêtre, ce matin?

PATRICIA *rit :* Oh! non, madame!...

ISABELLE *pouffe :* Quelle idée!

BALBINE : Appelle-moi Balbine, ma chérie. Je te demandais cela parce qu'une échelle est appuyée contre la façade, juste sous ta fenêtre, — et qu'elle ne s'y trouvait pas lorsque j'ai quitté la maison.

PATRICIA : Ni lorsque j'ai relevé la jalousie. Permettez-moi...

Patricia sort, entraînant Isabelle.

OLIVIER : Que crains-tu, Balbine?

BALBINE : Rien de précis. Seulement, j'ai constaté que les gens traînent la semelle dans le parc comme dans un jardin public. J'ai rencontré plus de dix étrangers chez vous, tout à l'heure.

OLIVIER : Le petit chemin est en servitude. On l'emprunte pour se rendre de Neuf-le-Vieil à Bontigneulles sans faire le tour des murs.

BALBINE *n'insiste pas* : Ah! *(A Xantus :)* Et quand a-t-on rentré ce bois qui n'est pas rentré?

XANTUS, *démonté* : Quand a-t-on rentré ce bois? On l'a rentré hier, ce bois.

BALBINE : Qui donc?

XANTUS : Qui donc? Le marchand, donc.

Il semble consterné. Minna rentre. Elle est aussitôt happée.

BALBINE : Minna, — tandis que j'y pense... — j'ai découvert des flocons sous le lit...

MINNA : Des flocons sous le lit?

BALBINE : Des taches de rouille sur les draps...

MINNA : Des taches de rouille sur les draps?

BALBINE *rit et tout le monde rit avec elle* : Ah? vous aussi?... — des mailles sautées aux rideaux, des empreintes sur les vitres de quoi identifier tous les habitants de la maison. C'est peu de chose, mais aux petites branches on voit où la bête a passé. Je suis contente. Nous aurons beaucoup à faire ensemble.

MINNA, *flattée* : Oh! oui, Madame!

BALBINE : Et avec Xantus, nous balaierons les toiles d'araignées dans tous les coins.

XANTUS, *sentencieux* : C'est bon, comme attrape-mouches.

BALBINE, *à Olivier* : Vous achetez le bois de chauffage?

OLIVIER : Oui, j'ai répugnance à faire abattre ici. J'ai vu grandir ces paysages. Lorsque j'étais enfant, je donnais à chaque arbre un nom; tous me sont devenus fraternels.

BALBINE : Soit. Mais j'imagine que votre marchand ignore que le parc est une assemblée d'arbres généalogiques et qu'il peut vous livrer du bois dont il se fournit chez vous. J'ai découvert près de la métairie une saignée toute fraîche.

OLIVIER, *étonné et satisfait :* Tu as vu cela? Il faudra donc surveiller.

BALBINE : Vous croyez qu'on ne traverse que pour gagner l'autre village? Je dis, moi, qu'on vous rançonne. Avez-vous le droit de laisser saccager votre patrimoine? Ah! mais, non! désormais, ils feront le tour.

Tout cela est dit gentiment, avec une légèreté communicative.

OLIVIER : Il est impossible de rompre avec l'usage et de fermer les grilles.

BALBINE *rit :* Pas tout de suite. Moi, je ne suis pas peureuse, mais prudente. Nous aurons des chiens. Grilles ouvertes, les Neuvieillards comme les Bontinnois préféreront user leurs chaussures.

OLIVIER : Ce sont de bonnes gens que nos gens.

BALBINE : Pour leur sûreté et pour la vôtre, ne les induisez pas en tentation.

Patricia rentre avec Isabelle.

PATRICIA : Oui, — il y a une échelle sous ma fenêtre qu'on dirait posée exprès.

BALBINE : Lorsque je l'ai aperçue je me suis senti au cœur un dur noyau de pressentiments.

PATRICIA : Vous êtes trop bonne de vous inquiéter de moi. *(Elle rit).* Tout de même, on ne m'enlèvera pas!...

BALBINE, *vivement :* Qu'en sais-tu? *(Soudain,*

comme changeant d'idée, elle fait volte-face :) Minna, Xantus, vous trouverez sur la cheminée de ma chambre un gros bouquin relié de cuir, apportez-le-moi, s'il vous plaît. — Ce sont mes commandements, qu'ils apprendront par cœur. Commandements généraux, quotidiens, commandements pour les jours de fête et pour les jours de deuil. *(A Olivier, souriante :)* Vous reconnaîtrez que j'étais préparée à diriger votre maison.

Minna et Xantus sortent. Balbine aussitôt change de ton :

Je disais : « Qu'en sais-tu, Patricia? » J'ai appris sans le vouloir que vous faites souvent des promenades en ville, Isabelle et toi.

PATRICIA, *tout simplement* : Oui.

BALBINE : Même le soir.

PATRICIA : Oui.

BALBINE, *à Olivier* : Si vous me le permettez déjà, c'est vous que je gronderai le premier, qui laissez sortir ensemble la beauté de Patricia et son ignorance, l'une à l'autre confiée! Oubliez-vous que votre fille est en âge d'être mariée et qu'elle s'expose étourdiment aux entreprises des vauriens, — pour le moins à leur calomnie. Constant, vous qui êtes un mauvais sujet, vous savez les dangers qu'elle court.

CONSTANT *éclate de rire* : Je m'y attendais!... Sur ma conduite aussi vous avez des renseignements.

BALBINE : Certes!... nous en parlerons seule à seul.

ISABELLE, *qui n'y peut tenir* : Patricia n'a pas un seul amoureux, — j'en ai cinq!

BALBINE, *amusée* : Cinq!

Elle embrasse Patricia.

Ma très chère Patricia, à l'avenir, je t'accompagnerai lorsque tu sortiras, si tu y consens et pourvu que j'en aie le loisir. *(Elle n'attend pas de réponse.)* Entre-temps, le parc tout entier est à toi. Il est vaste comme une petite province; des chiens en défendront les approches. *(A Olivier :)* Ai-je raison, mon ami? *(Celui-ci n'a pas le temps de répondre. Minna vient d'entrer, le gros bouquin sous le bras. Balbine l'interpelle, avec une expression de reproche et de compassion :)* Minna! Minna! Approchez là!

Hélas, ma pauvre fille, comment êtes-vous habillée? Vos jambes sont nues et la jupe vous monte au-dessus du genou.

MINNA : La jupe me monte au-dessus du genou? *(Elle se penche en avant pour vérifier. La jupe descend. Elle est très contente.)* Oh! non, Madame, — sauf respect.

BALBINE : Tenez-vous droite! Voyez, — et vos genoux me font la grimace.

MINNA : Ils font la grimace, mes genoux? — Oh! non Madame, je vous prie.

BALBINE : Et vous n'avez rien sous cette robe.

MINNA : Je n'ai rien sous cette robe, moi?

BALBINE : Rien de rien, ma pauvre enfant.

MINNA, *fièrement :* Rien de rien? Oh! si Madame, j'ai de quoi.

BALBINE : Que dites-vous?

MINNA : J'en demande pardon à Madame, — j'ai de quoi sous ma robe.

BALBINE, *étonnée :* De quoi, quoi?

MINNA, *débordante d'orgueil :* Oui, Madame, — mais j'ai mon innocence!

Balbine pousse un cri léger et chancelle. Olivier est tout de suite auprès d'elle, inquiet.

OLIVIER, *la soutenant* : Balbine, qu'as-tu? es-tu malade?

Elle se reprend déjà, fait un signe négatif, sourit.

BALBINE *murmure* : Vous dis-je... Vous dis-je... Vous dis-je... *(Sans plus. Puis la main sur le cœur :)* Mon cœur!...

OLIVIER : Que dis-tu? Tu es fatiguée. A peine t'es-tu reposée cette nuit.

BALBINE, *plus bas, comme pour elle* : Vous dis-je...

OLIVIER : Que dis-tu? Je n'ai pas entendu.

BALBINE, *tout à fait maîtresse d'elle-même* : Merci. *(Aux autres :)* Rien, — excusez-moi. *(A Olivier soudain très aimablement :)* Olivier, savez-vous que vous avez l'oreille un peu dure? *(Il n'a pas le temps de marquer son étonnement.)* Je l'ai remarqué. Souvent, pour écouter, vous penchez la tête de côté, la bouche entrouverte, l'air d'un oison qui attend la becquée. Et vous n'attrapez rien... Il faut redire.

Elle rit.

OLIVIER, *surpris, proteste* : Je suis distrait!

BALBINE, *appuyant sur les syllabes* : Vous-fu-mez-trop! Durant notre voyage, je ne vous ai vu le visage qu'à travers un encens!... J'attendais toujours l'oracle. Vous fumez trop. Rien n'est plus nuisible à votre âge.

OLIVIER, *mal à l'aise* : A mon âge?...

BALBINE : Vertiges, bourdonnements, paresse du foie, somnolences et insomnies. Vous y perdrez le cheveu et la mémoire. *(A Constant :)* N'est-ce pas, docteur? *(Inutile de répondre, elle poursuit :)* Je pensais ce matin en contournant l'enclave — vous savez, près des haras? — : « Chacun se détruit sans pitié des autres. » Le vrai commandement serait : « Ne fais pas à toi-même ce que tu ne voudrais pas faire à autrui. » Car la peine de votre corps nous la souffrirons dans notre âme.

OLIVIER, *vivement ému* : Ma chérie!... Sur un signe de toi, je ne fumerai plus!

BALBINE, *du tac au tac* : Je fais le signe!!!... Et je vous remercie! Et Patricia vous remercie. *(Volte-face. A Minna qui demeure là, le gros bouquin sous le bras :)* Minna, ouvrez ce livre au hasard, et lisez à voix haute. — Oui, vous. *(Aux autres :)* Ceci est mon œuvre, j'y ai peiné.

MINNA *lit, déclamant avec effort* : Samedi, six heures.

« Les vitres tu récureras
Les meubles et le pavement. »

BALBINE : Suffit. Une autre page. (Tout est prévu, combiné, codifié, du gouvernement domestique...

MINNA : Vendredi, vingt et une heures :

« Les bas tu rapetasseras
En fil d'un juste assortiment. »

BALBINE : ...selon le mois, le jour et l'heure!) *(A Xantus qui suit par-dessus l'épaule de Minna :)* A votre tour, Xantus. Une autre page. Oui, vous, Xantus, lisez!

XANTUS : Faire les lits.

« D'abord fais prendre l'air aux draps
Et aux couvertes longuement. »
« Retourne les deux matelas,
Bats le traversin mollement. »

BALBINE : Assez, — merci. Que Xantus et Minna obéissent scrupuleusement à l'ordre et au détail des articles, on n'aura plus à les commander : ils seront leurs maîtres.

XANTUS, *émerveillé :* C'est vrai!

MINNA, *en écho :* C'est vrai!

BALBINE : Ces textes appris par cœur, je ne doute pas qu'ils leur inspirent bientôt un petit air d'accompagnement qui leur rendra la besogne légère. *(Elle rit. Tous rient. La voici près d'Olivier.)* Surprise! De l'argent que vous dépensiez en fumée, nous achèterons l'enclave des déclives.

OLIVIER : Mais...

BALBINE : Elle empêche toute culture rationnelle. Nous l'acquérons au prix d'un mince sacrifice. Autant dire que c'est une terre donnée! N'est-ce pas beau? Et voyez le miracle : si la privation vous est insupportable, eh bien, nous planterons du tabac en bordure! *(Elle rit.)* J'ai rencontré le notaire, lui ai parlé de mon projet et j'attends la propriétaire.

OLIVIER : Ah!

BALBINE : Voilà! A présent je vais me faire belle pour la recevoir. Minna, ma fille, suivez-moi, je vous trouverai une jupe convenable et du linge. *(A Xantus, tout à coup :)* Et qui a payé ce bois en l'absence de votre maître?

XANTUS : Quatre fois l'an, le marchand passe...

BALBINE *l'interrompt :* Et vous payez sans contrôle, est-ce vrai? Oh! Oh! il faut vous mettre à la raison. Xantus, vous irez sans retard régler ce compte. Crédit est mort! Venez, tous les deux.

CONSTANT : Moi, j'enlève Olivier; nous allons à cheval visiter mes malades.

BALBINE : Il y a des malades dans ce beau pays?

CONSTANT : Je les invente!... Ensuite un plongeon dans la rivière et je vous ramène votre amoureux.

BALBINE, *arrêtée net, pousse un cri :* Oh! dans la rivière!... Voulez-vous m'épouvanter? J'y ai plongé la main et l'ai retirée broyée. Il y a des sources proches : l'eau est d'une froideur lunaire!... Si vous n'inventez pas la médecine comme vous inventez les malades, vous savez que rien n'est plus périlleux, à votre âge!... N'en faites rien! — c'est promis.

Elle n'attend pas de réponse et sort à droite devant Xantus et Minna. Constant rit d'un rire large.

OLIVIER : Pourquoi ris-tu?
CONSTANT : Elle a raison, raison!
OLIVIER, *joyeux :* Te l'ai-je dit? — ...et charmante, dévouée, lucide.
OLIVIER, *conduisant Constant à la porte :* Va sans moi, va, — nous nous retrouverons.
CONSTANT : Elle a raison.
OLIVIER, *prenant Constant au bras :* En effet, elle m'y fait penser... — marcher vite m'oppresse un peu. Non? Si... Il me semble aussi que, la nuit, le silence de mon oreille est peuplé de rumeurs, traversé d'appels... Non? Tu m'examineras! Au revoir.

Constant disparaît. Olivier sort à droite, l'air préoccupé. Patricia et Isabelle demeurent seules. Isabelle s'étonne de l'immobilité prolongée et du silence de son amie.

ISABELLE : Patricia! Patricia! Où es-tu? Réponds-moi!

Patricia est prise soudainement d'une animation singulière, légère et inquiète à la fois, comme dans un rêve joyeux, mais dont tous les éléments ne nous sont pas connus.

PATRICIA : Certainement ces chiens seront des molosses à gueule noire. Je les vois! Ils se couleront au long des murs sans même regarder les lézards. Ils dormiront devant les portes, une fois d'un œil, une fois de l'autre.

ISABELLE *a envie de rire, mais elle est effrayée aussi* : Qu'est-ce qui te prend?

PATRICIA : Personne d'étranger n'entrera dans le parc d'où nous ne sortirons plus! Que devenir? Où le rejoindre? Comment le recevoir?

ISABELLE, *stupéfaite* : Qui? Tu es folle? Recevoir qui?

PATRICIA *lance le nom comme un cri léger* : Aldo. Crois-tu que sa voix charmera les molosses? Oui, — je suis sûre!

ISABELLE : Aldo? Qu'est-ce que ça signifie?

PATRICIA *marche par la chambre, alerte, nerveuse* : Aldo, c'est un nom. C'est son nom.

ISABELLE : Le nom de qui? Tu es folle?

PATRICIA : Le nom de celui que j'aime. Aldo, oui.

ISABELLE, *prodigieusement étonnée* : Tu as un amoureux? *(Patricia fait « oui » de la tête.)* Tu n'en avais pas tout à l'heure.

PATRICIA, *frappant le sol du pied* : J'en ai un. Tu en as cinq, — j'en ai un.

ISABELLE, *curieuse, contente* : C'est incroyable! Quelle cachottière es-tu donc? On l'appelle Aldo? *(Oui de la tête.)* Il est Italien? *(Signe : oui.)* *(Elle suit Patricia dans sa marche rapide.)* Raconte! Raconte maintenant!...

Patricia s'assied brusquement, le front bas, l'air buté.

PATRICIA, *sombre* : Tu as vu le regard de Balbine, clair, uni, droit comme un rayon. Moi, je n'ose guère regarder les gens en face. Je baisse les yeux. Je rougis. J'ai donc quelque chose à retenir, à cacher?

ISABELLE : Ton amoureux!... Parlons de lui. Quelle couleur, les cheveux?

PATRICIA *soupire* : Ça dépend.

ISABELLE *rit* : Comment?

PATRICIA *rêve* : Parfois jaune, parfois rouge ou bleue.

ISABELLE *rit de plus belle* : C'est un caméléon, ton Aldo!

PATRICIA : Sa chevelure est d'un noir très lustré, dont les reflets changent selon le temps, l'heure et l'endroit.

ISABELLE : Ah! oui? tu me rassures. *(Elle est émerveillée.)* C'est joli, ça! — Les yeux?...

PATRICIA : Bleus. — Oui, bleus! du bleu de la flamme. Lorsqu'il sourit sa bouche est comme un beau château. *(Isabelle est prise de fou rire, Patricia s'attendrit, s'exalte.)* Sa voix vous prend au lasso et son visage est comme une arme et comme une balance et comme un signal irrévocable.

ISABELLE : Tais-toi, je t'en supplie. J'ai des crampes.

PATRICIA, *simplement* : C'est très ressemblant.

ISABELLE, *qui a peine à se calmer* : Tu me donneras son portrait! — Quel âge?

PATRICIA : Pas d'âge : on n'imagine pas qu'il ait pu être différent.

ISABELLE : Tu es agaçante! Il est né tel jour, telle année. Il a deux bras, deux jambes et tout ce qui s'ensuit! A qui ressemble-t-il, que nous connaissions?

PATRICIA : **A Aldo et puis à personne.**

ISABELLE : A quel animal?
PATRICIA : Au sphinx.
ISABELLE *hausse les épaules* : C'est toi qui ressembles au sphinx. Idiote! Imite son expression pour voir.

> *Patricia s'approche d'Isabelle, visage à visage, enfle les joues monstrueusement et louche, puis tire la langue et se retrousse le nez.*

PATRICIA, *tout à coup emportée et malheureuse* : Idiote, oui, et folle et grimacière! Crois-tu qu'Aldo puisse vraiment m'aimer? Balbine, quoi qu'elle dise et fasse, garde un visage sans ombre, azur et or!... On voit que l'ordre est fait derrière son beau front de statue! Et moi?... Moi, je lève les sourcils, je pince la bouche, je fronce le nez : « Vous dites? Ah! oui? Je vous remercie... » J'ai le dégoût de mes mines. Je suis laide comme un beignet froid! Regarde!

Autre grimace.

ISABELLE *la serre contre elle tendrement* : Tu me fais peur, Patricia. Dis, avoue-le : tu es jalouse!
PATRICIA, *des larmes aux yeux* : Non et non. Je désespère de l'égaler jamais, voilà. *(Puis têtue :)* Si je ne le puis, j'irai jusqu'au bout de ma méchanceté.
ISABELLE *l'embrasse* : Aldo te consolera.
PATRICIA, *déjà soulagée* : Tu crois?
ISABELLE : Il est doux? *(Signe : oui.)* Pas trop? *(Signe : non.)* Juste assez, — et fort? *(Signe : oui.)* Où l'as-tu rencontré?
PATRICIA : De ma fenêtre, je le voyais passer. Il me regardait. A chaque fois je croyais recevoir de lui un ordre terrible et délicieux. J'ai obéi : je suis descendue.
ISABELLE, *palpitante* : Le cœur me bat, tu sais...

Il y a longtemps? *(Signe : non.)* Comment t'appelle-t-il? Ma beauté, ma bien-aimée, finette, poupée, mon ange, mon chou, mon idole, coco... — Ah! tu souris!...

PATRICIA : Patricia.

ISABELLE, *déçue* : Patricia? Ah? Patricia, tout bref... Oh!... *(Compensation.)* Oui, mais avec l'accent!... *(Signe : oui.)* Quand le vois-tu?

PATRICIA, *après une hésitation* : Le soir... — la nuit.

ISABELLE : En ville?

PATRICIA, *embarrassée* : Aussi, oui.

ISABELLE : Tu vas en ville, toute seule, le soir, — la nuit? Et si l'on te rencontrait?

PATRICIA, *vivement* : Je suis voilée — de deuil, oui! — et je contrefais la boiteuse.

ISABELLE, *au comble du contentement* : Que tu es maligne!... — voilée de crêpe, oui! — qui l'aurait cru! Il sait que tu ne boites pas, lui? Naturellement... Aldo! Aldo!... Ça me plairait, l'accent étranger. J'aurais l'illusion d'être toujours en voyage. Italien? Il a les souliers bien cirés? *(Signe : oui.)* Tu en as de la chance! *(Plus bas :)* Il t'embrasse? *(Signe : oui.)* Et toi? *(Signe : oui.)* Et tu ne l'avouais pas?... Il t'apprend l'italien? *(Signe : non.)* Pas encore. Il t'apprendra? *(Signe : oui.)* C'est beau, l'italien. A E I O OU ! Il vient te voir ici? Dans le parc? *(Signe : oui.)* Ça doit être poétique, sous le clair de lune! Mais vous vous cachez dans l'ombre plutôt? Et vous écoutez l'écho en italien : A E I O OU ! Non? Il n'y a pas d'écho — vous parlez bas. Et il t'embrasse? Ça te fait froid? *(Signe : oui.)* Ça te fait peur? *(Signe : oui — elle jubile.)* C'est bon ça! Il a du poil sur les mains? *(Regard de protestation. Tout à coup une illumination :)* L'échelle? L'échelle sous ta fenêtre? *(Signe : oui.)* Il est venu cette nuit? *(Signe : oui.)* Dans ta chambre? *(Oui.)* Il tire l'échelle après lui? *(Oui.)* Mais elle ne s'y trouvait pas lorsque Balbine est sortie... Après seulement... *(Elle est pétrifiée et balbutie :)* Il reste jusqu'au matin? *(Signe : oui. Elle a un regard d'indignation.)* Oh!... *(Un temps. Patricia a rêvé. Brusquement Isabelle la quitte et se dirige rapidement vers la porte du parc. Sèchement :)* Je ne veux plus te connaître! *(A la porte elle s'arrête, se retourne.)* Sais-tu ce que tu es?...

Xantus entre de droite. Isabelle ne dira plus rien; elle sort.

PATRICIA, *sans bouger, la rappelle :* Isabelle!...
— Non!!!...
XANTUS, *tourmenté :* Je suis frais, moi! Je suis frais comme le pied dans la botte, moi! Tremblement de tremblement!

Patricia rentre dans la chambre de son père. La porte se referme sur elle. Minna accourt, sa nouvelle jupe rasant le sol. Elle n'a pas le temps de faire admirer la transformation. Xantus parle.

Minna! Minna! Madame m'a donné de l'argent!
MINNA : Madame t'a donné de l'argent?
XANTUS : Madame m'a donné de l'argent pour que j'aille payer ce bois-là, contre le hangar. Et il est payé ce bois!
MINNA : Et il est payé ce bois? Pourquoi as-tu dit qu'il n'était pas payé?
XANTUS, *d'une haleine :* Je n'ai rien dit; ni oui, ni non! J'ai dit qu'il était rentré d'hier. Mais je ne suis pas un menteur, moi, et j'ai menti, puisqu'il est rentré de l'autre quinzaine. Et je n'aurais

menti pour personne au monde et j'ai menti pour
faire plaisir à Madame. Et le marchand est venu
quérir son argent justement cette semaine. Et j'ai
payé de l'argent de Monsieur. Et Madame a raison de dire que Monsieur paie tout sans savoir.
Et j'ai dit que ce bois était rentré d'hier, parce
que j'ai été pris de court. Et j'ai été pris de court
parce que je n'ai pas rangé ce bois et que Madame
a dit que ce bois-là prend la pluie. Et c'est vrai
qu'il prend la pluie et Madame a raison. Et je ne
suis pas un menteur, moi! Et Madame aurait dit :
« Xantus est un paresseux », et je ne suis pas un
paresseux, moi! Et je n'ai pas rangé ce bois parce
que j'ai usé tous ces derniers jours à finir la toilette du parc et de la maison pour le retour des
maîtres. Et des guirlandes de feuilles c'est plus
agréable à voir que du bois rangé, et c'est un
hommage. Et je n'ai pas répondu « c'est un hommage » parce que Madame aurait dit : « Xantus
n'a pas bon cœur, Xantus exige un remerciement. »
Et je n'ai pas vilain cœur, moi! Et Madame aurait
dit encore : « Xantus est un flatteur » et je ne
suis pas un flatteur, moi, et je n'ai pas le cœur
percé dans une porte de cabinet, moi! Et maintenant, il me faut aller à la ville en costume de
dimanche demander quittance à ce marchand-là...
Et je suis frais, moi!...

Arrêt net. Temps.

MINNA : Oui.
XANTUS, *étonné :* Oui?
MINNA : Oui.
XANTUS : Quoi, — oui?
MINNA : Tu n'es pas frais.
XANTUS, *sombre :* Et j'ai l'argent dans la poche,
je n'ai pas avoué, tout sera découvert et j'irai en
prison.

MINNA, *effrayée* : Tu iras en prison?

XANTUS, *montant l'escalier* : Non, je n'irai pas en prison! Je vais me noyer d'abord et je vais me pendre et je vais m'empoisonner avec des champignons. Et c'est bien dommage, parce que j'ai encore ma mère. Et la pauvre vieille dira : « Xantus m'a volé mon tour! Xantus m'a rendue stérile jusqu'à la consommation des siècles! »

MINNA, *le suivant, prête à pleurer* : Tais-toi, sauvage! Je vais pleurer!

XANTUS, *emporté par les mots, désolé par eux* : « Xantus était innocent de sa naissance et il n'est pas innocent de sa mort et c'est une insulte au ciel. Xantus était fort et beau; il avait une longue vie à vivre et il est mort avant sa mort. »

Peut-être Xantus pleure-t-il. Minna sanglote.

MINNA : Écoute! Tu iras chez le marchand et tu lui diras : « De coutume, on ne réclame pas d'acquit, mais la nouvelle maîtresse veut des comptes. J'ai payé, donnez-moi quittance. » Et il te donnera quittance.

XANTUS *se retourne, la regarde, ahuri, et il rit* : Oui. Oui. Hou! Hou!... Démon!... Est-elle rusée! Oui, c'est bien inventé. Il y a du diable dans le sexe contraire.

MINNA, *scandalisée* : Je suis le sexe contraire, moi? C'est toi, le sexe contraire!

XANTUS : « J'ai payé, donnez-moi quittance. » Oui! Pourquoi ne pas l'avoir dit plus tôt? Je n'aurais pas eu la peine de mourir, moi! *(Et soudain, atterré :)* Et l'argent? Je n'ose pas le rendre à Madame.

MINNA : Tu le donneras à un pauvre.

XANTUS : Ah! non!...

MINNA : Ah! non? Pourquoi?
XANTUS, *simplement* : Il ne serait plus pauvre alors. *(Un temps.)* Minna? *(Il baisse la voix.)* Il me faudra bien le garder, je crois.
MINNA, *effrayée* : Tu crois?
XANTUS, *très bas* : Je t'en donnerai la moitié, — ce sera moins dur!
MINNA : Tu m'en donneras la moitié? Et je refuse, moi, sans dire merci! Ni le quart, ni le dixième, de cet argent volé!
XANTUS, *furieux* : Ni le quart, ni le dixième? Je ne suis pas un voleur, moi!
MINNA, *craintive* : Écoute! ne recommence pas à mourir! Cet argent, tu le mettras dans une cachette, jusqu'à ce que tu l'aies oublié. Si tu le trouves après, ce sera de l'argent trouvé.
XANTUS *rit, délivré* : Hou!... Hou!... Est-elle rouée! Démon!... C'est le démon qui lui souffle!... Oui, très bien, — dans une cachette...

Elle est passée devant lui, sur le palier de l'étage. Ils entendent du bruit et se sauvent. Trop tard : Balbine rentrant avec Olivier, aperçoit Xantus.

BALBINE *a un étonnement feint* : Oh! Xantus!... — vous êtes déjà de retour?
XANTUS, *étourdi* : Suis-je déjà de retour, moi?
BALBINE, *souriante* : Prenez le temps de la réflexion et vous me répondrez demain par oui ou non. Allez, mon ami.

Xantus sort.

OLIVIER, *heureux, empressé* : Eh bien, es-tu satisfaite des gens, des choses, — de moi?
BALBINE : Très contente!
OLIVIER : Tu es une chère femme!

Il veut l'embrasser, elle se dérobe.

BALBINE, *à voix basse :* Oh! Monsieur, prenez garde.

OLIVIER, *la pressant :* Je ne t'ai pas encore embrassée, aujourd'hui!

BALBINE *s'écarte :* Non, Monsieur!... Que quelqu'un nous surprenne, vous me verrez rougir comme une tomate.

OLIVIER *la poursuit, très gai :* Tant pis!...

BALBINE *se réfugie derrière un fauteuil :* Non, Monsieur, je vous en prie!

OLIVIER *:* Et ne m'appelle plus monsieur.

BALBINE : Oui, excusez-moi. *(Elle rit, puis :)* Olivier!... — C'est difficile... nous nous connaissons si peu.

OLIVIER : Quoi? Depuis un mois nous couchons dans le même lit!

BALBINE, *plus bas :* Je vous assure que vous me mettez très mal à l'aise!

OLIVIER *est très amusé :* Es-tu drôle! Parce que j'évoque notre chaude intimité!

BALBINE, *toujours bas :* Est-ce le moment et le lieu? *(Elle fait un grand effort pour vaincre sa honte et soudain, souriante, soupirant :)* Soit, — expliquons-nous; j'ai du courage.

OLIVIER, *un pas vers elle :* D'abord, que je t'embrasse!

BALBINE, *un brusque écart :* Non! Je sais comme finissent toujours vos embrassades!

Elle sourit, mais après. Lui rit, s'assied.

OLIVIER : Je t'écoute.

BALBINE *demeure debout par prudence :* Je serai franche à mon habitude. Vous dites « notre intimité ».

OLIVIER : Chaude!

BALBINE *passe :* Et je réponds : « Ces heures dont vous parlez, rompent plutôt l'intimité. »

OLIVIER, *étonné :* Que dis-tu?

BALBINE : S'il vous plaît, ne me tutoyez pas dans une conversation où ma pudeur est déjà trop à l'épreuve.

OLIVIER, *gracieusement, un peu moqueur :* Oui, Madame!...

BALBINE, *souriante :* Tel je vous regarde, à cet instant, tel vous m'êtes apparu le jour que la chance nous mit en présence. Vêtu selon la mode, d'un pantalon large, d'un veston court, cravaté net, chaussé fin, vous étiez un homme semblable aux autres hommes, à mon père, à mes frères, aux maris de mes amies, à mes cousins. *(Plus aimable encore :)* Je dis semblable et non pareil. *(Olivier fait mine de se lever.)* Halte! ne bougez pas! Je vous avais donc reconnu avant de vous connaître. Pour en venir à la connaissance, il a suffi que nous nous sachions en accord ou en contraste sur des goûts, des idées, des faits. Vous me plaisiez : je vous nommais Olivier, le plus simplement.

C'est « après », au contraire, que je vous ai... désappris, oui, désappris.

Comme d'une chose incroyable :

Lorsque vous vous êtes présenté à moi, ce premier soir... — disons les mots — ...lorsque vous vous êtes présenté, — à cru!!!...

OLIVIER *éclate de rire :* A cru!...

BALBINE : ...dans mon épouvante, je ne vous ai plus connu ou reconnu. Vraiment, vous m'étiez changé, méconnaissable, — étranger! *(Elle sourit à nouveau, de tout son charme.)* J'imaginai être échouée, après un naufrage, sur la plage déserte d'une île — et que surgissait devant moi, seul et debout, un naturel de l'endroit, habillé seulement de lumière! *(Il rit.)* Un sauvage, voilà! un sauvage duquel je me demandais avec terreur : « Cache-t-il des armes empoisonnées, est-il cannibale? »

Elle rit.

OLIVIER : Et à chaque fois, vous implorez grâce en appelant ce sauvage : Monsieur?
BALBINE : Oui, Monsieur! — C'est très sérieux...
OLIVIER *veut se lever :* Balbine, tu es adorable!
BALBINE : Restez là!
OLIVIER *se rassied :* Nous nous apprivoiserons.
BALBINE *réfléchit :* A la longue... sans doute... J'en sais assez désormais pour conclure que ce genre de domestication exige de l'un des soins et du temps, de l'autre de la complaisance ou de la résignation.
OLIVIER *proteste gaiement :* Oh! Balbine!
BALBINE : Peut-être je me trompe. Quoi qu'il en soit, s'il faut « de nécessité » demeurer sauvage, soyez-le tout d'une pièce! Ne raffinez pas. On peut s'acquitter sommairement de ces choses, sans y compromettre par le souvenir le reste de la journée.

Olivier rit aux larmes, puis :

OLIVIER Je ne vous comprends pas!...
BALBINE, *très nette :* Je dis : ne mêlons à ces violences ni votre prénom, ni le mien, qui m'ont tout l'air ensuite de passer sans chemise de la chambre à coucher à la salle à manger. *(Elle rit avec lui.)* Rions, — mais c'est alors seulement que j'oserai sans timidité vous appeler devant tous : mon très cher Olivier. *(Il veut se lever, elle fait un geste qui annonce qu'elle n'a pas fini. Elle vient s'asseoir en face de lui, et prononce lentement :)* Mon très cher Olivier, je ne suis pas enceinte. Or!...

Or, depuis que nous sommes mariés, j'ai eu bien des occasions d'espérer. — Le voyage aidant, l'oisiveté, vous avez dévoré notre lune de miel jusqu'au dernier quartier. *(Elle sourit. Il est stupéfait. Elle continue :)* La vie reprend sa cadence normale. Je vous demande enfin : « Est-il raisonnable que vous vous évertuiez? »

OLIVIER *murmure :* Évertuiez!?

BALBINE : Entendez-moi : nous avons tous les deux besoin de ménagements.

OLIVIER, *un peu inquiet :* Mon âge?

BALBINE, *exquise :* Ai-je dit cela? — Certes, je ne me déroberai à aucun de mes devoirs...

OLIVIER, *sans force :* Devoir?...

BALBINE *passe :* ...mais je vous sais d'âme trop haute pour penser qu'il soit un devoir qui n'aboutisse qu'à votre seul plaisir. Compris ainsi, le mariage ne serait qu'écureuil en cage!...

Elle ne se départit pas de sa grâce. Il est déjà regagné.

OLIVIER *sourit :* Tu es charmante!

Elle est enchantée.

BALBINE : Voilà, merci! *(Et comme elle ne le craint plus, elle approche de lui.)* Un peu plus tard, c'est moi-même qui vous prierai : « Mon très cher Olivier, donnez-moi un enfant. » Mais d'ici là nous habiterons chacun notre chambre. *(Il veut protester. Elle rit.)* Vous admettrez que j'ai raison. Sous la même couverture vous avez trop chaud, je grelotte. Je me couche en G majuscule, vous en X : ces deux lettres n'entrent pas dans un monogramme. *(Elle le prend au bras et l'entraîne.)* Venez, Olivier, venez, — votre frère vous attend. Je veux vous conduire jusqu'à la grille; là, je vous permettrai de m'embrasser, entre deux barreaux.

Ils sont sortis. A ce moment, Gabriel paraît derrière la fenêtre du fond. Il regarde dans la pièce : personne, — il demeure là, attendant.

GABRIEL *monologue :* Oui, oui, oui, oui, oui, oui, oui, oui... Ce qu'il y a là d'irrésistible prouve assez que j'obéis à un ordre impérieux. Car je n'ai pas choisi. En vérité, — non! moi, Gabriel, je n'ai pas comparé plusieurs jeunes filles, m'écriant devant Patricia : « Voici l'Élue. » Non. Elle a traversé mon ciel comme une étoile filante.

Xantus d'abord, puis Minna, reparaissent à l'étage. Xantus a mis son beau costume. Il rit soudain en regardant la jupe longue de Minna.

XANTUS : Minna, — tu ressembles à la fée-aux-rats!

MINNA : Je ressemble à la fée-aux-rats? *(Elle rit et tourne sur place.)* Elle balaie, cette jupe!

XANTUS : On ne voit plus tes pieds. *(Elle relève sa jupe à mi-mollets. Xantus est très étonné.)* Tu as mis des bas, toi?

MINNA, *fière :* Et du linge aussi!...

XANTUS, *surpris :* Tu as des belles pattes.

MINNA *lève plus haut sa jupe :* J'ai des belles pattes, moi?

XANTUS : Oui, tu as des belles pattes, toi!

Ils descendent.

GABRIEL, *en bas :* Si je n'ai pas choisi, moi, Gabriel, j'ai donc été choisi. Oui, oui, oui... Par qui? Patricia ignore jusqu'à mon existence. Ainsi est-il démontré qu'en amour toute préférence est hors de nous... Sélection, sauvegarde, adorable injonction. *Fatalement!*

XANTUS, *au bas de l'escalier à Minna :* Et tu as

linge? Garni de broderie? Et tu as des jarretières!
MINNA : Oui, j'ai des jarretières, — avec des bouillonnés.
XANTUS : Fais voir!
MINNA *rit, s'éloigne* : Elles sont trop haut!
XANTUS : Si tu me montres tes jarretières, je t'offrirai cinq francs de cet argent-là.
MINNA : Tu m'offrirais cinq francs? Ce n'est pas une attrape? Si je te montre les jarretières, ce sera de l'argent gagné? Viens par ici...

Ils sortent à droite. Ils n'ont pas vu Gabriel.

GABRIEL *les a regardés. (Les a-t-il vus?)* : Notre Fatal ne saurait être que double, réciproque, symétrique ou compensé. Cervelle double, cœur double, etc. Deux yeux, — quels yeux a-t-elle! — deux bras... — et quels bras! — deux seins, chacun témoignant de l'autre! — (Nulle beauté sans témoignage.) — Et le reste... double! Divine diversité de la symétrie! Dès qu'il y a symétrie, il y a échange, circulation, — ou inversement. Conclusion : la fatalité veut qu'elle m'aime; au pis aller, elle m'aimera, car le désordre est ordre, par succession...

Patricia sort de la chambre de son père, un gros bouquin ouvert devant elle, qu'elle lit en marchant.

PATRICIA, *lentement* : Ho dimenticato il mio canino sul'armadio della vicina. *(Dès qu'il l'a aperçue, Gabriel a quitté la fenêtre et est rentré dans la maison. Il demeure immobile, près de la porte extérieure. Elle est tellement appliquée à lire qu'elle ne le voit pas, passe devant lui, monte l'escalier, disparaît à l'étage.)* Ho dimenticato il mio canino sul'armadio della vicina. La vicina ha un gattino in casetta...

A peine est-elle sortie, Gabriel s'exclame profondément déçu :

GABRIEL : Ah! merde, alors!

Balbine, qui rentrait, entend, pousse un petit cri, défaille et tombe dans un fauteuil.

BALBINE *murmure* : Vous dis-je... vous dis-je... vous dis-je... *(La main au cœur.)* Mon cœur...

GABRIEL, *confus* : Je suis agronome.

BALBINE, *qui se reprend* : J'entends, Monsieur.

GABRIEL : Excusez-moi.

BALBINE *soupire, déjà maîtresse d'elle-même* : Mais je vous préviens qu'ici nous n'engraisserons pas la terre avec des paroles. *(Elle sourit déjà très calme.)* Passons. Vous vous êtes cru seul, je n'ai pas à me scandaliser. Mais permettez-moi de vous apprendre, sans acrimonie, que la solitude n'exclut pas la dignité. Il n'est point de désert pour celui qui garde le respect de soi. Passons. Le notaire vous envoie, il m'a vanté votre savoir, vos talents, vous avez tous vos diplômes, je vous engage à l'essai, s'il vous plaît.

GABRIEL : Oui... je... parfaitement.

BALBINE : Nous discuterons plus tard de vos honoraires.

GABRIEL, *vivement* : Le vivre et le couvert.

BALBINE : C'est tout? Cela me paraît cher.

GABRIEL, *étonné* : Comment?

BALBINE : Les choses qu'on paie peu coûtent souvent trop.

GABRIEL, *souriant* : Mon père est riche et je suis son seul héritier. Mais je perdrai ma fortune. En ces temps troublés, chacun perdra la sienne. *(Il parle vite comme pour regagner du terrain.)* C'est seulement dans la ruine que le monde actuel trouvera son salut. La nécessité veut que le monde se ruine d'abord, consomme sur place et recommence. J'y laisserai mon patrimoine tout comme les autres. Fort heureusement, je suis agronome, et ma bien-aimée Patricia n'a rien à redouter.

BALBINE, *qui écoutait attentivement, sursaute :* Que dites-vous?

GABRIEL, *stupide :* Oui... j'ai... excusez-moi... *(Puis il prend une décision.)* Je préfère être honnête...

BALBINE, *ironique :* Vous préférez?

GABRIEL, *confus :* Oui, c'est-à-dire...

BALBINE : Je ne sache pas qu'on choisisse d'être honnête.

GABRIEL, *aussitôt :* Non, certes, ni d'être amoureux. C'est à quoi je pensais tout à l'heure!... Et j'aime Patricia!

BALBINE : Patricia est ma belle-fille; je prends donc le droit de vous interroger. Vous l'aimez depuis longtemps?

GABRIEL, *surpris, étonné :* En vérité, je ne sais plus! D'un cercle enfermé dans un cercle on doutera qu'il soit plus petit ou qu'il soit plus éloigné. Depuis quand? Étrange question!... Le temps...

BALBINE, *impatientée :* Bref! — où avez-vous connu Patricia?

GABRIEL : J'ai aperçu cette jeune fille pour la première fois ce matin, — voici deux heures environ : deux heures, deux tours de cadran, deux cercles...

BALBINE *commence à s'amuser :* Ce matin?

GABRIEL : Ce matin, en arrivant...

Il est interrompu par le rire franc de Balbine.

BALBINE : Vous perdez la tête, mon ami!... Et Patricia vous aime?

GABRIEL, *simplement* : Naturellement. *(Balbine est inquiète. Il soupire :)* Hélas! elle-même n'en sait rien encore! *(Balbine rit plus haut. Il continue, vivement :)* Peu importe! Puisqu'elle m'aimera, elle m'aime déjà!... L'avenir comme le passé, c'est du présent qui se déplace. Lorsqu'elle me connaîtra...

BALBINE, *au comble de la joie* : Elle ne vous connaît pas?

GABRIEL, *tristement* : Non, pas du tout. Même ses yeux ne me connaissent pas. Et pourtant, elle a traversé cette chambre il y a un moment, elle a marché sur mon ombre. Elle était pensive, lointaine, et répétait : « J'ai oublié mon petit chien sur l'armoire de la voisine »...

Cette fois, Balbine rit aux larmes. C'est alors qu'entre La Faille.

La Faille est une petite femme d'une quarantaine d'années, riche du corsage et de la tournure, toute en sourires et en fossettes. Très fardée, sa chevelure en bouclettes; de jolis yeux prometteurs qui regardent de coin, les mains dodues et blanches, chargées de bagues pour la circonstance, elle a l'aspect d'une servante qui jouerait à la patronne. Est-ce à cause du regard glissé, du sourire humide, de la voix roulée, ses paroles semblent doublées de sous-entendus. Elle est sans chapeau et porte un panier au bras.

LA FAILLE *rit d'un rire roucoulé* : C'est la maison du bonheur, ici! Bonjour, gentille Madame. Bonjour, jeune Monsieur. Riez! riez! riez! Moi, je ris tout le temps et sans raison. Et quand je ne ris pas, je souris. On n'a jamais su si la gaieté me vient du cœur aux lèvres, ou me va du sourire au cœur!

Balbine s'est levée.

Belle Madame, je vous suis envoyée par Léonard, — le Notaire.

BALBINE : Ah! oui! Bonjour, Madame. Asseyez-vous.

LA FAILLE *s'assied, dépose son panier à côté de sa chaise :* Oui, je l'appelle Léonard. Nous sommes amis, lui et moi. Vous pensez!

BALBINE, *à Gabriel :* Mon garçon, allez visiter le domaine, et nous conférerons. Je ne suis pas découragée. Tout m'autorise à croire que vous êtes plus réaliste en agronomie qu'en amour.

Il salue plusieurs fois et sort.

LA FAILLE, *qui le regarde s'éloigner :* Il est étrange que je ne connaisse pas ce jeune homme.

BALBINE : C'est un original, — pas dangereux!

LA FAILLE : Ah! oui? voyez-vous ça! Donc, Léonard — le notaire — est venu me voir. « Vite, lève-toi, grosse caille. » Et tandis que j'étais à ma toilette, il m'a expliqué : « La châtelaine de Neuf-le-Vieil désire acquérir le coin de terre que tu possèdes près de ses murs. Va vite, grosse caille, petite Faille. » Il est farceur.

BALBINE : Je suis confuse de vous avoir dérangée si matin.

LA FAILLE : Oh! non! charmante Madame! non! Pour moi, il n'est jamais tard, ni tôt. Pensez! J'ai passé ma vie couchée... Debout, couchée, debout, couchée, mais surtout couchée.

BALBINE, *avec intérêt :* Vous êtes guérie, maintenant?

LA FAILLE : Est-elle gracieuse! Non. J'ai toujours été de belle santé, fraîche et toute en chair, telle que vous me voyez. Lorsque j'étais jeunette, ils me surnommaient Marie les Fossettes, pensez!

J'en avais partout! A présent, ils me nomment La Faille. Certains, dans leurs moments, disent : « Douce Faille. »

BALBINE, *qui n'a pas compris* : Et cette terre, vous êtes décidée à la vendre?

LA FAILLE : C'est selon. Je suis fille de paysan. Je sais qu'une terre sans cailloux ni sable, d'une bonne pente, partagée d'ombre et de soleil et qu'on n'a pas tourmentée, c'est de l'argent qui multiplie. Il suffit d'attendre. Je n'ai jamais gaspillé un sou, je suis économe, prévoyante, ordonnée. Et c'est selon, parce que, justement, ce morceau de terre m'a coûté du temps à gagner! *(Elle rit, baisse ses lourdes paupières.)* Six mois d'emplâtres... — des tièdes, des chauds et des froids!

BALBINE : Un accident?

LA FAILLE, *roucoulant* : Est-elle mignonne!... Non! La Faille! Mon nom ne vous apprend rien? Je suis connue dans le pays, plus que la fraise et la salade. Depuis plus de vingt ans, pensez! La Faille, chacun vous dira... Il vaut mieux que je vous raconte moi-même mon histoire; je l'ai tant racontée que j'ai fini par la connaître. Je suis franche. A quinze ans, figurez-vous, j'étais telle qu'aujourd'hui, rose et potelée. Regardez-moi, enlevez de ma graisse — oh, je me connais! — enlevez une couche par an comme on fait pour compter l'âge des arbres, et vous trouverez Marie les Fossettes à quinze ans. La robe tendue de partout, je marchais, fière et gonflée, une vraie tourterelle dans ses plumes...

J'entends une voix qui m'appelle « Marie! Viens ici! Que caches-tu sous ta robe? Tu m'as volé mes pommes! » C'était Lambert, le gros fermier. Lambert m'entraîne dans sa maison, me fouille, me saccage et ne trouve sur moi que ce qu'il y cherchait. Quelle astuce! Il me fait cadeau d'un petit argent et me dit : « A chaque fois que tu ne m'auras rien volé, je te régalerai! » Je suis revenue chaque jour, pensez, j'étais déjà gardeuse comme une pie. Le reste s'est fait si doucement que je ne m'en suis pas aperçue. J'étais apprise. *(Sic.)*

Voilà, petite Madame, comme j'ai commencé ma fortune. Tout de suite, j'ai eu trop d'argent pour oser le dépenser. Toujours proprette, telle que vous me voyez, polie et pas raconteuse. Je sais tous les secrets du pays, mais bouche cousue. Une belle gamine comme j'étais ne manque pas de galants. Je leur disais : « Mon petit cadeau d'abord, et servez-vous. » Moi, je pensais « ce que j'ai m'a été donné, ce qui leur plaît ne me coûte rien, c'est tout bénéfice... ». Une fois, figurez-vous... *(Elle regarde autour d'elle pour s'assurer que personne n'écoute, veut parler à l'oreille de Balbine et s'exclame :)* Quoi! qu'est-ce donc? Pauvres de nous : elle va s'évanouir...

BALBINE *est rejetée en arrière toute pâle, et murmure, la main sur le cœur :* Vous dis-je... vous dis-je... vous dis-je...

La Faille est très inquiète, elle court à la porte de droite.

LA FAILLE *appelle :* Quelqu'un!... *(Elle voit de loin arriver Constant et Olivier. En passant elle dit à Balbine :)* Heureusement, voici vos hommes. *(Elle est tout de suite à la porte d'entrée et hèle :)* Holà...! Olivier!... Constant!... Venez vite!... *(Olivier paraît, suivi de Constant. Elle montre Balbine :)* La bonne chère femme se trouve mal!...

OLIVIER *s'empresse :* Balbine! ma chérie...

BALBINE *murmure :* Vous dis-je... vous dis-je...

OLIVIER : Elle est à bout de forces! *(Il appelle :)* Minna!...

CONSTANT : Laisse! J'ai ce qu'il faut dans ma trousse...

    Il passe un flacon de sels sous le nez de Balbine.

LA FAILLE, *à qui on ne demande rien :* Je ne sais. Nous étions là à bavarder, à échanger des confidences, — pensez!

OLIVIER : Balbine, mon amie!...

BALBINE *reprend peu à peu ses esprits :* Vous dis-je...

OLIVIER : Là, te sens-tu mieux? Tu es épuisée...

BALBINE *se redresse lentement :* Non, j'ai le cœur trop petit, vous dis-je.

OLIVIER : Le cœur trop petit.

BALBINE *sourit déjà :* Docteur, vous le savez, n'est-ce pas, — j'ai besoin de ménagements. Depuis l'enfance, on me soigne douillettement. Mon cœur est si petit qu'il ne peut supporter sans faiblir la moindre émotion. Tout de suite il m'abandonne. Et cette femme vient... *(Elle se lève soudain, voit La Faille. Elle est toute droite, crispée. Elle balbutie, la main au cœur :)* ...cette abominable créature... *(Avec force :)* Qu'elle s'en aille!

OLIVIER : Ah? c'est... *(A La Faille :)* La Faille, laisse-nous...

LA FAILLE, *sans rien perdre de sa gentillesse :* Bien sûr, bien sûr...

BALBINE : Qu'elle sorte!

LA FAILLE : Je me sauve : je reviendrai.

BALBINE : Jamais.

LA FAILLE : Au revoir, Olivier, au revoir, Constant. Embrassez pour moi la pauvrette. *(Elle va sortir, se ravise, fouille son panier d'où elle sort un gâteau rond.)* J'oubliais...

BALBINE, *scandalisée, horrifiée :* Oh!...
LA FAILLE : J'avais apporté pour elle...
OLIVIER : La Faille, es-tu folle?...
LA FAILLE : ...en don de bienvenue...
BALBINE : Jetez-la dehors!
LA FAILLE, *sans se désunir :* Une tarte dorée au four et pétrie de ma main.
OLIVIER : Assez!
LA FAILLE *dépose la tarte sur une table :* Je la laisse ici.
BALBINE : Je veux qu'elle quitte le pays, qu'on la chasse, qu'on brûle son lit sur la place!...
LA FAILLE, *sortant :* Non, non, ne me dites pas merci.

Elle a disparu.

BALBINE, *cachant son visage dans ses mains :* Quelle honte!

> *Entre Minna. Elle sanglote. Balbine assistera à toute cette scène, immobile comme une statue qu'Olivier empêche de tomber.*

MINNA : Hou! hou! hou! hou! Hou! Hou! je suis perdue, moi!
CONSTANT *rit :* Tu n'es pas perdue, puisque te voilà. Qu'as-tu, ma fille?
MINNA : Je ne suis pas votre fille, et je suis une fille perdue. C'est Xantus qui m'a perdue. Et c'est la faute à Madame! Hou! Hou! À cause de cette jupe trop longue, Xantus a demandé « Montre tes bas », et il a vu les bas. Il a demandé « Montre les jarretières » et j'ai répondu « Ce n'est pas convenable ». Et il a dit « Je te donnerai cinq francs », et il a vu les jarretières. Et il a dit « Tu as de la peau au-dessus » Et il a voulu voir le linge et il l'a vu. Et voilà qu'il m'a culbutée!

Hou!... Hou!... et il m'a traitée avec son grand sanguin... Hou! Hou!... Hou!...

CONSTANT *rit :* Eh bien! il t'épousera.

MINNA : Il m'épousera? Non, il ne m'épousera pas; je ne veux pas de Xantus! Il n'est pas un garçon pour moi!

CONSTANT : Il ne fallait donc pas te laisser faire!

> *Minna traverse et monte à sa chambre, toujours sanglotante.*

MINNA : Et je ne me suis pas laissé faire, moi! Et même, je l'y ai aidé!... Et maintenant, il recommencera!

CONSTANT : Pas si tu refuses!

MINNA : Et je ne refuserai pas. Et même, je le lui redemanderai. Et c'est la faute à Madame! Hou! hou! hou!

BALBINE *murmure :* Vous dis-je... vous dis-je...

> *Et s'écroule.*

ACTE DEUXIÈME

Le même décor, un autre matin.
Les guirlandes de feuillage ont disparu.
Par la fenêtre ouverte au fond, on voit apparaître Patricia. Elle inspecte la pièce : personne. Elle rentre alors, rose, animée, heureuse. Elle parle pour elle, à mi-voix, avec une nuance d'affectation.

PATRICIA : Nessuno! Grazie, Dio mio!... Ouf, j'ai couru! Nul ne m'a vue! Bien malin, bien malin qui nous surprendra! *(Penchée à la fenêtre, elle agite son mouchoir en signe d'adieu.)* Addio, amore fortunato! t'allontani tu ma non lasciarmi. Dis, n'est-elle pas une bonne cachette, notre étroite chambre de feuilles où le ciel seul met ses yeux bleus? Et toi les tiens, mon bien-aimé! *(Elle valse lentement par la chambre, les bras ouverts.)* Aldo mio; ton haleine est sur mes paupières et je rêve de ton pays natal. La tua voce mi commuove... comme si elle contenait une promesse qui ne sera tenue qu'au ciel. *(Elle exagère le jeu, se joue une comédie, déclame, gesticule :)* Aldo! per carità! ne m'embrasse plus! Je me dissous dans l'air léger, dans l'eau vive! Sono spirito della sorgente, spirito dell' aria! Je suis nymphe et je suis fée! Partout présente, tu me cherches et non mi trovi più. *(Elle se laisse glisser à terre sur les genoux.)* Oh! tendre traducteur, tenero traditore!

BALBINE *surgit :* C'est toi seule? J'ai cru entendre le mouvement d'une conversation! Que fais-tu là par terre?

PATRICIA, *que la surprise empêchait de répondre :* Vous étiez là?

BALBINE *regarde encore autour d'elle, très étonnée :* C'est vrai, tu es seule!...

Je suis contente de moi. J'ai déjà bien travaillé ce matin.

PATRICIA, *soudain dure :* C'est un reproche?

BALBINE, *étonnée, proteste :* Oh! non, Patricia, — pourquoi?

PATRICIA, *l'air têtu :* Je ris, je chante, je rêve, — je ne fais rien!

BALBINE, *charmante :* Je ne te juge pas, — d'autant moins que tu te juges toi-même. Moi, j'aime la besogne.

PATRICIA : Oui, vous avez raison.

Ayant dit cela nettement, elle monte aussitôt à sa chambre, tandis que Balbine s'éloigne, très gaie.

BALBINE : Aussi, j'irai de ce pas au lavoir, ensuite aux haricots, aux patates, aux confitures. Notre jeunesse, on la trouvera dans nos œuvres. *(Elle allait sortir, mais se ravise :)* Patricia!... une question... *(Patricia s'arrête à mi-hauteur de l'escalier.)* Où est Isabelle? *(Patricia troublée ne répond pas.)* Réponds-moi sans hésiter : j'ai l'horreur sacrée des concessions, des mensonges de velours.

Qu'est devenue Isabelle? Tu rougis? Vous étiez liées depuis l'enfance, elle ne quittait guère cette maison : elle en est sortie du jour où j'y suis entrée.

PATRICIA, *vivement* : Non, non, — vous vous trompez!

BALBINE : Je suis d'intention trop pure pour mériter le dédain de cette jeune personne, de caractère trop fier pour mendier son estime. Mais je n'accepte pas que ma présence ici te prive d'une amitié rare et je courrai le risque d'un entretien avec Isabelle.

PATRICIA, *inquiète* : Vous n'êtes pas en cause, Balbine, je le jure.

BALBINE : Vraiment? Tant mieux, tant mieux, j'en suis heureuse! Je la verrai donc encore plus volontiers.

PATRICIA, *avec effort* : Nous sommes brouillées!

BALBINE : Querelles de gamines!... Je vous réconcilierai aujourd'hui même!

PATRICIA, *à mi-voix* : Et je refuse!

BALBINE, *surprise* : Est-ce aussi grave? Peut-être n'approuves-tu pas sa conduite? A vrai dire son maintien m'avait un peu déplu, à moi aussi, et l'impudence qu'elle montrait à se vanter de ses amourettes. C'est cela? Oui... *(Patricia ne répond rien et monte à sa chambre, Balbine conclut :)* J'espère que tu exagères. Toi, tu es droite, sincère, sensible... Je l'inviterai tout à l'heure.

PATRICIA, *devant sa porte* : Je vous en supplie...

BALBINE : Fie-toi à moi.

Il n'y a rien à répondre. Patricia demeure là-haut, arrêtée devant la porte de sa chambre. Balbine est à son tour arrêtée par le spectacle qu'elle aperçoit au-dehors. Elle pousse un petit cri : Oh! *et Gabriel paraît, la tête enveloppée de bandages, un œil meurtri, le visage balafré d'emplâtres.*

Balbine va-t-elle s'évanouir? Non. Gabriel se précipite, la reçoit en ses bras.

GABRIEL, *affolé :* Madame, — ne vous évanouissez pas, s'il vous plaît! — tout va bien...

BALBINE *le regarde au visage :* Oh!

GABRIEL : Oui, tout va bien! J'ai consenti à me laisser emmailloter la tête seulement par coquetterie...

BALBINE : Oh!

GABRIEL : Mon chapeau était devenu trop étroit pour cacher ces grosses bêtes de bosses qu'on m'a faites!

BALBINE, *dans un souffle :* Qui?

GABRIEL *rit :* Vos fermiers!

BALBINE : Oh!

GABRIEL, *vivement, plus inquiet encore :* Mais c'est tant mieux! — Vous vous sentez mal? Où souffrez-vous? Ne vous évanouissez pas, je vous prie! — Vos fermiers sont fous! L'un refuse de déguerpir à fin de bail, l'autre se révolte contre une augmentation de loyer. Il faut que colère se passe. Ils ont frappé : tout va bien, — ils se sont mis dans leur tort!...

Il rit, Balbine le regarde encore, puis tourne la tête.

BALBINE : Oh!

GABRIEL : Ces marques au visage? Bah!... quelques traces de horions, de petits horions anodins, de horions sans avenir! Leurs coups ne m'ont pas tué — au contraire! je me suis trouvé tout gaillard, après, lucide, énergique. Et l'assurance paiera les soins.

Il rit.

BALBINE : Ah?

GABRIEL : Oui! Les polices d'assurances sont là, dans ma serviette, datées d'hier. Il n'y manque qu'une signature.

BALBINE, *à mi-voix* : Elles sont là? Toutes?
GABRIEL : De tête sur tête, simples, croisées, reversibles...
BALBINE : Contre le feu, l'eau?
GABRIEL : ... le ciel, le vent, le froid, le chaud...
BALBINE : ... le vol, la maladie?
GABRIEL : ... Gens, bêtes et plantes!...
BALBINE : ... Les accidents?...
GABRIEL : ... Les coups!
BALBINE : ... La guerre?...
GABRIEL : ... Les épidémies!...
BALBINE : ... Le crime?...
GABRIEL : ... Le suicide!...
BALBINE *s'est reprise peu à peu* : ... La folie? Qu'au moins le dernier survivant ne soit pas en mal! Tout est prévu?
GABRIEL : Oui!
BALBINE : La sécurité nous est garantie? *(Elle se dégage de ses bras.)* Merci, — mon cœur va mieux.
GABRIEL, *soulagé* : Merci à vous!

> *Déjà rassérénée, Balbine s'empare de la serviette que Gabriel avait jetée sur la table, au passage, et l'emporte.*

BALBINE : Mon mari les signera sur l'heure. *(Elle se dirige vers la chambre d'Olivier. Au seuil, se retournant, elle se trouve nez à nez avec Gabriel qui l'accompagnait. Elle pousse encore son petit cri de protestation :)* Oh!...
GABRIEL : Ce bleu sur l'œil? Ah! c'est que l'œil est trop susceptible aussi! Il a pris l'habitude de ne recevoir le choc des choses que de loin, de tout l'éloignement du regard, — c'est facile!
BALBINE : Oh!...

> *Elle sort, Gabriel est seul. Patricia qui est demeurée là-haut, l'appelle à voix basse.*

PATRICIA : Monsieur!...

Il se retourne, aperçoit Patricia. Il a le même petit cri que Balbine. Dialogue très rapide.

GABRIEL, *étourdi* : Ah!...
PATRICIA : Je suis malheureuse!...
GABRIEL : Ah!...
PATRICIA : Voulez-vous me secourir?
GABRIEL : Ah!...
PATRICIA : Je suis affolée, perdue! Mon salut dépend de vous!
GABRIEL : Ah!...
PATRICIA : Aidez-moi!... Vous refusez?
GABRIEL *s'exalte soudain* : Ah! — combien de fois faut-il dire oui, pour dépasser le nombre?... C'est dit!
PATRICIA, *vivement* : Chut! parlons bas!... Pensons au cœur de Balbine!
GABRIEL : Les épreuves! — Je les appelle!...
PATRICIA : Pouvez-vous siffler?
GABRIEL, *fou de joie* : Je puis courir comme un lièvre, capter au vol le martin-pêcheur, vaincre la truite à la nage et l'écureuil à l'escalade! Je puis sauter du haut de la tour, prendre ma revanche sur les fermiers...
PATRICIA *l'arrête* : Siffler! Siffler! Siffler! Pouvez-vous siffler?
GABRIEL : Pas devant vous, mais je puis.
PATRICIA : « Joli tambour? »
GABRIEL : « J'ai trois vaisseaux dessus la mer... » Oui, je sais l'air aussi.
PATRICIA : Connaissez-vous Isabelle?
GABRIEL : Je veux connaître toutes les Isabelles!
PATRICIA, *tristement* : Elle était mon amie...
GABRIEL : Une jeune fille qui semble tirer une

révérence lorsqu'elle rit et ensuite se ronge les ongles?

PATRICIA : Allez chez elle, — s'il vous plaît! *(Il fait mine de partir. Patricia le retient de la voix.)* Elle habite sur le mail. Mais vous suivrez, du fond de la place, le chemin détourné qui mène aux jardins. La maison d'Isabelle est rouge avec des volets noirs. Vous sifflerez « joli tambour » autant qu'il faudra, — c'est le signal. Croyant rencontrer son ami Horace, elle vous rejoindra de l'autre côté de la haie. *(Il veut partir, elle le rappelle.)* Que lui direz-vous?

Dites-lui que je suis en grand danger, qu'elle accoure! Surtout, qu'elle ne parle à personne avant de m'avoir entendue. Je la guette à ma fenêtre. Dites-lui...

Elle se rejette brusquement en arrière pour n'être pas vue de Balbine qui rentre de gauche.

BALBINE : Ces assurances que nous avons prises me permettront de respirer d'un souffle égal, de vivre enfin sans craindre toujours. *(Elle va à la porte de droite, appelle :)* Xantus! Minna! *(Et revient.)* Mais elles sont un lourd impôt. Mon ami, il nous faut acquérir l'enclave, coûte que coûte. *(Elle appelle encore :)* Xantus! Minna!

GABRIEL : J'ai vu le notaire : il est las d'intercéder en vain. La Faille ne veut traiter qu'avec vous.

BALBINE, *un grand cri de révolte :* Je ne la recevrai pas!!!

GABRIEL : Elle se présentera à midi.

BALBINE, *toujours sur un ton aigu :* Dehors! Dehors!

GABRIEL : Elle prétend...

BALBINE *arpente la pièce, agitée, hors d'elle :* Rien!

GABRIEL : ... Qu'elle vous apporte...
BALBINE : Jamais!
GABRIEL : ...une nouvelle...
BALBINE, *les mains aux oreilles :* Je n'entends pas!
GABRIEL : ...de toute importance!
BALBINE, *suffoquée :* Oh! oh! oh!... D'elle à moi... oh! oh! oh! *(Et brusquement, elle s'arrête, comme fichée toute droite en terre. Immobilité. Elle réfléchit. Enfin sur le ton le plus naturel :)* Oui, je la recevrai. *(Elle va sortir, à gauche.)* Que Xantus et Minna me suivent; je vais à la rivière, je m'habillerai ensuite. Les lavandières me rendraient des draps en toile d'araignée. Elles battent le linge comme pour le punir! *(Elle sort, on entend sa voix au-dehors :)* Et je graisserai moi-même les charnières, Xantus tacherait la tapisserie...

Un temps. Patricia, là-haut s'approche de la rampe et, penchée, reprend la conversation.

PATRICIA : Dites à Isabelle que je ne lui demande pas sa tendresse...
GABRIEL, *avec force :* Non!
PATRICIA : Ni son amitié...
GABRIEL : Non!
PATRICIA : ... Seulement un sacrifice au souvenir de nos belles années.

Elle est bien près de pleurer.

GABRIEL : Non et non! je ne lui dirai pas cela!
PATRICIA : Pourquoi?
GABRIEL : Mais : « Patricia vous enjoint de venir! » ou « Patricia a la grâce incomparable de vous attendre! »
PATRICIA, *désespérée :* Elle ne viendra pas!
GABRIEL : Je la traînerai!
PATRICIA : C'est mes paroles mêmes qu'il faut

lui rapporter. *(Gabriel proteste d'un hochement de tête.)* Vous ne voulez donc plus m'aider?

GABRIEL, *furieux :* Soit! Je lui redirai fidèlement vos paroles, mais je ne les lui pardonnerai jamais!

PATRICIA *descend de trois marches :* Je vous affirme qu'elle ne viendrait pas autrement. Écoutez! *(Gabriel monte trois marches vers elle. Elle est honteuse et baisse encore la voix.)* Votre dévouement exige ma confiance entière. Isabelle ne veut plus me connaître. Ce sont ses mots d'adieu : « Je ne veux plus te connaître. Sais-tu ce que tu es... » *(plus bas encore :)* Je lui avais avoué... que... que j'aime Aldo. — Aldo, oui, un Italien... — Elle sait que je l'aime... trop! Elle me méprise. *(Gabriel, appuyé à la rampe et de dos, reçoit cela immobile. Patricia remonte.)* Voilà! Je me suis confessée à vous, ne m'abandonnez pas! Balbine désire l'interroger : elle lui dépêchera une servante, — je la retiendrai. Mais allez vite!... Si vous n'empêchez pas cette entrevue, je n'ai plus qu'à disparaître! Isabelle lui livrera mon secret! Merci. *(Elle va rentrer dans sa chambre. Elle jette encore :)* Ma reconnaissance vous suit — non! — vous précède! Vous êtes mon ami.

> *Elle disparaît. Gabriel est seul, il demeure à la même place. Long silence. Puis il fait demi-tour sur la marche de l'escalier. Enfin, il se met à siffler doucement et sur un rythme ralenti la première phrase de « Joli tambour revenant de la guerre ».*

GABRIEL *sourit amèrement et murmure :* Une reconnaissance qui précède, c'est une reconnaissance armée! Ma pauvre mère! pourquoi ne suis-je pas beau? *(Il siffle la deuxième phrase. Silence.)* J'appelais les épreuves, pas celle-ci! Désormais la douleur m'accompagnera comme une personne vivante!...

   Xantus, suivi de Minna, entre de droite.

XANTUS, *innocent* : Qui m'appelle?

GABRIEL, *exalté, saute les trois marches* : Moi!!! Comme la vapeur, la souffrance doit trouver une issue ou faire éclater son enveloppe. J'ai sifflé, c'est insuffisant! Écoute-moi. Ne serait-il pas vrai que la soudaineté soit la marque de l'amour, du génie, de la foi? La révélation? J'ai cru que l'amour parfait, c'est les enfants qui choisissent leurs parents. Me suis-je trompé? N'est-ce point la preuve exquise de Dieu?

XANTUS, *balbutie, ahuri* :

 « Chaque soir, tu te coucheras
 A la même heure exactement... »

GABRIEL, *emporté, marche de droite à gauche* : Dormir, dis-tu? En effet, dans le sommeil la peine me quitterait peut-être et même rêverais-je d'un bonheur surhumain! Mais au réveil? Au réveil le chagrin me frappera avec la fulgurance d'un coup porté par-derrière. Puisque le mal n'est pas dans la chair indemne ni dans l'esprit oublieux et qu'il peut pourtant les détruire, où est le lieu de la douleur qui épargne l'homme endormi?

XANTUS, *à mi-voix* :

 « Les chaussures tu brosseras
 Ainsi que les vêtements. »

 Gabriel le regarde avec étonnement, tourne le dos et s'enfuit. Xantus rit et s'adresse à Minna.

Tremblement de tremblement! y en a-t-il des

ACTE DEUXIÈME

pensées cachées dans les commandements de Madame.

MINNA *reprend très vivement une conversation interrompue :* Non, je ne suis pas une voleuse, moi! Et je voulais que notre maîtresse, qui est économe, soit contente de Minna, et qu'elle dise : « Minna est capable de faire du bon café avec deux fois dix grains et le vieux marc... »

XANTUS *rit :* « ... Et Xantus est capable de cirer les pieds de toute la maison avec du cirage pas plus épais qu'un fil... »

MINNA : « ... Et Minna tire trois grands gâteaux d'une once de farine et d'une pincée de sucre!... »

XANTUS «... Et sans user de sable ni de savon noir, Xantus rend le pavement aussi propre que le cul d'un riche... »

MINNA *a un rire explosif :* Hou! Hou! Hou! Hou! Hou!...

XANTUS, *sincèrement étonné :* Quoi?

MINNA : Madame ne dirait pas ça!

XANTUS *ne comprend pas :* Quoi, ça?

MINNA *continue :* Et parce que je ne suis pas sorcière, moi, j'ai pris en cachette sur la réserve...

XANTUS, *approuvant de la tête :* ... du sable, du savon, du cirage...

MINNA : ... du sucre, du café, des farines, du beurre, de la corde, des cristaux. Et maintenant j'en ai une grande provision dans un coin de la cave. Mais notre maîtresse a un œil de souris : qu'elle la découvre, elle me chassera. Et Léona, la fille de l'épicière va venir dans un moment avec sa hotte et sa brouette et je lui passerai la marchandise par le soupirail. Et elle la paiera moitié prix. Et j'y retrouverai les retenues sur mes gages et toi les tiennes. Et j'enverrai de l'argent à ma mère et ma mère ne dira pas « Minna aura des enfants ingrats ».

Elle pleure soudain dans un coin de son tablier.

Et je ne suis pas une voleuse et j'ai volé pour faire plaisir à Madame! Et je ne suis pas une coureuse et j'ai fauté!

XANTUS *réfléchit* : Et j'ai menti et j'ai volé et j'ai bu l'argent du bois! Chaque nuit je suis rentré saoul. Et je deviens intelligent.

MINNA, *étonnée* : Ah?

XANTUS, *une ride profonde entre les yeux* : Oui, je réfléchis, moi! Et la mémoire me vient, petit à petit; je n'oublie pas mes mensonges. Et la prudence me vient... oui.

Il rit.

MINNA : Quand Léona sera là, tu surveilleras Madame. Si elle s'en va du côté de la cave, par dedans ou par dehors, tu m'avertis!

XANTUS : Et si elle me prend avec elle?

MINNA, *avec admiration* : C'est vrai, tu deviens malin!... — Tu crieras un grand coup : Hé! *(Imitation :)* « Xantus, vous êtes stupide, vous m'avez fait sursauter? » Et tu répondras : « J'ai vu passer un écureuil! »

Viens vite!

Elle se dirige rapidement vers la porte de sortie.

XANTUS : Attends!... *(Il est planté au milieu de la pièce, enfle ses poumons et hurle :)* Hohé!... Hohé!... Madame!... Madame!... Hohé!... Encore un chien de crevé! Hohé! Sa charogne s'étale au beau milieu d'un sentier!... Hohé!... On lui a servi une boulette de poison! Hohé! Hohé Madame!

ACTE DEUXIÈME

Patricia est sortie de sa chambre, Olivier de la sienne, en robe de chambre.

OLIVIER, *furieux, à mi-voix* : Taisez-vous! Quoi! Quel vacarme!... Êtes-vous ivre ou fou? Quoi? Quoi? Qu'y a-t-il? Pensez au cœur de Madame!

XANTUS, *souriant tout naturellement* : Il y a encore un chien de crevé.

OLIVIER : Pourquoi ces vociférations? Criez-vous à dessein de rendre votre maîtresse malade?

XANTUS, *toujours souriant* : Aucun danger : Madame est à la rivière, avec les blanchisseuses.

OLIVIER, *stupéfait* : C'est trop fort!... Alors, à quoi vous sert de hurler ainsi? Vous vous moquez de nous!...

XANTUS, *crache à terre et du pied trace une croix* : Oh! Monsieur, je le jure! Madame veut tout savoir, il faut tout lui rapporter, même les mauvaises nouvelles qui lui font mal au cœur, même quand on les parle tout bas. Moi, j'ai crié tant que j'ai pu et Madame n'a pas entendu et je suis soulagé et j'ai la conscience tranquille.

A présent, je vais enterrer la bête.

Il sort, poussant devant lui Minna pétrifiée. Olivier, indigné, s'adresse à Patricia qui descend.

OLIVIER : Aveugle et sourd, voilà ce que j'étais!... Une dupe, voilà ce que j'étais! Tu crois, toi, que Xantus a changé de caractère? Non : de manières seulement. Sa stupidité était feinte! Il se révèle enfin, fourbe, facétieux et méprisant! Balbine m'avait averti; elle voit tout, devine tout. Je disais: « Ce sont de bonnes gens que nos gens... » Oui? Leur interdit-on le parc, ils empoisonnent nos chiens! Ah! Balbine! ta grande lumière donne à chacun son ombre bien dessinée. *(Patricia est près de lui.)* Bonjour, Patricia, ma petite fille... Embrasse-moi.

PATRICIA *l'embrasse, puis :* Comment vas-tu, mon papa?

OLIVIER : Bien, très bien! — n'est-ce pas? Sinon que mon cœur est toujours un peu boiteux. Je l'écoute, il toque, une, une, deux, — deux, deux, trois, — trois, trois, quatre... Mais je vais bien. Sans doute est-ce cette irrégularité du pouls qui me donne des migraines. Le sang me bat si fort aux tempes que les veines en deviennent parfois prodigieusement gonflées. Là, regarde : la signature du cœur... vois-tu?

PATRICIA *a regardé :* Non!

OLIVIER, *surpris :* Non?... Ah!... — Il y a des répits, c'est vrai... — Mais je vais très bien. Le foie, oui, le foie est encore légèrement lourd... *(Sic.)*

Patricia rit soudain d'un rire aigu et bref.

Quoi?

PATRICIA : Rien...

OLIVIER *continue :* ... Il siphonne aussi : « Tchii-Tchii... » A moins que ce ne soit la vésicule. J'ai l'œil jaune et strié?...

PATRICIA, *après avoir regardé :* Non.

OLIVIER : Mais je vais très bien! Embrasse-moi.

Patricia l'embrasse.

Sais-tu ce qui m'ennuie davantage? — A mon âge, pourtant!... Je serai bientôt chauve.

PATRICIA *rit, très amusée :* Toi?

OLIVIER, *lui faisant examiner sa chevelure :* Oui, oui... — cœur, foie, rein, vessie, rate, intestin — ... je perds mes cheveux.

PATRICIA, *après avoir regardé :* Où?

OLIVIER : Tu ne les comptes pas, toi!... Mais je vais bien, n'est-ce pas?

Le phénomène, c'est l'instabilité de mon poids. Entre matin et soir, j'obtiens une quarantaine d'écarts de plus de cent grammes chaque.

PATRICIA, *ahurie* : Une quarantaine?

OLIVIER : Certes! — Dans l'ensemble je ne maigris pas, mais après un si grand nombre de va-et-vient, qu'il faut que le corps soit un drôle d'accordéon! Mais je vais bien! Quant à ma température, elle rappelle, pour la rapidité de ses sautes, le vol vertical des éphémères. Par exemple, à dix heures, je compte au thermomètre : 36,9, dix heures dix : 37, 2, à dix heures vingt : 36, 4, à dix heures et demie, 37 net...

PATRICIA *murmure :* A onze heures moins vingt?...

OLIVIER : 37,8! A midi, 37, après le déjeuner, 37, au café, 36,5, avant la sieste, 36, après 35,9, à trois heures, 36,4, à trois heures dix... Passons.

PATRICIA, *écrasée* : Et voilà, mon cher papa, l'usage que tu fais des journées! Quand tu ne te pèses pas, tu te scrutes?...

OLIVIER : Il faut, hélas, que folle jeunesse se paie! Je me soigne. Mais je vais très bien, n'est-ce pas?

Et puis, je pense à la claire Balbine, et je suis heureux. Je ne la vois guère, tu le sais. La charge d'une grande maison l'accablerait si elle n'était pas une force unie, égale, persistante. Sa présence est partout requise. Le soir, elle se retire tôt en sa chambre, lasse d'une saine lassitude. Oui, je suis heureux! Lorsqu'on vit sans cesse côte à côte, la figure s'efface derrière un fouillis de gestes et l'âme à travers le ramage des mots. Balbine absente, j'épuise le loisir que j'ai d'évoquer sa chère image et de la parfaire en moi. Ne suis-je pas heureux?

PATRICIA : Oh! oui, papa!...

OLIVIER : Embrasse-moi... *(Elle l'embrasse.)* Avant de connaître Balbine, j'ai vécu comme un fou furieux.

PATRICIA : Ah?...

OLIVIER : Souviens-toi : j'étais gai au lever, gai aux repas, gai au coucher, gai d'un bout de l'année à l'autre. Et de quelle gaieté? Bruyante, rude, débridée. A mon âge, ce n'était pas naturel. Dis? Et sais-je moi-même quels soucis cachait cette gaieté barbare?

Et n'était-ce pas une maladie de mouvement ce besoin constant de marcher, de courir, de sauter les haies comme un cheval de course, de plonger comme un rat dans les eaux glacées, d'aller au soleil le front nu. J'étais infatigable, rappelle-toi. Non, ce n'était pas normal! Certainement cette énergie indomptable dissimulait une faiblesse ignorée, cette joie avide une lointaine et secrète tristesse.

PATRICIA, *gentille* : Et maintenant, lorsque je te vois traîner la savate, c'est que tu galopes en dedans?

OLIVIER *affirme avec force, convaincu* : Oui!

PATRICIA : Et quand tu as ce pli profond entre les sourcils, c'est que tu es hilare à l'intérieur.

OLIVIER : Voilà! Avec mon goût du risque et sans Balbine, je serais mort subitement!

PATRICIA : De rire?

Et elle part d'un rire aigu qu'elle ne peut maîtriser.

OLIVIER, *surpris* : Pourquoi ris-tu, toi?

PATRICIA *tend vers lui son visage joyeux* : Moi?... Je pleure!

Elle se moque si effrontément qu'elle désire aussitôt se faire pardonner. Elle vole à son

*père et l'embrasse. Ils demeurent aux bras
l'un de l'autre, surpris par un chœur à deux
voix qui s'élève et approche rapidement.*

Voix de XANTUS *et de* MINNA *en stricte et nette
mesure :*

« Chaque soir tu te coucheras
A la même heure exactement... »

*Rentre Balbine. Les manches retroussées,
ceinte d'un large tablier, elle a l'air d'une
accorte blanchisseuse. Est-ce du linge en
paquet, qu'elle porte devant elle et dépose sur
la grande table ? Des housses et des tapis
courants de toile blanche.*

*Elle se repose un peu, mains aux hanches,
droite et souriant à Olivier et à Patricia de
tout le contentement que lui donne la psalmodie
de Xantus et de Minna. Ceux-ci, raides et
côte à côte à la porte d'entrée, la tête rejetée
en arrière, la bouche au large, font un couple
d'anges chanteurs.*

XANTUS et MINNA :

« Sur le côté droit t'étendras
Pour éviter le ronflement. »
« Avant de dormir compteras
Tes fautes bien sincèrement. »

Balbine fait un signe pour les arrêter.
Suffit!

*Elle ira chercher une à une les housses dont
elle habillera les chaises, une à une les toiles
dont elle couvrira le sol, dérangeant sans cesse
Olivier et Patricia. Tout cela très vite, joyeusement.*

Si vous voyiez ce linge frais suspendu sur la prairie : toutes voiles dehors, une flottille appareille. Le vent qui gonfle les camisoles, les chemises et les culottes lui improvise un comique équipage! *(Olivier sourit et veut l'embrasser. Elle se dérobe.)* Fi, mon ami! daigneriez-vous embrasser votre servante. *(Xantus donne un coup de coude à Minna.)* Je fleure le savon noir et les plantes d'eau. A midi, vous m'admirerez dans tous mes atours.

OLIVIER, *sans acrimonie* : Alors tu répondras : « Vous me décoiffez, Monsieur!... Vous chiffonnez ma plus belle robe. »
Balbine, pour rompre, fait un signe aux domestiques.
XANTUS et MINNA :

« Tes rêves tu les oublieras
Comme jeu de l'esprit dément...
Ainsi faisant ne garderas
Joie ou peine sans fondement. »

Balbine approuve de la tête, ravie. Puis écartant Olivier d'un fauteuil qu'elle va recouvrir :

BALBINE : Permettez-moi. *(Il va s'asseoir ailleurs.)* C'est qu'il faut faire tout soi-même. *(Désignant Xantus et Minna.)* Ceux-ci sont bons à retenir mes maximes, mais non à les pratiquer.
XANTUS et MINNA :

« Ta toilette tu la feras
En hâte et sommairement. »

BALBINE : A mon geste, tout va, tout s'enchaîne, tout progresse. Comment viviez-vous? J'ai l'impression d'entreprendre des fouilles dans votre domaine et d'amener au jour une maison ensevelie depuis des siècles. *(Il s'agit d'ensevelir sous la housse le fauteuil dans lequel Olivier repose.)* Pardon, je vous prie... Il y a quelques semaines, il n'y avait ici ni horloge, ni calendrier...

PATRICIA, *naïvement, proteste :* Oh! si!...

BALBINE, *indulgente :* Je veux dire... *(Elle s'interrompt. Olivier s'est assis dans un fauteuil recouvert. Tendre reproche.)* Oh! non. Vous froissez l'étoffe de cette housse, — à peine est-elle repassée!... Elle sent encore le fer chaud! Asseyez-vous là. *(Un autre siège d'où elle le tirera bientôt.)* Je veux dire que les aiguilles de l'horloge ne tournaient pas dans le temps, mais seulement sur le cadran, sans même l'utilité des girouettes. — Tu permets, Patricia? — La pluie ou le soleil n'avaient d'autre influence que de changer l'humeur des gens. C'est un résultat dérisoire pour qui sait le métier du ciel. *(Elle rit.)* Non?

OLIVIER : Si!

BALBINE, *qui étend un couvre-tapis courant :* Ne marchez pas tout de suite sur mes toiles propres! *(Patricia refoulée peu à peu vers le fond, monte l'escalier à reculons, marche par marche, lentement. Olivier finira par aller s'asseoir sur la table, d'où il sera bientôt délogé. La table va être, en effet, tendue d'une nappe longue et large.)* J'ai remis en honneur les saisons et les heures. Selon leur battement tout est calculé, prévu, organisé. Vienne le malheur, sa violence ne s'augmentera ni de notre surprise, ni de notre panique. J'ai fait la part du feu, — la petite part. Excusez-moi. Merci. — Mais que la bonne chance nous visite, je saurai l'apprivoiser. Elle est volontiers casanière où la maison est bien tenue. J'attends l'avenir avec tranquillité : je le reconnaîtrai. — Un moment, s'il vous plaît! — Quant aux êtres, je les rendrai heureux bon gré, mal gré!... La liberté est une chimère dévorante.

MINNA, *soudain, comme sortant d'un rêve :*

« Un bain complet ne prendras
Rien qu'hebdomadairement. »

BALBINE *approuve et lance à Olivier, à mi-voix :* J'ai mes raisons!

Minna bâille longuement, tandis que Xantus poursuit.

XANTUS :

« Dimanche te reposeras
D'âme et de chatouillements. »

BALBINE *bondit, ahurie, indignée :* Quoi?
MINNA *éclate de rire :* Hou! Hou! Hou! Hou! Hou! Hou!
BALBINE, *à Xantus qui semble ne pas comprendre :* Vous vous moquez de moi?
XANTUS *proteste, crache à terre et, du pied, trace une croix :* Oh! Madame, je le jure!

Profitant de l'émotion générale, Patricia disparaît, à l'étage. Balbine pousse une plainte aiguë et chancelle.

BALBINE : Et il crache!!! Sur mes toiles!!!

Elle est soutenue aussitôt par Olivier.

MINNA, *que le rire étouffe :* Hou! Hou! Hou!... — Hou! Hou! Hou!

Olivier aide Balbine à s'asseoir dans un fauteuil, mais au moment où elle va toucher le siège, elle rebondit comme un ressort.

ACTE DEUXIÈME

BALBINE : Ma housse!
MINNA : ... Dimanche te... Hou! Hou! Hou!... Dimanche te...

> *Olivier a amené Balbine vers un autre fauteuil. Même jeu. Au moment de s'asseoir, elle se relève brusquement.*

BALBINE : Ma housse neuve, vous dis-je. *(Elle demeure debout, étayée par Olivier. Sur le souffle, à Minna :)* Ne riez plus, fille stupide!
MINNA : ...te reposeras... Hou! Hou!... Hou!... d'âme... Hou!...
BALBINE : Deux francs d'amende, Xantus! — A vous aussi Minna!
MINNA : ...et de... Hou! Hou! Et de... chatouillements!

> *Son rire redouble.*

BALBINE : Quatre francs!
MINNA *tombe à genoux :* ...chatouillements... Hou!...
BALBINE : Six!
MINNA : ... Chatouillements... C'est la faute à Xantus... Hou!
BALBINE : Huit! Dix! Douze! Quinze!

> *La crise de rire finit dans les larmes.*

MINNA *sanglote :* La faute à... Madame!... La faute...
BALBINE : Vingt!

> *Silence. Balbine soupire, déjà calmée. La porte de droite s'ouvre et Constant paraît, pressé, jovial.*

CONSTANT : Bonjour, bonjour, je ne fais que traverser la maison de part en part. Xantus, vite, sifflez les chiens et lancez-les vers la grille, du côté de Villancart.

XANTUS : Siffler les chiens?

CONSTANT : Oui, oui, les maigres, les plus hargneux! *(Il prend Minna sous les bras, la relève.)* Et vous, excitez-les de la voix : les femmes s'y entendent! *(Tandis qu'il la pousse dehors :)* Vivement! — Je suis poursuivi par une horde de furies qui menace d'envahir le parc.

OLIVIER : Quelle histoire, encore?

CONSTANT, *fermant la porte :* Ouste! Une histoire, oui...

On entend le sifflet strident de Xantus. Constant rit.

CONSTANT *prend les mains de Balbine et la conduit à reculons vers un fauteuil :* Chère belle Madame, chère Madame sœur, asseyez-vous là. *(Elle résisterait, à cause de la housse, mais l'autorité tranquille de Constant est maîtresse. Un regard désolé vers le siège et la voilà assise.)* Si, si, j'y tiens! *(A Olivier, lui désignant un autre fauteuil :)* Et toi, là. *(Il n'est que d'obéir. Lui, Constant, demeure debout, jambes écartées. Il commence :)* Balbine, je vous remercie solennellement...

BALBINE, *aussitôt, le visage émerveillé :* Ah? Oui?...

CONSTANT : ... Pour cette agréable surprise.

BALBINE : Enfin!

CONSTANT : Vous ne pouviez trouver mieux, avec plus d'opportunité.

BALBINE *se lève, débordante de joie :* N'est-ce pas?... Et c'est moi qui vous dis merci! Je suis tellement heureuse que je vous embrasserais!... Mais...

Elle montre sa robe.

CONSTANT : Restez assise!

BALBINE *se rassied et s'anime, à Olivier :* Je ne

vous ai rien raconté puisque c'était une surprise. J'avais appris que votre frère, que voici, avait eu, avec une jeune fille du pays...

Elle hésite.

CONSTANT : ...une liaison!

BALBINE, *charmante indignation* : ...un lien, Monsieur! Un lien impossible à dénouer!... *(A Olivier :)* Jugez de ma honte et de ma douleur : une tache sur notre famille! Bref, malgré ma répugnance, j'ai visité cette...

Elle hésite.

CONSTANT, *toulours gaillardement* : ... Cette jeune fille un peu entamée.

BALBINE *proteste* : Oh! non — et ne dites pas de mal d'elle, — surtout maintenant! *(Elle continue :)* J'ai visité cette personne...

CONSTANT, *à Olivier* : Rose.

BALBINE : Oui, Rose... Et, chose singulière, je l'ai découverte timide, — oui! — et modeste — oui, oui! — respectueusement penchée sur une petite créature. Je suis obligée de reconnaître que le bambin est sain, espiègle... *(Elle est gênée, un peu.)* Il vous ressemble... Oh! si, oh! si...

Ainsi rassurée, sûre de la contrition de la mère, de son dévouement au petit garçon, je lui ai promis que nous l'épouserions. A l'insu de tous, j'ai rassemblé les papiers d'état civil, ceux de Constant et les siens : j'ai arrêté le jour de la cérémonie! *(Elle est très fière.)* Il ne manquait que la signature de Constant, il me l'apporte! Voilà!

CONSTANT, *se frottant les mains* : Voilà, — et je refuse!

BALBINE, *se dresse, pâle* : Quoi?

CONSTANT : Ma signature, — le « oui » final. *(Il l'aide à se rasseoir.)* Restez assise... Je n'ai pas fini. *(Il tire un flacon de son gousset.)* Voici un flacon de sels; si le cœur vous faut, reposez-vous et respirez. *(Comme elle ne le prend pas, il le dépose sur le fauteuil auprès d'elle.)* Premièrement, la jeune fille, Rose, n'est épousable que de la taille aux genoux! Respirez! C'est assez pour un passager, trop peu pour un « usager ».

OLIVIER : Prends garde au cœur de Balbine!

CONSTANT *rit, du reste aimablement* : Je l'endurcis. Fie-toi à moi, à mes diplômes. Et puis laisse-nous. Si, si, laisse-nous. *(Il pousse Olivier dehors.)* Me marier? Vraiment, — ai-je l'air d'un demi-couple?... *(A Balbine :)* Nulle plus que vous ne croit qu'on se marie pour faire des enfants? L'enfant est fait, la cérémonie nuptiale est caduque! Le consentement des scribes vient trop tard!

Autre chose : je déteste le mariage. *(Balbine vacille.)* Respirez!

Elle respire.

BALBINE *reprend force aussitôt* : Je sors d'ici!...

CONSTANT : Lorsque j'escalade le lit d'une belle garce, il me déplaît de penser... *(Balbine retombe dans son fauteuil)* ...que l'œil du maire serait au trou de la serrure et les yeux des parents, des témoins, des amis à toutes les fentes des portes! *(Balbine a respiré le flacon, elle se relève.)* Manière de parler. L'amour qu'on fait... *(elle retombe)* ...ne défend bien sa fraîcheur, sa simplicité animales, — j'allais dire : divines!

BALBINE *gémit doucement* : Oh!...

CONSTANT *s'amuse de l'épouvante grandissante de Balbine* : ...que dans le secret, le soudain et le fortuit. N'est-ce point pour se cacher des curieux que le couple légitime, sur le registre couché, se livre aux pires dépravations? Oui! Il s'agit de crever l'œil regardeur du maire et de ses adjoints... Non d'une épingle à chapeau, — mais d'un défi à l'imagination! *(Il rit.)* Verraient-ils, désormais, ils n'en croiraient pas leurs yeux!... On a chassé cette bonne vieille grosse bête-à-deux-dos et on laisse entrer dans la chambre aux fleurs d'oranger le monstre de la lubricité : hybride, protéiforme, hydre par-ci, pieuvre par-là, argus et caméléon, insaisissable et multiplié par soi-même!... Admirez ça sur les draps. *(Balbine regarde Constant avec une terreur fixe, mais ne réalise pas. Il vient près d'elle et lui dit gentiment :)* Je ne me marie pas!

A-t-il voulu toucher son bras? Elle s'est violemment reculée.

BALBINE : Mais si!... Mais si!...

CONSTANT *rit :* Vous n'avez pas « vu » le monstre! Vous dites : et les enfants? Si je n'étais tellement adversaire de l'hyménée, — autant de celui des autres! — je ne courrais pas le risque d'encorbeller les ingénues : je séduirais l'épouse du voisin!

BALBINE : O — ô — oh!...

CONSTANT, *vite, pour la rassurer :* Mais non!... — Je tiens qu'un célibataire juré qui fait cocu un mari, il se donne un démenti, comme l'internationaliste qui se fait naturaliser suisse!...

Et puis, qui plante des cornes, en portera. Car, en fin de compte, et de proche en proche, c'est une seule et même paire qui sert à tout le monde : on se la passe!... *(Il rit, grassement.)* Au revoir!

BALBINE, *nez au flacon :* Vous y viendrez, — je le veux.

CONSTANT *revient tout près d'elle. Il parle sérieusement cette fois, avec rudesse :* Enfin! je ne le puis pas! Je n'ai pas un enfant : j'en ai douze! — et de douze femelles!

BALBINE, *presque suppliante :* Ce n'est pas vrai!...
CONSTANT, *rendu à sa jovialité :* Hélas, l'une des douze, vous ayant vue sortir de chez Rose, a éventé le complot, et, tout de suite, jeté l'alarme dans mon clan. Le beau silence plein de sagesse qui accordait mes femmes entre elles est mort soudain sous leurs cris! Épouser celle-ci, c'était répudier les autres!... Elles se sont battues comme plâtre, c'est-à-dire livides et de cheveux emmêlées! Celles qui ne sont pas à l'hôpital m'ont traqué, harcelé, lapidé, et pourchassé jusqu'ici! Bel ouvrage! *(Il ouvre la porte de gauche, hèle :)* Olivier, tu peux rentrer! *(Olivier rentre, Constant court à la porte du fond. Il se heurte à Xantus qui entre et lance vers Balbine des gestes affolés, parle des lèvres, sans donner de son. Constant lui demande :)* La voie est libre? *(Xantus fait signe : oui, et continue sa mimique. Constant avant de sortir, conclut :)* Je file : une malade m'attend...

Il sort, il est sorti.

BALDINE, *indignée, mais puisant au flacon sa force :* ...encore pour un accouchement! *(Puis elle voit Olivier immobile auprès d'elle.)* Rassurez-vous, mon ami, je ne vous juge pas responsable de la folie de Constant, — ni complice, sinon par le sang!... Quant à moi, je ne désespère pas de le réduire!

Xantus, flanqué de Minna, continue à gesticuler; mais désespérant de se faire comprendre, il appelle à voix basse.

XANTUS : Madame!... Madame!...
BALBINE, *un peu nerveuse :* Quoi?... Que voulez-vous? *(Xantus recommence à mimer, à remuer les lèvres.)* Parlerez-vous?

XANTUS, *à voix basse, presque sur le souffle* :
Une laveuse est tombée à la rivière... la Rosalie.

Se précipite vers Balbine, prêt à la soutenir.

BALBINE *n'a pas bronché, elle sourit* : Merci, mon ami. Ne craignez rien pour moi, — j'ai fait assurer tous les serviteurs. *(A Xantus:)* Et alors?... On ne l'a pas laissée tremper, la Rosalie?

XANTUS, *à voix basse* : On l'a transportée dans le hangar, — mouillée qu'elle était. Je me suis enfermé avec elle, parce que les autres se pressaient à l'entour, à lui soutirer l'air. Je l'ai toute déshabillée... — elle était froide, comme la margelle... Brr!... Je l'ai bouchonnée, pour attirer le sang à la peau.

Il finit nettement.

BALBINE : Ensuite?
XANTUS, *toujours très bas* : Ensuite? Elle veut qu'on se marie, nous deux.

Minna lui envoie un grand soufflet.

MINNA : Et voilà pour toi!
OLIVIER, *furieux* : C'en est assez! Je vous chasse! Qu'ils s'en aillent! Je vous chasse, entendez-vous?...
XANTUS et MINNA, *passifs* : Oui, Monsieur.
BALBINE, *charmante* : Non, mon ami, je les garde afin de les dégrossir. *(Sévère :)* Deux francs d'amende, Minna, que je retiendrai sur vos gages. Quant à vous, Xantus, après l'abominable trahison, et pour réparer l'outrage, c'est Minna que vous épouserez.
XANTUS, *à voix basse, mais il fait « non » de la tête* : S'il plaît à Madame.
MINNA, *à Xantus* : Et je te défends de t'enfer-

mer dans le hangar avec des noyées... Et embrasse-moi!

BALBINE, *vivement* : Les commandements!...

MINNA : Et ce soir, tu dormiras dans mon lit!

BALBINE, *fermant les yeux* : Les commandements!...

MINNA : Lorsqu'on a ôté l'honneur à une fille, on ne peut le lui rendre qu'en continuant.

BALBINE *crie, les mains aux oreilles* : Les commandements!...

MINNA et XANTUS, *ensemble* :

« Dimanche tu reposeras
D'âme et de corps mêmement. »
« Le déjeuner, prépareras
Sur un petit feu de sarments. »

A écouter ses maximes, Balbine retrouve sa sérénité.

BALBINE, *à Olivier* : Oui, mon ami, tout est assuré ici, les maîtres, les domestiques, les bêtes, la maison, la terre. J'ai l'effroi de penser que vous avez pu vivre ainsi aussi longtemps en homme de cavernes, entouré d'autant de dangers. Songez-y, lorsque Minna a dégringolé l'escalier de la cave, l'autre soir, elle aurait pu s'estropier. — Elle recommencera!

MINNA, *effrayée* : Non!

BALBINE : Sans ma prudence, vous en seriez comptable sa vie durant. Or, elle peut mourir tard!

MINNA, *fière* : Oh! oui, Madame!

XANTUS : Moi aussi, — excusez-moi... *(Il est plein d'admiration.)* Mais à présent, je puis donc me désosser le pied, me dévisser le genou, me

décarcasser le rein, me déboîter le crâne, — les maîtres n'auront rien à dépenser?
BALBINE : Rien.
XANTUS *jubile :* Je suis bien content!
BALBINE : L'assurance vous indemnisera.
MINNA, *effrayée :* Mais prions Dieu qu'il nous protège!
XANTUS, *méprisant :* Idiote!... ce n'est pas la peine, alors...

Arrêt net. Silence.

BALBINE, *surprise :* De quoi?
XANTUS, *soudain stupide :* De quoi?
BALBINE : Oui, — de quoi n'est-ce pas la peine? *(Elle est impatientée.)* Ah! ne prenez pas cet air-là de jet d'eau qui a peur de se mouiller les pieds!
XANTUS, *après effort, soupire :* J'ai oublié!... *(Balbine hausse les épaules. Il reprend, très vite :)* Mais les choses que je n'ai pas oubliées, j'ose maintenant les rapporter à voix haute à Madame. Et je dis à Madame que les fermiers sont devenus mauvais.
BALBINE : Je le sais.
XANTUS, *il rit :* Et les paysans ont recueilli tous les vers de leurs sillons, les gros et les petits, délicatement, comme si c'était de la perle. Et ils l'ont semée chez nous, tellement que notre terre grouille à l'ombre, pire qu'une charogne.
BALBINE *sourit à quelque lointaine pensée. Elle murmure un mot qu'on n'entend pas, probablement :* L'assurance...
XANTUS : Et là où le ver ne s'enrichit pas, ils ont manigancé un rassemblement de taupes.
BALBINE, *un peu plus haut :* L'assurance...
XANTUS : Et ils ont introduit dans nos plants la maladie de la patate. Et ils ont déclaré la guerre

aux sansonnets des troupeaux, et maintenant la mouche engraisse et la vermine tond les moutons. Et les poissons de rivière passent le ventre en l'air et raides comme des canifs : ils ont crevé sans dire pourquoi. Le cresson aussi. Et depuis que le parc est fermé...

Balbine a écouté tout cela sans cesser de sourire.

BALBINE *interrompt* : Et vous êtes content?
XANTUS, *épouvanté, proteste avec énergie et sincèrement* : Oh! Madame! je le jure!...
BALBINE *a un haut cri* : Ne crachez pas!!! *(Et elle lance, frémissante à la pensée d'une prochaine revanche :)* Et depuis qu'on ne braconne plus, le gibier foisonne, les nids sont partout et le domaine est un paradis terrestre! *(A Olivier :)* Vous pourrez chasser! *(A Xantus :)* Taisez-vous! *(A Olivier :)* Je ne désarme pas! L'assurance, l'assurance, l'assurance paiera! *(A Xantus, qui n'ouvre pas la bouche :)* Taisez-vous! — Commandements!
XANTUS, *à mi-voix* :

« Puis, les chaussures brosseras
Ainsi que les vêtements. »

MINNA :

« Quand sera prêt le chocolat
Nous éveille bien doucement... »

Balbine va ranger, pour l'emporter, un autre paquet de housses, qu'elle destine à une autre chambre.

XANTUS, *à Minna, un peu plus bas :* « Vous », — idiote! « Vous » éveille...
MINNA : Nous!
XANTUS : « Vous », « vous », « vous »!

BALBINE, *énervée :* « Nous », oui! « Nous »!
XANTUS, *doucement entêté :* Ça ne va pas! Il faut dire : « Vous éveille bien doucement! »
BALBINE *vient à eux les bras chargés :* Nous!
XANTUS, *étonné, très sincèrement, suave :* « Nous »? Nous sommes éveillés depuis longtemps!
BALBINE, *exaspérée, près des larmes, à Olivier :* Il le fait exprès! — Ne crachez pas!!! — Regardez-le : il est si fier d'être Xantus qu'il recommence de l'être à chaque pas!!! *(A Olivier :)* Excusez-moi, mon ami. Je suis de nature patiente — mais... *(Elle soupire.)* Allons aux confitures. Les couvre-pots sont toujours ou trop larges ou trop étroits... Je veux leur apprendre à tracer des ronds au compas...

Elle sort, suivie des domestiques. Au moment de disparaître, Minna lance à Xantus à mi-voix :

MINNA : Xantus, c'est le moment de surveiller!
XANTUS, *à bouche fermée :* Honhonhonhon...

Ils ont disparu. A peine la porte est-elle refermée, Olivier part d'un immense rire qui le secoue, qu'il ne peut maîtriser et qui le tiendra longtemps.

Les éclats de cette hilarité font revenir Balbine sur ses pas. Olivier ne la voit pas. Elle demeure, clouée au seuil par l'étonnement. Enfin elle parle à voix couverte, stupéfaite.

BALBINE : Ainsi, vous êtes seul à rire ainsi, comme un jongleur qui lance toutes ses balles les yeux fermés! Vous! Vous, mon mari? Vous, que je crois mon allié? Est-il possible que la sottise de ces gens vous mette en joie et que vous preniez en quelque sorte parti pour eux contre moi?
OLIVIER *proteste, sans pouvoir la calmer :* Non!...

BALBINE : Je suis profondément humiliée!...
Jugeriez-vous certaines de mes formules désuètes,
peu adaptées aux idées qu'on nomme modernes,
sans doute parce qu'elles vieilliront vite?

OLIVIER, *dont la gaieté s'apaise* : Non!...

BALBINE : J'ai pesé, mûri chaque mot et basé
mes préceptes sur une morale heureusement sans
âge...

*Olivier vient à elle, la prend par le bras et
la ramène.*

OLIVIER : Non, Balbine, non. Je me racontais
une histoire : Quand il ne resterait plus sur la
terre qu'une puce à aimer, le dernier homme se
réjouirait de sa piqûre et lui offrirait son sang.
Mais il lui commanderait : « Isolde, donne la patte
et dis merci! » Et si elle n'obéissait pas, il l'écra-
serait du pied, défiant tout le désert et toute la
solitude. L'amour pour être l'amour veut savoir
qu'il est reçu. *(Il la quitte.)* Maintenant, excusez-
moi...il faut que j'aille. Mon thermomètre refroidit.

*Il entre dans sa chambre, refermant la porte
derrière soi. La Faille est entrée au moment
qu'il sortait. Elle demeure au fond, regardant
Balbine qui médite, le regard sur la porte. Un
temps.*

LA FAILLE, *souriante, gracieuse* : Ce n'est pas
moi qui le chasse, bien sûr?

*Balbine fait face. Examen réciproque.
Comme Balbine, La Faille a la jupe couverte
d'un large tablier et les manches du corsage
retroussées. Attente. Balbine force un peu son
mépris. Elle parle sans inflexion, glaciale.*

BALBINE : Votre audace m'étonne. J'ai accepté
de vous recevoir, seulement pour que vous n'in-

terprétiez pas mon refus comme une marque de lâcheté. Je suis franche. C'est vous prévenir que je demeure rébarbative à tout adoucissement.

La Faille qui souriait, rit tout naturellement.

LA FAILLE : Chère petite Madame, je ne vous fais pas une visite de courtoisie.
BALBINE : Madame, tout court. La familiarité me répugne.
LA FAILLE, *de bon cœur :* Soulagez-vous! Je suis indifférente à l'injure!
BALBINE, *cinglante :* L'habitude!
LA FAILLE, *toujours gaie :* Non! Ça reste au-dessus, comme l'huile...
BALBINE : Si inconsciente que vous soyez, vous n'ignorez pas que votre place n'est pas dans la maison d'une jeune fille!
LA FAILLE *rit de plus belle :* « Celui qui fatigue ses yeux chez le voisin, est aveugle en sa maison. »
BALBINE, *hautaine, mais inquiète :* Je ne vous comprends pas.
LA FAILLE *s'assied :* Je m'assieds. Je n'ai pas l'habitude de rester longtemps droite.
BALBINE, *indignée :* Oh!
LA FAILLE : Je disais : « Est aveugle en sa maison. » *(A ce moment, Xantus entre et traverse la pièce de droite à gauche, ployant avec exagération sous le poids d'une échelle. A son entrée, Balbine s'assied, et, changeant de ton, semble poursuivre une conversation d'affaires.)* Il nous faudrait l'enclave. J'en connais toute l'histoire. Il est révoltant que les parents de mon mari, lors de la réunion des deux communes, n'aient pas su ou voulu l'acquérir! Elle était à vil prix!
LA FAILLE, *entrant dans le jeu :* Oh! croyez,

chère Madame, que je serai très accommodante! *(Xantus est sorti. Arrêt net. Balbine, bouleversée, soupire, La Faille reprend :)* Non! Mon but est de vous rendre service. Et vous me remercierez, oui, oui, oui...

BALBINE : Changez de ton et de manière, ou vous m'obligerez à vous faire reconduire immédiatement.

LA FAILLE, *gentiment* : Je vous assure que je n'ai pas de manière. Je suis aussi simple que ma mère m'a faite. « Un miroir, disent-ils, un vrai miroir, qui ne rend que ce qu'on y met. » Pensez!

BALBINE : Je veux que vous quittiez le pays.

LA FAILLE, *toujours enjouée* : Oui, vous avez vos idées, chacun a les siennes. Si j'en étais à me défendre, j'userais de mes moyens, et j'en ai! Pensez! On m'en a-t-il confié des secrets! *(Elle est très égayée.)* Vous n'imaginez pas combien ces païens ont besoin de confession! Ma mère disait : « On ne tire pas grand-chose d'une bouteille ni d'un homme debout. » Et j'en entends! Et j'en entends! Chassée, j'allumerais derrière moi un incendie qui éclairerait longtemps ma route!

BALBINE : Tant pis pour eux!

LA FAILLE, *avec une grande douceur* : Et pour vous...

BALBINE, *stupéfaite, scandalisée* : Et pour moi?... *(Mais comme Xantus repasse, portant son échelle :)* J'ai vu dix fois le notaire, démarches vaines, temps gaspillé. Nous y perdons déjà une récolte sans que vous y gagniez rien. La terre est en friche.

LA FAILLE : Nous nous entendrons. Vous voulez acquérir, je veux vendre.

Xantus est sorti. Arrêt. La Faille continue, tandis que Balbine reprend ses esprits.

BALBINE, *à bout, presque sans souffle :* Je pense qu'il vaut mieux abréger cette... cette... conversation.

LA FAILLE : Nul ne songe à m'éloigner. J'ai du bien, qui rapporte et qui paie aussi. J'entre pour ma part dans l'éclairage et le pavé qui vous servent. J'ai mes pauvres. Donc, il me suffirait de penser : « Marie, ne te donne ni peine, ni souci, la Châtelaine Neuf-le-Vieil y perdra son venin », — excusez-moi, c'est une tournure, — mais j'aime qu'on m'aime.

BALBINE *se dresse :* C'est trop fort.

LA FAILLE : Sans doute, ai-je été toujours trop flattée. *(Elle rit.)* Et me voici pour vous dire : « Bonne dame, Marie ne vous fait pas tort et vous lui cherchez noise, Marie n'a aucune méchanceté, elle pourrait vous nuire, elle vous aide. »

Xantus reparaît, portant son échelle.

BALBINE, *rapide :* Votre prix, votre dernier prix?

LA FAILLE : Ce terrain-là, bien placé, tout reposé, et qui vous gêne, je l'ai payé dix sous du mètre, ça fait un temps, — j'en veux trois francs.

BALBINE, *catégorique :* Marché conclu! *(Puis exaspérée :)* Xantus, n'avez-vous pas assez promené cette échelle?

XANTUS, *arrêté :* Promené cette échelle?

BALBINE : Oui, je vous le demande?

XANTUS, *candide :* Ce n'est pas la même échelle. C'est à chaque fois une autre.

BALBINE : Sortez, et n'entrez plus!

XANTUS *revient sur ses pas pour sortir à droite :* C'est à chaque fois une autre. Mais les échelles se ressemblent, à cause des échelons. Et j'excuse Madame.

Il sort, arrêt.

LA FAILLE *se penche vers Balbine* : Patricia a un amant!

BALBINE, *frappée en plein cœur* : Que dites-vous?

LA FAILLE : Et je répète. Patricia a un amant. (*Balbine pousse un cri et défaille. Aussitôt, elle tire de la poche de son tablier le flacon de Constant et respire.*) Vous avez le cœur fragile, oui... Là, doucement, respirez!

BALBINE, *de loin* : C'est abominable.

LA FAILLE : Oui, c'est abominable. Une jeune fille qui ne manque de rien, qui a toutes ses aises, et son luxe! Pensez!

BALBINE, *revenue à elle, faiblement* : Vous êtes une exécrable menteuse!... Allez-vous-en!

LA FAILLE *rit aimablement* : Oh! oh! oh! est-elle têtue!... Pourquoi mentirais-je, quand je sais des histoires incroyables qui sont vraies? (*Elle baisse la voix.*) On l'appelle Aldo... — c'est un drôle de nom — il est italien. Je ne connais pas le jeune homme.

BALBINE, *se bouchant les oreilles* : Je ne veux plus vous entendre.

LA FAILLE *sourit* : Ce sera votre faute si je crie. (*Balbine, effrayée, laisse retomber ses bras. La Faille reprend toujours plus bas :*) Figurez-vous, il vient chaque nuit la retrouver dans sa chambre. Il entre par la fenêtre.

BALBINE, *se rappelant soudain, se dresse* :
L'échelle! (*Elle retombe, défaillante et murmure :*) J'avais raison de craindre!

LA FAILLE : J'aurais pu me venger, faire jouer les langues autour de cette aventure! Pensez! Nous sommes cinq à la connaître... sans compter Patricia, forcément. (*Elle rit.*) Premièrement Isabelle, à qui votre jeune fille s'est confiée...

BALBINE *se dresse illuminée par la brusque vérité :* Isabelle! oui! *(Elle retombe, épuisée et murmure :)* Voilà donc pourquoi elle n'a pas reparu.

LA FAILLE : La petite s'en est ouverte à sa mère, qui... mais ici, permettez-moi de respecter le secret...

Je puis vous affirmer que grâce à mon entremise, le silence sera bien défendu. Pensez!

BALBINE, *que l'indignation ressuscite :* Et Patricia m'a laissé croire... qu'Isabelle... au contraire! Oh! Oh! Oh!...

Isabelle passe devant la fenêtre du fond. La Faille l'aperçoit.

LA FAILLE : Isabelle? Isabelle passe là!
BALBINE : Où?
LA FAILLE : Devant les fenêtres. Vous pourrez l'interroger!

Elle veut partir, mais Balbine vivement la ramène et lui indique la porte de droite.

BALBINE, *n'osant trop :* Sortez par-derrière. Il vaut mieux...

LA FAILLE, *l'air complice :* Oui, certainement. Au revoir, gentille Madame... La paix est faite, n'est-ce pas? Et vous pouvez me dire merci!

BALBINE, *qui ne désarme pas :* Ce ne sera pas le moindre péché de Patricia que de m'y avoir contrainte.

LA FAILLE, *très contente :* Et pour la terre, marché conclu!

BALBINE, *hautaine, dégoûtée :* Je me demande parfois ce qu'on pourrait y faire pousser!

LA FAILLE *rit gentiment :* Des choux!...

Elle sort. Balbine, après un frisson de dégoût, court aux fenêtres.

BALBINE *appelle* : Isabelle! Voulez-vous entrer un moment? (*Elle se détourne, a un court sanglot, qu'elle étouffe dans son mouchoir.*) Épousez donc une telle famille! (*Mais aussitôt se domine pour accueillir Isabelle.*) Bonjour, Mademoiselle. Vous avez déserté notre maison? (*Patricia surgit là-haut, et, le doigt sur la bouche, invite Isabelle au silence. Balbine, sans même se retourner, sûre du fait :*) Patricia, on ne correspond pas par signaux dans le dos des gens. Il n'est pas bien beau, non plus, d'inciter Isabelle au mensonge! (*Patricia est clouée au sol par la surprise. Elle regarde Balbine avec une expression de respect et de terreur.*) Non, je n'ai pas deux yeux derrière la tête! (*Elle n'a pas besoin de regarder, elle va s'asseoir.*) Je ne suppose pas que c'est l'intuition qui amène votre amie, au moment où je souhaitais l'interroger sur sa longue absence, ni que le hasard m'a servie?

ISABELLE, *étourdiment* : Si! Je serais venue quand même, et, justement, ce matin...

BALBINE : Quand même?... et justement! Patricia, fais-moi la grâce de descendre. (*Patricia descend lentement dans le lourd silence. Lorsque Balbine juge qu'elle doit être arrêtée derrière elle, elle commence son interrogatoire, sans aucunement regarder les jeunes filles. Un temps.*) Isabelle, je désire apprendre de votre bouche les motifs de votre brusque éloignement.

ISABELLE, *après une courte hésitation gênée* : Ma mère m'a interdit...

Arrêt.

BALBINE : Oui, — pourquoi?

ISABELLE, *après un long temps* : Je ne veux pas répondre.

BALBINE : Est-ce à cause de moi?

ISABELLE, *tout de suite, nette* : Non.

BALBINE *se retourne d'un seul coup vers Patricia, et c'est une explosion de douleur, d'indignation, de dégoût :* C'est donc vrai?! La créature déguisée en femme m'apporte la vérité! *(Elle a parlé, évidemment, de La Faille.)* Oui!... Oh!... Donc, tu n'as pas craint de nous déshonorer. Nous!... Moi!... Oserais-tu croire que je me serais jamais alliée à cette maison si j'avais pu prévoir que, malgré l'eau et la brosse, j'y pataugerais dans l'ordure? Oh! quelle abjection. C'est comme si je me voyais, — moi, Balbine, — déshabillée sur la place publique! Double honte, et triple et quadruple, car voici les images que ton dévergondage impose à mon esprit! *(Profond soupir arraché. Elle se maîtrise, tourne le dos.)* Réponds à ton tour!... Il s'appelle Aldo?

PATRICIA, *après un regard rapide vers Isabelle, baisse la tête :* Oui.

BALBINE, *comme d'une chose incroyable, sur un ton aigu :* Il s'appelle Aldo?... Il est Italien?...

PATRICIA : Oui...

BALBINE : Il s'appelle Aldo!!!... *(Arrêt. Changement de ton. Elle hésite.)* Et... tu... le reçois... dans ta chambre?

PATRICIA, *vivement :* Oui!

BALBINE, *suffoquée :* Tu le reçois?... *(Puis elle crie, comme d'une souffrance aiguë, l'air épouvanté :)* Je deviens folle? Ou j'entends mal? Ce n'est pas possible : je louche des oreilles! Elle dit oui, vous entendez?... « Le reçois-tu dans ta chambre? — Oui! — Tu le reçois dans ta chambre? » Elle répond : « Oui! » Ce n'est pas non, c'est oui, oui, oui!... — « Aldo? — Oui. — Italien? — Oui. » *(La crise est passée. Elle regarde Patricia, fixement. Elle a peur, et de la question et de la réponse.)* Et tu es...? Tu es sa...? *(A Isabelle :)* Excusez-moi, Mademoiselle. N'écoutez pas! *(A Patricia :)* Tu es sa...? *(Avec dégoût :)* — (les mots sont aussi répugnants que la chose). Il est ton...? Il est ton...? tu es sa...? *(Tendue vers Patricia, elle articule sans donner de voix :)* Ton amant?... *(Puis à voix haute :)* Dis? *(Silence. Elle recommence; ses lèvres remuent :)* Sa maîtresse? *(A voix haute :)* Dis? *(Silence. Alors, elle lance à toute volée, comme un soufflet :)* Il est ton amant? *(Elle se raidit, prête à recevoir le coup. Il ne vient pas. Silence. Alors, à Isabelle :)* Isabelle?

PATRICIA, *vivement* : Oui. *(Balbine pousse un long gémissement, ferme les yeux, s'assied, se laisse aller, la tête rejetée. Patricia la croit évanouie et demande à son amie :)* Que faut-il faire?

BALBINE *respire le flacon de Constant* : Nous verrons... *(Un temps. Encore un grand soupir. Elle se relève, lasse mais décidée.)* Rien ne sert de récriminer. L'aspect de la vie a changé. Je te regarde, tu ressembles à Patricia et je ne te reconnais plus. Adieu, Isabelle, je ne vous retiens pas contre le gré de votre mère. *(Elle la reconduit jusqu'au seuil.)* Adieu, Mademoiselle. *(Isabelle est partie. Aussitôt l'attitude de Patricia change — elle paraît soulagée. Il lui vient une gaieté nerveuse. Balbine espère une justification.)* Dis-moi que tu étais endormie?... chloroformée sous des flatteries?... Ces étrangers sont pétris d'un miel qui englue. Dans leur pays, c'est clair de lune du matin au soir; leur voix vous mène en gondole. Et toi, romanesque, tu n'as su que fermer les yeux...

PATRICIA *a un rire rentré* : Non!

BALBINE, *ahurie* : Non? Tu étais consentante?

PATRICIA : Certes.

BALBINE, *effarée, écrasée d'étonnement* : Certes?... Consentante?... *(Elle en perd la voix.)* Et tu n'as pas été horripilée comme une ortie, froide comme une grenouille, serrée comme une momie???...

ACTE DEUXIÈME

Oh!... Tu n'étais pas sur une plage déserte, avec un sauvage, abandonnée, pauvre de tout ton corps?... Oh! oh! oh!... — Tu souris!... Tu n'as pas fini de souffrir!...

PATRICIA : Sono già felice del dolore che mi verrà da lui. *(Balbine est pétrifiée.)* Non sarebbe l'amore senza sacrifizio!

La mesure est comble. Balbine retrouve tout son calme. Elle va appeler à la porte de droite.

BALBINE : Minna! Minna!

XANTUS, *qui épiait évidemment, se présente à l'instant :* Voilà!

BALBINE : J'appelais Minna!

XANTUS, *simplement, sans bouger :* Oui, Madame!

BALBINE, *impuissante, hausse les épaules :* Allez chercher Monsieur Gabriel à la ferme! Allez, je l'attends! Ramenez-le. Avez-vous compris?

XANTUS : Si j'ai compris?

BALBINE : Je ne bougerai d'ici qu'il ne soit venu! Courez!

XANTUS, *avec un élan de reconnaissance :* Madame ne bougera pas? Oh! merci, Madame!

Il s'enfuit plutôt qu'il ne sort.

BALBINE, *avec une froideur terrible interroge indirectement, sûre d'avance de la réponse :* Je te supplierais d'être meilleure ou plus raisonnable, — mais non! Je te demanderais : d'où vient-il cet Aldo, qui est-il, que pense-t-il, où loge-t-il? — mais non. Je jurerais qu'avant un mois il t'aura épousée...

PATRICIA : Non!...

BALBINE : ...mais non!... C'est-à-dire qu'il refuse! J'interprète ainsi tes bravades. Il ne liera pas son sort à celui d'une fille compromise. *(Devant l'attitude de Patricia, elle conclut.)* C'est bien cela? Oui! *(Enfin :)* J'aviserai ton père; je l'aiderai à pleurer. Je ne puis lui épargner cette amère désillusion, et ainsi, tu me frappes deux fois. J'aurai du courage. Mais certaine qu'il m'abandonnera tout ce gouvernement, je prends aussitôt mes mesures. Je te dis : Aldo et toi, vous êtes à jamais séparés. Je te sauverai de toi-même; un jour, tu me remercieras, — va! *(Patricia veut monter à sa chambre.)* Non, pas par-là!... Ta fenêtre aura des barreaux! Peut-être te changerai-je de chambre; va dans la mienne, en attendant. *(Gabriel entre. Patricia sort. Maintenant, Balbine semble rejeter tout souci. Elle se recueille, les mains sur les yeux, puis, souriante :)* Bonjour, mon ami... Asseyez-vous. J'ai beaucoup de plaisir à vous apprendre que nous avons l'enclave... Oui. Êtes-vous content? Merci. Mais... plus tard! *(Elle s'assied devant Gabriel. Arrêt. Elle le regarde curieusement, longuement. Il est drôle sous le pansement qui lui couvre la tête et les emplâtres du visage. Certainement, Balbine le trouve drôle. Elle lui demande à brûle-pourpoint :)* Que pensez-vous de l'amour? *(Gabriel, interdit, la regarde sans comprendre. Elle s'explique, souriante, enjouée.)* Je vous l'ai dit une fois, je ne crois pas, moi, que l'amour entre dans le cœur avec la prestesse de l'hirondelle dans son nid. Il me paraîtrait plutôt qu'on le tisse patiemment, d'heures, de jours croisés fil sur fil, et que le soin d'une vie entière suffit à peine à la grandeur d'un linceul. Je puis me tromper. L'un dit ceci, l'autre cela, à conclure qu'il n'est point d'amour, mais rien que des amoureux. C'est pourquoi je vous demande : « Que pensez-vous de l'amour? »

GABRIEL, *avec un incroyable sérieux :* C'est tout simple.

Les espèces ont une énergie autonome, — oui.
Preuve : un mulet, un chapon, ne reproduisent
pas. — Selon les dangers courus, une espèce se
développe en profondeur, ou en étendue, c'est-à-dire
par le nombre ou le volume ou la durée. Il faut
opter, mais c'est défense sur toute la ligne. Ceci
compris, vous verrez les espèces tourner sur elles-
mêmes, dans le temps et l'espace, comme des astres
dans le ciel.

BALBINE *veut l'arrêter* : Mais, l'amour...

GABRIEL, *lancé* : Il n'y a pas de mais!... Menacée
de dégénérescence, chacune trouve la parade dans
le croisement des individus, lequel neutralise les
hérédités. Encore faut-il le meilleur croisement :
plus l'individu est puissant, plus il est riche en
muscles, en odeur, en plumage, — car, suivant le
cas, le mâle se présente plutôt au regard qu'au
train, plutôt au nez qu'à l'oreille, etc. Ne parlez pas
de beauté! Le paon qui déploie sa queue veut hyp-
notiser la femelle et non se faire admirer.

BALBINE, *elle-même hypnotisée* : Ah!

GABRIEL *vient à elle très près, et, baissant la voix,
presque confidentiel* : Parenthèse : c'est une erreur
que d'affirmer que les poissons n'ont pas de
contact.

BALBINE, *la gorge sèche* : Tant pis! Je croyais
qu'ils avaient été exemptés du déluge justement
à cause de...

GABRIEL : Non! Ils se rejoignent par le moyen
des ondes que chaque sexe propage sur un rythme
propice à l'autre.

BALBINE, *sidérée* : Comme ça...

GABRIEL, *net, catégorique* : Conclusion : l'amour
est un procédé de sélection propre au seul animal
privé de force, d'adresse, de fumet, de voix, de
couleur, — à l'homme!

BALBINE, *confondue* : L'homme n'a pas de fumet?...

GABRIEL : C'est tout simple!

BALBINE : Oui?...

GABRIEL *reprend, volubile* : L'œuf est-il avant la poule, la poule est-elle avant l'œuf? Question qui révèle une méconnaissance du Principe où tout est contemporain, la fonction et l'organe. S'il faut répondre, je certifie : l'œuf! Car tous les œufs sont pareils en leur forme, qu'ils soient de poule, de fourmi, d'araignée, d'homme ou de pommier. Tout en sort, tout y revient. Mais pour me faire bien comprendre, examinons les phénomènes de la mémoire!

BALBINE, *effrayée* : Non!

GABRIEL, *qui n'entend même pas* : Chez l'insecte, par exemple, la mémoire devient immédiatement organique. J'ai connu un papillon.

BALBINE *l'interrompt avec force* : Non!

GABRIEL, *étonné* : Si, un jeune papillon...

BALBINE : Je dis : non, vous n'avez pas songé à tout cela lorsque vous avez rencontré Patricia pour la première fois.

Elle ajoute à mi-voix, réellement inquiète :

Je l'espère!

GABRIEL *fait une grimace de douleur* : Non, mais j'ai obéi à tout cela.

BALBINE : C'est terrible!

GABRIEL, *il se lève; à mi-voix, tristement :* Ou du moins, je l'ai cru. Mais depuis, tant d'obstacles sont entre elle et moi qu'il faut que je me sois leurré! Hélas! je doute maintenant que la poésie soit le cœur de la vérité, — et c'est terrible, oui. *(Soudain effrayé.)* Pourquoi me parlez-vous d'elle?

BALBINE : De qui?

GABRIEL : De Patricia.

BALBINE, *lentement :* Je désirais savoir si vous l'aimez encore.

GABRIEL : Patricia? L'aurais-je aimée, si je ne l'aimais plus!

BALBINE, *les yeux au loin, comme pour elle-même :* C'est extraordinaire. Décidément, je ne sais rien. *(Puis soudain :)* Pourtant que la variole demain la défigure...

GABRIEL, *dans un cri de douleur :* Ah! ne faites pas de mal à son image!

BALBINE *triomphe :* Vous ne l'aimeriez plus!

GABRIEL : Deux fois — dont une pour le malheur!

BALBINE : S'il lui poussait une bosse dans le dos?

GABRIEL : Qu'elle me pardonne, je ne connaîtrais plus la jalousie!

BALBINE *se moque :* Et votre sélection?

GABRIEL : Elle n'opère point dans le monde des apparences.

BALBINE : C'est pourquoi l'amour est aveugle.

GABRIEL : C'est pourquoi l'amour seul est clairvoyant!

BALBINE : Tout de même, vous n'aimeriez pas jusqu'à l'épouser, une jeune fille... une jeune fille qui... serait... un peu entamée...

GABRIEL *souffre :* Une jeune fille, non! Patricia, oui!

BALBINE : Vous l'épouseriez moins pure?

GABRIEL *souffre :* Oui.

BALBINE : Impure!

GABRIEL : Oui!

BALBINE : Je suis vaincue! *(Elle se lève rapidement avec une joyeuse animation.)* Eh bien, mon ami, je vous la donne. Ne me remerciez pas! Je vous connais à présent. Patricia fait un bon parti. Dans un mois, vous serez mariés. *(Elle va vers la porte de droite.)* Je vous envoie Patricia. A vous de lui plaire. *(Elle va sortir. Xantus apparaît dans le cadre de la fenêtre. Elle revient sur ses pas. Il disparaît.)* Je vous conseille de ne pas l'accabler sous toutes vos espèces!

Elle rit et sort. — Gabriel reste au milieu de la pièce, absolument déconcerté. Xantus reparaît à la fenêtre, s'assure que Balbine est sortie.

XANTUS *crie à pleine voix :* Ho hé! Minna! J'ai vu ton écureuil!

Il s'enfuit. Patricia entre.

PATRICIA, *hautaine, méprisante :* Sortez, Monsieur, nous n'avons rien à nous dire. A peine m'étais-je confiée à vous, vous m'avez livrée à Balbine!

GABRIEL, *stupéfait :* Comment? *(Il est durement frappé.)* Balbine sait?... Balbine savait?

PATRICIA : Ne faites pas l'imbécile!

GABRIEL, *humble :* Je ne le fais pas, Patricia, je le suis.

PATRICIA : Patricia?

GABRIEL, *pour lui-même :* Il est vrai que Balbine n'avait pas le devoir de me choisir comme confident. C'est la raison même. Évidemment, elle a pris ses assurances quant à mes intentions, avec adresse, sans doute, — mais loyalement! On trouverait même, dans la manière, un avertissement délicat. Elle n'a pas dit : « Prends garde à Patricia. » Elle a dit : « à la jeune fille qui... à la jeune fille qui... »

Isabelle entre de gauche, s'assure que Balbine est sortie.

ACTE DEUXIÈME

ISABELLE : Patricia?
PATRICIA, *heureuse* : Isabelle?
ISABELLE, *au seuil* : Elle ne reviendra pas?
PATRICIA : Non, entre.

ISABELLE *embrasse Patricia* : Je te jure que ce n'est ni ma mère, ni moi, qui t'avons dénoncée.

PATRICIA, *un coup d'œil furieux vers Gabriel* : Je le sais.

GABRIEL, *vivement, légèrement, presque gai* : Ni moi, j'en fais le serment aussi, sur votre chère existence, c'est-à-dire sur la nôtre! Ou votre erreur sera dissipée, ou le monde est fait d'erreurs et la vôtre y prendra sa place.

Patricia! Je n'aime pas les jeunes filles — sauf erreur!... Leur baiser est fade comme le lait coupé d'eau. Entre leurs gestes, leurs regards et leurs propos il n'est pas d'accord profond. Fragments épars d'un jeu de patience pour longues soirées, la jeune fille n'est pas rassemblée!

PATRICIA, *dégoûtée* : Pouah!

GABRIEL *se méprend* : N'est-ce pas?... — Tandis qu'une jeune personne qui a connu toutes les vicissitudes de la passion, ses élans, et son vertige...

PATRICIA : Pouah!

GABRIEL *perd pied* : ...m'entraîne irrésistiblement... dans sa force... centripète.

PATRICIA, *révoltée* : Oh!

ISABELLE *éclate de rire* : Hi!... Hi!... Centripète! Centripète!

Elle se ronge les ongles.

GABRIEL, *avec une vaillance désespérée* : Soit!... Mais alors, — contre Balbine, contre moi, contre lui-même, s'il se dérobe — ... Aldo vous épousera!... Il vous épousera, j'en fais le serment, — dussé-je le tailler en pièces, et quand chaque morceau dirait : non!

Où loge-t-il? *(Il se dirige vers la porte de sortie, s'arrête au seuil.)* Vous ne voulez pas répondre? Soit! Je le découvrirai. Sachez-le, je suis détective.

PATRICIA : Pouah!

GABRIEL, *décontenancé, corrige :* Détective... amateur...

PATRICIA : Pouah! Pouah!

Gabriel, tout à fait découragé, s'enfuit. Les jeunes filles rient aux éclats.

ISABELLE : Centripète!

PATRICIA : Il est fou!

ISABELLE : Parce qu'il t'aime!...

PATRICIA, *sérieuse* : Oui, je le crois.

ISABELLE : Il suffit d'en avoir un pour les avoir tous! *(Et, brusquement, elle fait face à Patricia, droite, immobile, fière comme si elle se présentait à une grande lumière.)* Ah! — Regarde-moi!... — Même si tu ne m'avais pas appelée ce matin, je serais venue me montrer. — Regarde bien, — regarde mieux. Ai-je changé?...

PATRICIA, *attentive* : ...grandi, peut-être?...

ISABELLE, *nettement* : Non.

PATRICIA : Ton visage semble allongé?...

ISABELLE *rit, rompt, bouge. Elle a envie de danser* : Non, — tu n'y es pas. Tu ne vois rien? *(Elle parlera maintenant avec une tranquille conviction, émerveillée d'elle-même et sans rien d'équivoque.)* J'ai les plus beaux yeux du monde, — moi, oui. Je le sais à présent. Seule la licorne de la fable avait le regard d'une douceur comparable.

PATRICIA, *très gentiment et sincère* : Oui.

ISABELLE : Mon sourire est un oiseau rose, tout

petit, mais lancé d'un vol si aigu que celui qui veut l'arrêter d'un baiser, il lui traverse le cœur. Mon menton est hardi comme le talon de la Diane chasseresse. *(Patricia rit, Isabelle fait une moue :)* Oui, c'est un peu baroque, ce talon placé là — on dirait à l'envers. Mais tant pis, — c'est vrai!... *(Elle reprend, admirative :)* Mon sein gauche est plus pur de forme que celui d'une reine, lequel, pourtant, fut moulé en coupe. *(Nouvelle moue :)* La pointe du sein droit est légèrement de travers.

PATRICIA *proteste faiblement, amusée :* Oh!... Isabelle...

ISABELLE *rit :* Attends!... *(Puis, très simplement :)* J'ai le nombril le plus finement taillé qu'on ait vu depuis Adam et Ève qui n'en avaient pas.

PATRICIA *rit malgré elle :* Oh!...

ISABELLE : Mon ventre est un plat de nacre et mes fesses sont si parfaitement jumelles qu'il est superflu de leur donner à chacune un prénom dans l'espoir de les reconnaître.

PATRICIA *a beau faire, elle rit :* Es-tu folle?... Que racontes-tu là!...

ISABELLE, *candide :* Ce n'est pas moi, — c'est Horace.

PATRICIA *pâlit, frappée :* Isabelle?

ISABELLE, *heureuse, s'exalte :* Et si tu écoutais les autres choses merveilleuses qu'il murmure lorsqu'il m'aime!... Je m'efforce de retenir ses paroles, et j'y arrive parfois. Mais elles sont changeantes comme celles qu'on entend dans les rêves. Lorsqu'on s'en souvient au réveil, les mots ne trouvent plus leur place et leur musique est oubliée.

Mais j'ai la certitude d'être une héroïne. Personne, jamais, n'a aimé autant que nous. Horace dit qu'on pourrait écrire notre histoire.

Pardonne-moi encore de lui avoir confié ton secret. Il est discret sois-en sûre. Et sais-tu qu'il t'approuvait. Lorsque je lui ai confessé que je t'avais reniée, il m'a dit : « Isabelle, tu es bête comme une cornemuse. » *(Elle rit.)* Et il m'a fait promettre que, moi aussi...
PATRICIA, *inquiète* : Non!...
ISABELLE : ... Je serais à lui tout entière!
PATRICIA : Non!
ISABELLE : Je le lui ai promis...

Patricia tombe à genoux devant Isabelle, lui entourant les jambes de ses bras. Elle est bouleversée, près des larmes.

PATRICIA : Isabelle, non, je t'en supplie, ne va pas te perdre! Ne te perds pas, s'il te plaît!... J'ai affreusement peur. Méprise-moi plutôt de toute la force de notre longue amitié. Je te tiens; je ne te laisserai plus sortir!... Non, Isabelle! tu serais trop malheureuse!...
ISABELLE, *de haut en bas, étonnée* : Tu es malheureuse?
PATRICIA : Non, mais moi...
ISABELLE, *fâchée* : Toi, toi, toi!... Je te reconnais encore : telle tu étais à l'école, rageuse de te prévaloir d'une singularité...
PATRICIA, *désolée* : Non, je t'assure...
ISABELLE : Lâche-moi!...
PATRICIA, *affolée* : Non, non, — reste ici...
ISABELLE, *furieuse* : Lâche-moi, ou je te frappe!
PATRICIA : Frappe, — oui.

Elle ne lâche pas.

ISABELLE : Mais, sotte, que veux-tu empêcher encore? J'ai promis à Horace, j'ai promis et j'ai tenu!...

Patricia pousse un gémissement, desserre son étreinte, mais elle demeure à genoux devant Isabelle, le visage levé, les bras ouverts, pétrifiée.

Isabelle recule d'un pas, la regarde, se ronge les ongles. Puis, émue autant que surprise :

Patricia, tu perds la tête?... *(Patricia baisse lentement la tête.)* Je ne suis plus fâchée, — là... *(Elle l'embrasse.)* Tu as l'air d'être en prière devant moi, comme Horace!...

Elle a un petit rire de fierté.

PATRICIA, *à mi-voix (pleure-t-elle?)* : Oui, — je te demande pardon et pardon.

ISABELLE *ne comprend pas* : Parce que...

PATRICIA, *toujours à genoux, tête basse, vite, pour n'être pas interrompue* : Parce que, moi et Aldo, — ce n'est pas vrai! Non! je le jure! — Aldo n'existe que dans mon imagination, dans mon âme et dans mon cœur. — Pardonne-moi! — J'ai appris l'italien toute seule, avec patience, jour et nuit, afin de te convaincre et de t'étonner. Sans doute étais-je jalouse de toi, avec tes cinq amoureux. Non!... Cela m'est venu tout à coup, lorsque Balbine m'a enfermée dans le parc. Elle n'avait pas tort, peut-être. Pourtant, les grilles tirées, je me suis sentie prisonnière intolérablement. A l'instant j'ai trouvé dans un rêve ma libération. Je me suis évadée en moi. Et toi, toi!... A cause d'elle... A cause de moi...

ISABELLE, *inquiète, à voix couverte* : Tu vas me chasser, à ton tour?

PATRICIA *relève la tête, avec élan* : Oh! non!...

ISABELLE *se laisse glisser à genoux, face à Patricia. Elle est ahurie* : Et Balbine qui croit... Et l'autre, ce Gabriel... Oh! *(Elle rit.)* Oh!... *(Puis :)*

Ma pauvre chérie!... *(Elle l'embrasse.)* Il fallait avouer, tout à l'heure, lorsqu'on t'interrogeait.

PATRICIA : Je n'ai pas voulu être humiliée devant toi. Et puis, Balbine m'aurait condamnée autant pour le mensonge. Et puis...

BALBINE *entre. Arrêt, immobilité des trois personnages. Enfin, Balbine a un sourire triomphant :* Ah! Je vois que je puis maintenant me réjouir et te féliciter, Patricia!

PATRICIA, *stupéfaite :* De quoi?

BALBINE, *clouée au sol, haletante, hésitante :* Gabriel... t'a parlé...

PATRICIA : Oui. Et je l'ai chassé!...

> *Balbine reçoit le coup, s'assied ou plutôt se laisse choir dans un fauteuil et sanglote soudain.*

BALBINE : Oh! C'est épouvantable! Tout le monde! tout le monde est contre moi! Pourquoi?

ACTE TROISIÈME

Le même décor.
Les housses, nappes, couvre-tapis ont disparu.
Un matin du mois d'août, très tôt.
Balbine, en chemise de nuit et les pieds nus dans des mules, achève le nettoyage des vitres à la fenêtre du fond. Elle met un grand soin à obtenir des carreaux une netteté parfaite, de l'haleine les embue, les frotte encore, en vérifie la transparence en faisant jouer les battants.
Xantus, habillé pour la ville, un baluchon sur l'épaule, sort de sa chambre sur la pointe des pieds.
Il est encore sur la galerie qu'il entend remuer au-dessous. Il s'arrête, inquiet. Penché à la balustrade, il découvre bientôt Balbine. Son étonnement est tel qu'il lâche son baluchon, lequel tombe de là-haut et touche le sol avec un bruit sourd.
Balbine, dos tourné, ne sursaute même pas.
Xantus rentre précipitamment dans sa chambre.
Alors, Balbine commence à balayer la salle, avec le souci évident de ne pas soulever la poussière, déplaçant et replaçant les sièges.
Bien que son attitude et ses mouvements soient empreints du plus commun naturel, son regard, uniquement concentré sur l'accomplissement de la tâche,

révèle une attention étrange. L'expression de son visage semble, une fois pour toutes, arrêtée à fleur de peau, indifférente. On peut dire que son œil est fixé au bout de son bras, non ailleurs. Et pourtant elle pousse, à intervalles, de profonds soupirs.

La brosse à balayer tourne autour du baluchon de Xantus comme s'il était là de toute éternité.

Xantus reparaît à la galerie, entraînant Minna pimpante, frisée, pommadée, fardée, vêtue avec grâce et haussée sur de fins talons. Ensemble, ils observent Balbine, de là-haut, puis ils descendent sans qu'elle s'avise de leur présence.

Arrivés au bas de l'escalier, ils se prennent par la main, assez effrayés.

XANTUS, *à voix couverte :* Tu vois?
MINNA : Oui... elle a les yeux ouverts ! Et elle dort?
XANTUS : Oui... Tu as peur?
MINNA : Oui...
XANTUS : Moi aussi.
MINNA : On peut parler haut devant elle?
XANTUS : Oui. Elle n'entend rien. Elle est comme un spectre. Et c'est ainsi chaque jour depuis que notre maître l'empêche de s'occuper du ménage.
MINNA : Tu es certain qu'elle ne fait pas semblant?
XANTUS : Semblant? De quoi?
MINNA : ...d'être un fantôme?
XANTUS : Non. Et elle ne fait pas semblant d'abattre la besogne! Et elle en abat plus à elle seule, endormie, que nous autres éveillés.

Balbine marche droit sur eux, un torchon à la main. A son approche, leur terreur grandit.

Ils se séparent pour la laisser passer. Elle passe, sans les voir, et va essuyer la moulure d'un lambris, derrière eux.

MINNA, *reprenant la main de Xantus :* Mais pourquoi me réprimande-t-elle, après : « Minna, cette table est mal cirée, — Minna, les carreaux ont la cataracte! » si c'est elle-même qui les a nettoyés?
XANTUS : Elle ne le sait pas que c'est elle!
MINNA : Tu veux la montrer à Monsieur?
XANTUS : Oui.

Ils ont marché sans se lâcher la main, côte à côte, en crabe, jusqu'à la porte de gauche. Xantus veut toquer à la porte.

MINNA : Ne toque pas, lourdaud! C'est toujours en toquant à la porte qu'on éveille les gens!
XANTUS : Pas elle!...

Cependant, il ne frappe pas, ouvre doucement la porte. Étonnement, après avoir regardé dans la chambre : il fait signe à Minna d'approcher.

MINNA *pousse une exclamation de surprise :* Oh!... le lit n'est pas défait!... Le maître n'est pas rentré?...
XANTUS : Il est peut-être là-haut dans le lit de Madame.
MINNA *hausse les épaules :* Et elle serait debout de grand matin, ce balai-ci à la main?

Xantus rit et referme la porte. Encore une fois, Balbine vient droit sur eux, les sépare sans les voir et va brosser le tapis, au-delà.

XANTUS : Il faut appeler Mademoiselle.
MINNA, *vivement, heureuse de fuir :* J'y vais!...

Elle sort à droite, en bas, abandonnant Xantus à une terreur qu'il ne prend plus la peine de dissimuler. A chaque fois que Balbine menace d'aller à lui, il s'aplatit contre le mur, suant à grosses gouttes. Enfin, il prend le parti de se cacher à quatre pattes derrière un fauteuil. Balbine continue sa besogne. Et Patricia entre, déjà vêtue pour la promenade, fraîche, allègre, précédant la prudente Minna. Xantus rassuré feint d'avoir renoué le lacet de sa chaussure.

Tous trois observent le singulier manège.

XANTUS, *à mi-voix* : Mademoiselle entend les gros soupirs qu'elle pousse? *(Patricia fait oui de la tête.)* Ce sont des soupirs pommelés, de vrais soupirs de noctambule.

MINNA *rectifie* : ...de funambule, idiot!

XANTUS, *élevant la voix* : Non!

PATRICIA, *pour les faire taire* : ...de somnambule!

XANTUS et MINNA, *ensemble* : Oui!...

PATRICIA : J'en parlerai à mon père. *(Balbine ramasse torchon et balai, traverse la pièce et sort à droite, lentement, tandis que la conversation continue.)* Et maintenant, où va-t-elle?

XANTUS : Son sommeil qui marche la conduira faire le ménage dans une autre partie de la maison — au grenier, peut-être, — puis, elle se recouchera sagement et dormira les yeux fermés jusqu'à ce que l'appétit lui vienne. C'est la faim qui l'éveillera.

MINNA : Et elle aura tout oublié?...

XANTUS : Oui!

Balbine disparaît. Ils en sont tous trois soulagés. Le ton s'élève.

MINNA : Mais on a tort de laisser Madame occuper là-haut l'ancienne chambre de Mademoiselle. Dans une crise Madame pourrait basculer par la fenêtre et aller se casser la tête comme une ampoule.

PATRICIA *fait effort pour ne pas rire :* Oh! Minna!...

MINNA *s'explique :* ...de verre, mademoiselle, excusez!...

XANTUS, *qui regardait Minna avec haine, éclate :* Et tu mens, toi! Madame marcherait sur le bord de la gouttière. Et elle danserait sans ombrelle sur un fil tendu, ainsi qu'on le voit faire à la foire aux somnambules, c'est connu!

PATRICIA, *doucement :* Funambules, Xantus!...

XANTUS, *étonné :* Ah?

Patricia s'éloigne. Elle sortira par le parc. Minna la suit. Elle essaie de la retenir par crainte de demeurer seule avec Xantus. Son intention se lit visiblement dans la manière dont son regard anxieux va de l'un à l'autre.

MINNA : Et Mademoiselle est décidément levée?

PATRICIA : Oui, Minna, oui, tout à fait. La nuit trop chaude et trop belle, je n'ai pas trouvé un instant de sommeil.

MINNA : Sûrement! pour se couvrir c'est déjà trop de sa peau, et pourtant Mademoiselle a la peau fine.

PATRICIA *rit :* Merci, Minna. Je reviens tout de suite...

Elle sort. On entend s'éloigner son rire clair. Minna demeure dos à la porte ouverte.

XANTUS : Tu l'as fait exprès, toi, de parler de changer Madame de chambre...

MINNA, *sans audace, mais franchement :* Oui!

XANTUS : ...pour que la chose... soit impossible!

MINNA : Oui!...

Xantus sombre, ramasse son baluchon, se le jette par-dessus l'épaule, et marche droit vers la porte, que masque Minna. Minna est troublée.

MINNA : Que portes-tu là?
XANTUS : Mon bagage. Et puis?...
MINNA *tremble* : Où vas-tu?
XANTUS : Sur la route et par les champs et à travers les villages.
MINNA, *émue* : Jusqu'où?
XANTUS : Jusqu'à ce que le pied me passe au bout de la chaussure comme une platée d'asperges!
MINNA, *sanglots* : Et moi, tu me laisses ici, étendue... Et ma mère dira : « J'ai donné une sagesse à Minna et cette sagesse s'est envolée en soupirs et d'autres soupirs ne la rendront plus. »
XANTUS, *ému à son tour* : Aide-moi *(Minna secoue la tête, en signe de dénégation.)* Je te demande seulement de garder Mirza dans sa niche, — qu'elle n'aboie pas, la nuit prochaine.
MINNA : Garde-la toi-même.
XANTUS : Moi, je dois être chez ma mère, comme un fils, pendant la chose — pour l'alibi. Et il ne t'est pas difficile d'entrouvrir une grille et de distraire un chien! *(Nouveau hochement de tête de Minna; Non et Non. Il s'avance.)* Adieu!
MINNA, *carrée devant la porte* : Adieu, dis-tu? Et tu dis au diable! Voilà!... *(Elle est désespérée.)* Pourquoi veux-tu faire cette chose?
XANTUS, *vite, furieux* : Et combien m'est-il revenu de mes gages, ce mois-ci? Rien!... Moins que rien; je dois en amendes à Madame! Et cette dette-là ne paiera pas les autres. Et les marchands de vin sont au bord de leur patience. Le père

Blouet, on dirait que la colère lui fourre de la farine plein la gueule. Et celui d'en face, on sent qu'il a le cœur sucré d'astuce.

MINNA : Il ne fallait pas boire, maudit garçon!

XANTUS : Maudit garçon, oui! Et je bois, oui — parce que dans cette maison-ci le bien n'est pas le bon et le mieux devient le pire! Tout tourne à l'aigre ici, comme le lait sous l'orage et la mayonnaise à côté de la femme malade!

MINNA : Oui, et toi, tu es devenu intelligent et tu tournes à la méchanceté!

XANTUS *veut passer :* Au diable!

MINNA, *douce, angoissée :* Et si Madame est debout cette nuit?

XANTUS : C'est qu'elle sera funambule : rien à craindre. Et si elle est endormie du sommeil couché : rien à craindre. Et si elle s'éveille, son cœur trop petit... *(Soudain, bas :)* Tais-toi!

Minna regarde au-dehors.

MINNA, *vivement, suppliante :* Ne pars pas. Je t'aiderai. Monte tes frusques!... *(Xantus retraverse vivement la chambre et grimpe. Minna, au moment de sortir, lui lance :)* Voleur, toi!

Elle disparaît.

XANTUS, *montant l'escalier lui répond, comme si elle pouvait l'entendre :* Menteuse! toi! Est-ce voler que de reprendre un peu d'arriéré sur mes gages, et peut-être un peu d'avance...

Il se tait, Patricia et Isabelle entrant ensemble, il disparaît sans bruit.

ISABELLE *semble aujourd'hui languide, mélancolique. Elle pose évidemment, et assez mal, avec une pointe d'exagération. Au contraire, Patricia est dans une grande exaltation joyeuse :* J'arrive assez tôt?

PATRICIA, *rieuse* : Oui, c'est plus tard, qu'il commence ses monologues sous le balcon de Balbine!... Le pauvre garçon ignore qu'on m'ait changé de logement et il se promène là, soupire et délire, guettant une ombre qui ne saurait être la mienne! Tu l'entendras, caché derrière mes rideaux. D'abord, il parle à mi-voix, puis à mesure... Il n'est pas sot, ainsi que nous l'avons cru.

En ce moment il doit commander aux moissonneurs.

ISABELLE, *comme sortant d'un rêve* : Qui?

PATRICIA : Gabriel!

ISABELLE, *rire forcé* : Centripète!

PATRICIA : Mauvaise!

ISABELLE *s'assied mollement dans un fauteuil* : Il y a à peine une heure que j'ai trouvé ton billet, sur la table du corridor. Oui, je rentrais sur la pointe des pieds, mes souliers à la main... Toi, tu es toujours prisonnière?

PATRICIA *a envie de danser* : Ah! non, folle, — je ne suis plus qu'enfermée!... Figure-toi, jusqu'à l'aurore, je n'ai pas quitté ma fenêtre, devant la rivière, à regarder tourner le ciel. Pour Balbine ce chemin d'eau est un fossé infranchissable! *(Elle rit, non par moquerie, mais de contentement.)* Ah! beau ciel, ciel trop beau — et jamais assez! De quelle saison, de quel mois? Si tu savais combien je l'aime!

ISABELLE, *détachée* : Qui?

PATRICIA : Gabriel, folle!

ISABELLE, *exagérant l'indifférence* : Il le sait, lui?

PATRICIA : Pas encore, mais bientôt! *(Elle vient s'asseoir sur le bras du fauteuil où repose Isabelle.)* Dis-moi, est-ce mon âme qui traverse les murs de la chambre ou si la nuit les dissipe? Plus rien de dur ne m'entoure. Mon être est vaste et fluide autant que la nuit d'été; leurs ondes sont confondues. Cet azur sombre, c'est, multipliées à l'infini, mes mains invisibles, trempées d'étoiles jusqu'au bout des ongles! La lune dorée voit d'un même regard le soleil et mon cœur!... L'air est moi-même et je suis l'air profond et je suis le tapis volant qui m'emporte!

Elle rit.

ISABELLE : Moi aussi, je suis amoureuse...
PATRICIA : Si tu savais combien je l'aime! A chaque fois que je le rencontre mon cœur quitte sa place et me court par tout le corps comme un lézard palpitant.
ISABELLE *rit et vraiment :* Où va-t-il le rattraper!
PATRICIA : Écoute, toute cette nuit, j'ai réfléchi...
ISABELLE, *mélancolique :* Je suis amoureuse aussi...
PATRICIA : Tu sais que Balbine me presse de l'épouser. — Non, tu ne le sais pas, — tu n'es plus revenue...
ISABELLE, *riche de réticences :* ...des aventures...
PATRICIA : Jusqu'aujourd'hui j'ai réservé ma réponse, — mais ce matin, je dirai oui!

La porte de la chambre de l'étage à droite, s'ouvre brusquement et Balbine apparaît là-haut, haletante, presque sans voix, son visage, ses mains qu'elle montre, et sa chemise de nuit couverts d'une poussière noire et tachés.

BALBINE, *sur le souffle, horrifiée :* Au secours!... Au secours!... *(Les deux jeunes filles se retournent. Isabelle se retient de rire. Patricia est attentive et observe. Comme Isabelle et Patricia se sont dressées ensemble, Balbine lance, vivement, toujours à mi-*

voix :) Non, n'appelle pas ton père, je ne veux pas qu'il me voie dans un état pareil!... *(Elle est descendue.)* Suis-je folle? Non! Es-tu Patricia? Vite, vite, réponds! Es-tu Patricia?

PATRICIA, *sur le souffle :* Oui.

BALBINE : Suis-je Balbine? *(A Xantus qui paraît là-haut :)* Êtes-vous Xantus?

XANTUS : Suis-je Xantus, moi?

BALBINE : Êtes-vous Isabelle?

ISABELLE *rit :* Oui.

BALBINE : Vous êtes Isabelle, et c'est vous qui riez?

ISABELLE *rit plus haut :* Oui.

BALBINE : Vous dites, oui — et vous riez plus fort. Certes je ne suis pas folle, mais il n'y a pas de quoi rire!... C'est épouvantable! Si je ne pleure pas, c'est que je me refuse à salir des larmes!... *(Elle est pourtant bien près de pleurer. Elle écarte les bras et les doigts pour se montrer tout entière.)* Tu me vois telle que je me suis découverte au réveil, noire entre deux draps blancs!... Cauchemar? — non! hallucination? — non!...Moi, devant mon miroir!... Et des empreintes de mains souillées sur mon oreiller. Le visage, les mains, les pieds barbouillés : moi!... On perdrait l'esprit à moins!... Je ne l'ai pas perdu. Mais au premier moment j'ai frémi dans mon âme qu'un outrage plus terrible encore... *(Elle hésite et tranche :)* ...on n'a pas osé!... On? On?... Qui, on? Je veux désormais haïr le sommeil!... Mais non; il faut qu'on m'ait administré un narcotique. J'étais ensevelie sous un sommeil mortel, que leur abomination ne m'en ait pas tirée!... On? qui, on? Xantus? Minna?

PATRICIA, *timidement :* Ne seriez-vous pas descendue à la cave au charbon?

BALBINE, *outrée :* Oh! cette fois, tu divagues!...

A la cave, moi! à la cave au charbon! Pour y faire la besogne de Xantus, n'est-ce pas? et séparer les gros morceaux d'avec le poussier, ainsi que je lui ai ordonné vingt fois? Oui? A la cave au charbon!...
  Et quand? Et quand donc? Y a-t-il cinq minutes que j'ai ouvert les yeux? Oh! oh! oh!
  Et sans doute, j'ai l'habitude de rentrer chez moi par la fenêtre à l'aide d'une échelle, — comme... Elle est encore appuyée à mon balcon, les derniers barreaux marqués par des doigts noircis!... *(Elle répète machinalement :)* Comme... comme... *(Soudain, elle s'arrête; la lumière se fait en elle. Elle regarde Patricia fixement, longuement, ses yeux s'arrondissent. Puis elle étend les bras et l'index, droit vers la jeune fille, en même temps qu'elle exhale une exclamation de stupeur, étirée comme un soupir :)* Aldo!... !... ?

PATRICIA, *stupéfaite aussi :* Quoi?

BALBINE, *agitée, va et vient :* C'est Aldo!!!

XANTUS, *là-haut :* C'est Aldo? Merci, Madame.

Il disparaît.

BALBINE : Comment n'y ai-je pas pensé plus tôt!... A la police! — Une vengeance du gredin! — A la police!... *(Elle est aussitôt calmée, sourit.)* Me voici délivrée!... Je n'ai peur que de l'inconnu, du fuyant, de l'insaisissable. Celui-là nous est trop connu — et je le tiens! *(Elle est contente. Fait mine de remonter chez elle.)* Je m'habille et je vole chez le commissaire!...

PATRICIA *l'arrête :* Balbine! — c'est inutile. *(Un temps. Elle rougit, baisse les yeux.)* Je voulais justement vous parler de lui, et de l'autre. *(Elle hésite encore, baisse la voix.)* Vous m'avez priée chaque jour de consentir à ce mariage avec Gabriel, — **aujourd'hui, je vous dis oui.**

Balbine revient sur ses pas. Sa voix tremble, elle est très émue.

BALBINE : Oui? oui?... tu dis oui? Enfin tu t'inclines, après tant de rebuffades? — Étrange journée! — J'ai bien entendu? *(Patricia va répondre, elle l'arrête du geste, grave et douce.)* Prends garde, Patricia, — réfléchis. N'est-ce pas pour soustraire Aldo au châtiment mérité que tu te livres à Gabriel, soudainement?

PATRICIA : Non!...

BALBINE : Tu dis oui volontiers?

PATRICIA, *avec une force joyeuse* : Je dis oui!

BALBINE *avance, encore bouleversée* : Ah! chère! chère Patricia!... *(Elle s'arrête.)* Je n'ose me réjouir encore! Songe à ma déception si tu allais te rétracter!

Tu dis oui, — tout court.

PATRICIA : Oui!

BALBINE *laisse déborder sa joie* : Ah! laisse-moi t'embrasser! *(Elle s'est précipitée sur Patricia mais s'arrête net, comme au bord d'un abîme.)* Oh! excuse-moi, — j'oubliais comme je suis torchée! *(Elle rit, puis elle regarde ses mains, sa robe, et l'indignation la reprend :)* Ho!... *(Et un sourire t un baiser de la main, sans toucher la bouche.)* Merci!... *(Elle s'enfuit vers l'escalier.)* Ho! — Ho! *(Puis :)* Je suis heureuse!

PATRICIA *essaie de la retenir* : Balbine, j'ai à vous faire un aveu difficile...

BALBINE *monte et rit* : Plus tard!... Je suis incapable d'écouter davantage, — et dans cette tenue...

PATRICIA : Tout de suite, s'il vous plaît!

BALBINE : Rien!... — Oui, c'est oui! — Je me baigne et je suis à toi...

PATRICIA : Je vous prie...

BALBINE, *à l'étage* : Oui, — tout court!

Elle rit et se sauve. Aussitôt que les jeunes filles sont seules elles laissent jaillir leur rire longtemps réprimé. Patricia embrasse légèrement Isabelle qui reçoit légèrement le baiser.

ISABELLE : Qui l'a noircie, — crois-tu?
PATRICIA : Personne qu'elle-même. Imagine-toi que du soir au matin les domestiques, récitant des litanies ménagères, la contemplaient s'échiner sur leur ouvrage. Papa lui a défendu d'être à la fois la maîtresse de la maison et la servante. Depuis, elle s'ennuie, elle se montre inconsolable. La voici somnambule! Elle se relève vers minuit et fait le ménage endormie!
ISABELLE, *jubile* : C'est la première fois qu'on entend parler d'un revenant noir!
PATRICIA, *heureuse, exaltée* : Ah!... — je ne sais plus rien! Le monde est peuplé d'esprits! Cette nuit, je regardais le reflet argenté du saule sur la rivière. L'arbre ignorait le reflet, l'eau l'ignorait aussi et le reflet s'ignore. Dis-moi, chère Isabelle, y aurait-il encore une image dans le miroir liquide, si nous étions tous aveugles?
ISABELLE, *dédaigneuse* : Et puis?
PATRICIA : Mirages! Un œil plein d'amour nous invente au miroir de l'univers!... J'y songeais, à ma fenêtre... Qui peut croire au sommeil d'une nuit et au sommeil de vingt siècles? Aucun repos! Gabriel parle à voix haute dans la solitude et gesticule. — Tu vas l'entendre! *(Elle embrasse Isabelle au vol.)* Quel langage inconnu traduit-il pour les oreilles humaines, pour les siennes et les miennes? D'où naît-elle, la musique que je n'entends qu'en moi et me donne une folle envie de danser?

Balbine travaille en dormant, moi je rêve en travaillant. Qui est ici, et qui n'est pas ici?

Elle embrasse encore Isabelle.

ISABELLE *se jetant dans un fauteuil :* Tu es agaçante!

PATRICIA *n'entend même pas :* C'est fait, c'est fait; j'ai dit oui!... Et maintenant je veux raconter à Balbine le roman imaginaire d'Aldo et de Patricia. Aldo n'en mourra pas. Peut-il mourir jamais? Même après moi, il faudra bien que les gens me reçoivent dans leur mémoire avec tous mes souvenirs. D'ailleurs Gabriel ressemble à Aldo trait pour trait. Je m'en suis avisée un jour et c'est de ce jour-là que je l'aime. Et sais-tu? Gabriel parle italien comme Aldo.

ISABELLE, *moqueuse :* Tu t'exprimes comme si, toi aussi, tu croyais à son existence.

PATRICIA *rit :* Oui! — Qui est ici? Et qui n'est pas ici?

J'ai dit oui, mais je n'accepte pas d'être pardonnée à ce compte et que Balbine continue de penser que Gabriel épouserait une jeune personne qui...

Elle s'arrête net, troublée, rougissante devant Isabelle.

ISABELLE, *hautaine :* Achève, ça m'est égal!...

PATRICIA, *adorable, s'excusant :* Si tu savais combien je l'aime!...

ISABELLE, *rêveuse, renversée dans son fauteuil :* Si tu savais combien je l'aime!...

PATRICIA : Et lui, m'accueillera-t-il, niaise comme je suis? Ce qu'il disait des jeunes filles... (*Elle est tourmentée et vient s'asseoir à nouveau sur le bras du fauteuil où repose Isabelle.*) Ah! que le plus simple amour est menacé!

Elle rêve aussi. Silence. Et dans ce silence Isabelle parle d'une voix lointaine, comme pour elle-même, lentement.

ISABELLE : Lorsqu'il est nu devant moi, son corps que j'aime est si beau qu'on dirait qu'il est en même temps la statue de la beauté et le modèle de la statue. *(Patricia est très gênée.)* C'est difficile à expliquer, mais je sais... Il est la beauté avec des commentaires... *(Elle rit à peine, pour elle seule :)* Oui, c'est ça!... On voit jouer sous sa peau tous les muscles, bien dessinés, et ce jeu est l'attestation de sa perfection écrite en signes. Et des bouquets de poils, ici et là, comme une preuve encore...

PATRICIA, *sur le souffle, pour la faire taire :* Isabelle!...

ISABELLE *se lève d'un bond, vive, gaie, ne posant plus :* Imbécile! — demande qui!

PATRICIA, *comme de l'évidence même :* Horace!

ISABELLE *éclate de rire, puis toute rouge de fierté :* Jacques!... Jacques!... Jou, — oui, mon Jou! —

PATRICIA *se laisse glisser dans le fauteuil bras ballants, regardant stupidement son amie :* Oh!...

ISABELLE, *parodique :* « Isabelle, je ne veux plus te connaître! Sais-tu ce que tu es? » *(Puis, continue :)* Horace était devenu répugnant de vanité : « Et moi ceci, et moi, cela... » Il semblait dire toujours avec orgueil : « Toi tu es moins que rien, mais moi, je suis l'amant d'Isabelle! » *(Elle lance en l'air son petit rire en chant d'oiseau.)* J'étais déjà sa chose due!

Et moi, tu ne sais pas? Regarde : j'ai un front de victoire, fermé d'un invisible laurier. *(Elle vient s'agenouiller devant Patricia pour se faire admirer. Elle est convaincue.)* Mon nez est droit comme l'étrave d'un vaisseau de course, — regarde!... Mon sein gauche est plus pur de forme que celui d'une reine, lequel pourtant fut moulé...

PATRICIA, *atterrée, l'interrompant :* C'est Horace qui t'a dit tout ça!...

ISABELLE *se lève, désagréablement surprise :* Ah!... Oui?... *(Et aussitôt rassurée :)* Il faut que ce soit vrai pour qu'il l'ait dit; il est tellement menteur!

Mais Jacques et moi!... Jamais personne n'a aimé comme nous!

... On pourrait écrire notre histoire!... Il est beau, si tu le voyais!

PATRICIA, *désolée, très bas :* Et Horace?

ISABELLE *se méprend. Nouvel étonnement :* Horace, lui?... Je ne sais pas. Je crois que je ne l'ai jamais regardé! *(Fini; elle est fière.)* J'étais si jeune... *(C'est trop. Patricia se retourne sur son fauteuil et, blottie, le nez au dossier, elle sanglote. Isabelle vient aussitôt s'agenouiller sur le siège, derrière elle, et lui souffle dans la nuque :)* Tu es jalouse, dis?

PATRICIA : Triste, triste, triste... Tu as gâté ma belle journée.

ISABELLE, *ahurie, se redresse :* Pourquoi?

PATRICIA : Et moi qui pleurais de trahir Aldo!

ISABELLE, *vexée, rit méchamment :* Tu es bête comme une cornemuse, — rien que du vent et des trous!

On entend, comme venue du dehors, la voix de Balbine. Elle appelle vraisemblablement de sa fenêtre.

LA VOIX DE BALBINE : Gabriel!... Gabriel!... *(Patricia se redresse, séchant ses larmes. Elle écoute, s'émeut.)* Venez là!... oui, — je descends...

PATRICIA, *à voix basse :* C'est lui!... Je tremble, — ne m'abandonne pas.

Elle se serre contre Isabelle. Balbine paraît à l'étage, fraîche, claire, vêtue d'une jolie robe de matin et parée de colliers de couleur. Elle descend vivement.

BALBINE : Patricia, voici Gabriel. Va dans ta chambre, un moment, je te rappellerai...
PATRICIA, *timidement* : C'est qu'auparavant, j'aurais voulu...
BALBINE : Non, non; rien!... Je ne différerai pas d'une minute la joie de ce cher garçon — et la mienne. Va, Patricia, va...

Elle est en bas et traverse. Patricia sort à droite avec Isabelle. En même temps Xantus apparaît en haut. Il se penche à la balustrade, appelle discrètement...

XANTUS : Madame...

Balbine n'entend pas, Elle cueille Gabriel à la porte et le prend par la main. Gabriel est débarrassé de ses enveloppements.

BALBINE : Venez, mon cher ami. Vous avez devant vous une heureuse messagère. Vous allez être satisfait...
GABRIEL, *très gai* : Je le suis déjà!
BALBINE : Non!
GABRIEL : Si.
BALBINE, *péremptoire* : Non, vous dis-je! — ou vous n'êtes pas exigeant! *(Elle corrige, vivement.)* Or, vous avez droit de l'être.
XANTUS, *de la galerie, plus haut* : Madame!... *(Balbine lève la tête.)* Dois-je éveiller Monsieur?

Il sourit hypocritement, exagérant la politesse, maniéré.

BALBINE, *étonnée* : Votre maître n'est pas levé?
XANTUS : Non, Madame, — d'autant moins que, plongé dans le sommeil, mon maître dort encore.
BALBINE : Appelez-le!

Xantus descend lentement et va vers la porte de gauche. Pendant la scène entre Gabriel et

*Balbine, il ne cessera, à intervalles, de frapper
à la porte, doucement d'abord, puis de plus
en plus fort, faisant mine d'écouter et d'attendre une réponse.*

*Balbine, qui veut jouir de son triomphe,
prend maintenant son temps :*

Mon très cher Gabriel, je vous ai promis :
« Vous ne tiendrez Patricia que de moi... »

GABRIEL, *légèrement* : Et peut-être la tiendrai-je
aussi d'elle-même, du ciel et de moi!

BALBINE, *souriante, ironique* : Croyez-vous?

GABRIEL : J'ai fait mon bilan avec une rigueur
mathématique; voici : l'âme nous déborde tellement que j'avais passé les frontières de l'âme
de Patricia avant que d'être arrivé ici. Patricia
m'ignorait aussi. Mais du plus loin que l'araignée
sente vibrer son fil elle sait que la proie est dans
sa toile. — C'est une image.

BALBINE, *moqueuse* : J'espère!...

GABRIEL : A certain ondoiement de sa vie
Patricia a perçu les approches terrifiantes de
l'amour... et, dans son épouvante sacrée, la chère
innocente a pris contre moi ses défenses.

BALBINE : C'est de l'arithmétique, ça? Et Aldo?
Où mettez-vous Aldo dans toute cette féerie?

GABRIEL, *triomphe* : Justement! J'ai terminé
mon enquête. Je suis entré dans chaque maison,
de Crayeuse à Villancart, de Bouque-la-Forêt à
Plamont; j'ai interrogé le maire, les marchands,
le cantonnier, les gendarmes : à cinq lieues à la
ronde, on n'a jamais connu d'Italien ni d'Aldo.

BALBINE, *inquiète* : C'est-à-dire?...

GABRIEL : Il faut que Patricia le cache en cette
maison...

BALBINE *pousse un cri, défaille* : Oh!

GABRIEL, *la soutenant vite* : C'est absurde! Je dis; il faut qu'elle le cache en cette maison ou...

BALBINE *le regarde fixement, s'attendant au pire* : Ou?...

GABRIEL, *joyeusement* : ...ou qu'elle l'ait inventé!

BALBINE, *ahurie* : Vous perdez l'esprit?

GABRIEL, *catégorique* : Elle a inventé Aldo!... Aldo, c'est son rempart, son bouclier, sa ceinture!

BALBINE, *scandalisée, va et vient* : Et moi, je vous réponds : « Vous prenez Patricia pour un monstre et Balbine pour une sotte! »

GABRIEL, *décontenancé* : Ah?... excusez-moi...

BALBINE : Inventé! Inventé Aldo!... Non, Monsieur, Patricia a un amant, que cela vous plaise ou non. Il ferait beau voir qu'elle se soit jouée ainsi de ma honte et de mon chagrin. Qu'elle ait commis une faute — bon! qu'elle soit une petite malheureuse, — bon! mais que par là-dessus elle soit une abominable menteuse, — non!

GABRIEL, *timidement* : L'une ou l'autre, — pas les deux...

BALBINE, *arrêtée, après une brève réflexion* : Je préfère l'une!... *(Puis, elle rit, avec indulgence.)* Ah! j'admire, j'admire la complaisance des hommes à se créer des consolations d'orgueil! *(Et péremptoire :)* Patricia a un amant!

GABRIEL, *rompant* : Peut-être...

BALBINE, *se rebiffe* : Je veux qu'elle ait un amant!

GABRIEL : Soit!

BALBINE : Je souhaiterais plutôt qu'elle en eût deux et quatre et dix.

GABRIEL, *consterné* : Ah?

BALBINE : Et comme vous avez du bon sens, vous serez de mon avis. *(Elle s'arrête devant lui, et scandant :)* Car vous n'étiez généreux qu'autant qu'elle était coupable.

GABRIEL, *vivement* : Vous avez raison.

BALBINE, *heureuse* : Ah! — Après cela, s'il vous plaît de vous taire, vous apprendrez la nouvelle. Patricia a dit oui! — enfin! *(Il est difficile à Gabriel de montrer beaucoup de joie. Au reste, il n'en aurait pas le temps. Xantus qui a rythmé toute cette scène de coups frappés avec une violence accrue, frappe à présent du poing, à toute force. Balbine est excédée :)* Ah! Xantus, finissez!

XANTUS, *très digne* : C'est que Monsieur ne cesse pas, lui, de ne pas répondre. Monsieur n'est ni sourd ni muet et moi je heurte en vain, je frappe inutilement et je toque sans résultat.

BALBINE, *comme si elle se rendait compte enfin* : C'est vous qui faites ce tapage? Et mon mari n'est pas encore sorti de son lit pour vous ramener aux convenances?

XANTUS, *tout simple* : Mon, Madame. Mais j'espère que mon maître est mort.

BALBINE, *frappée* : Hein?

XANTUS : Ce sera sa seule excuse.

Balbine indignée, inquiète aussi, traverse vivement pour aller frapper à la porte d'Olivier. Elle frappera doucement du doigt replié, avec une certaine mesure qui doit correspondre à un signal convenu.

BALBINE, *en passant* : Xantus, je regrette d'avoir à vous le dire, vous êtes stupide.

XANTUS, *près de la porte où elle frappe et attend, froissé dans sa dignité de commande* : J'ai déjà prié Madame de m'accorder un aide pour les grosses besognes, lequel serait stupide à ma place. Je l'insulterais moi-même et Madame s'épargnerait d'injurier.

Impatientée de ne pas obtenir de réponse, Balbine pousse la porte.

BALBINE, *stupéfaite, au seuil* : Oh! les volets sont ouverts et le lit n'est pas défait!

XANTUS, *à Gabriel cloué au milieu de la pièce, — sans même regarder dans la chambre d'Olivier, comme un huissier qui annonce* : Les volets sont ouverts.

BALBINE, *vers Gabriel* : Olivier n'est pas rentré, cette nuit.

Elle attend là, elle réfléchit.

XANTUS, *vers Gabriel* : Le lit n'est pas défait. C'est la première fois, car ça n'est jamais arrivé à Monsieur depuis que je suis à ses ordres et à son service.

Balbine marche lentement à Gabriel, s'adressant à lui, qui n'entend pas. Il est ailleurs.

BALBINE : Un accident?... Non! Nous en serions informés; il a quitté la maison hier, à cinq heures. *(Silence. Et soudain, elle a une exclamation de reproche :)* Oh!... *(Puis de révolte :)* Oh!... *(Enfin, d'amertume :)* Oh!...

Elle s'assied, le buste droit, au bord d'un fauteuil.

XANTUS, *curieux* : Oh?

BALBINE, *regardant tour à tour Xantus et Gabriel, sèchement* : Ne faites pas, l'un et l'autre, des yeux noirs à me couvrir de deuil!

XANTUS, *avec un respect exagéré* : Oserais-je prendre la respectueuse liberté de me permettre de demander à Madame...

BALBINE, *hautaine et calme* : C'est votre nouvelle manière? Je vous préviens que je vois, clair comme le jour, que votre politesse, c'est à vous-même qu'elle s'adresse! Et vous me faites peur, aussi : vous avez l'air d'un gredin dans sa gangue. *(Xantus est battu. Elle questionne sèchement :)* Que vouliez-vous?

XANTUS, *timide :* ... Savoir si Monsieur n'aurait pas — par hasard — partagé la couche de Madame, cette nuit?

BALBINE *sursaute :* Oh!

XANTUS : Et Madame l'aurait oublié?

BALBINE *se domine et ordonne :* Sortez!

XANTUS, *humble :* Je n'y voyais aucun mal...

BALBINE, *la bouche sèche :* Sortez, vous dis-je...

XANTUS *traverse, pour sortir à droite :* Au contraire. — Par exemple moi, j'oublie tout de suite qu'une fille a dormi dans mon lit.

BALBINE, *à bout de souffle :* Chassez-le, Gabriel, — il me tuera!...

Gabriel est embarrassé.

XANTUS : C'est pourquoi je suis tant aimé des filles.

Balbine se laisse aller dans le fauteuil, — la tête renversée. Est-elle évanouie?

GABRIEL, *tiré de sa rêverie :* Voyez!...

XANTUS, *doucement, simplement :* Madame va se revenir toute seule. *(Il est au seuil, à droite.)* C'est vrai, Justine m'a dit : « Je veux bien coucher avec toi, mais tu l'oublieras. » Et j'ai oublié. Et Rosalie a dit de même, et Suzon et les trois Marie « Tu l'oublieras! tu l'oublieras. » Et j'ai oublié, moi. *(Un temps, très court.)* Voici que Madame revient à Madame.

En effet, Balbine remue la tête de droite à gauche, lentement, comme pour protester. A ce moment, Minna survient du dehors, les yeux ronds, agitée.

MINNA : Madame! *(Balbine n'était pas évanouie, elle se redresse brusquement.)* Tout le village est dans le parc, cueillant nos fruits et liant les bouquets de nos fleurs!... Les grilles ont été enlevées, et dans l'épaisseur du mur on voit une plaque bleue toute neuve comme au coin d'une rue, avec une inscription : « Raccourci de Neuf-le-Vieil à Bontigneulles. » Oui, Madame. Je l'ai lu sans lunettes! »

Gabriel est terrorisé pour Balbine. Elle est debout, droite, un peu pâle. Il craint qu'elle tombe et s'apprête à la soutenir. Mais elle l'arrête d'un geste, maîtresse d'elle-même. Et tandis que Minna regarde derrière elle, dans le parc, elle demande d'une voix blanche :

BALBINE : C'est tout?...

MINNA : Et les mauvais garçons ont chassé Mirza à coups de pierres. Vous savez, Mirza, le dernier vivant de nos chiens!... Et la bête a filé au diable, plus vite qu'une machine!

BALBINE, *la voix plus assurée* : C'est tout?

MINNA : Et une meule est en feu au beau milieu de nos champs, sans même personne pour la regarder brûler!

BALBINE, *comme d'une chose sans importance* : C'est tout?

Balbine n'a-t-elle pas sur la lèvre un imperceptible sourire? Minna qui vient de regarder au-dehors encore, ose à peine parler. Elle est épouvantée et s'écarte de la porte, comme pour trouver protection à l'intérieur. Tous ont peur, sauf Balbine qui vraiment semble sourire.

MINNA : Et la vérité me pardonne si notre maître ne nous arrive pas aussi saoul qu'un conscrit et la jambe molle comme la queue d'une vache!

Balbine sourit en effet, d'un beau sourire qui accueille Olivier, ivre, à son entrée. Il est vêtu d'une veste de gros velours à côtes, d'une culotte de cheval et botté. La chemise au col ouvert — lâche au-dessus de la ceinture de cuir — les cheveux en désordre et tout couvert de poussière et de boue sèche, il donne l'impression d'un homme qui a rôdé toute la nuit et dormi sur la terre après une ivresse abominable. Il est encore enveloppé des vapeurs de l'alcool.

Hilare, il s'arrête au seuil, appuyé au chambranle de la porte.

OLIVIER : Salut!... Ici l'air est épais comme un sirop transparent!... Ici, on pêche à la ligne!... (*Observation qui lui vient de l'immobilité de Balbine, de Gabriel, de Minna et de Xantus. Il désigne quelque chose, au-dehors, d'un geste mou.*) Là-bas, leurs gestes légers font partie d'un ensemble dont le sens nous échappe; un ballet peut-être. Mais si les figures de leur danse nous paraissent détachées, c'est seulement parce que nous sommes exilés de la musique. Salut!

BALBINE, *très douce, d'une douceur voulue* : Bonjour, mon ami.

OLIVIER, *après un coup d'œil étonné* : Tu souris?

BALBINE : Je me suis permise de m'inquiéter de votre absence insolite, — ne me le reprochez pas. Mais vous êtes là, et je vous remercie du soulagement qui m'arrive avec vous.

Elle veut aller à lui qui vient d'avancer d'un pas.

OLIVIER, *bon enfant* : Arrière!... Je suis saoul!

BALBINE, *en place, tout simplement* : Oui, mon ami, vous l'êtes; vous aurez des nausées.

OLIVIER, *victorieusement* : J'en ai!... Elles ne me

montent pas toutes de l'estomac — je suis saoul
aussi de mon sang! *(Il vient regarder Balbine au
visage comme myope.)* Je ne rêve pas? Tu as l'œil
sec? Tu ne pleures pas encore tes larmes sans sel?

> *Gabriel, Xantus et Minna sont les témoins
> immobiles de cette scène, dont seules l'expres-
> sion épouvantée de leur visage et leur attention
> tendue marqueront le caractère de violence
> intérieure. Les trois regards sont sur Balbine.*

BALBINE, *souriante :* Non.
OLIVIER *lui tourne le dos :* Étrange! *(Il ricane.)*
D'habitude la femme est une urne de rosée; il lui
suffit de pencher la tête : l'eau coule! Les beaux
yeux de l'idole sont des trop-pleins. *(Il revient
examiner Balbine de tout près.)* Non! tu ne pleures
pas. Voici de la nouveauté!
BALBINE, *comme amusée :* Nouvelle est aussi
votre ivresse. Je pourrais en effet pleurer, mais
pour vous éviter d'être ivre mon eau viendrait
un peu tard dans le vin.
OLIVIER *la regarde, stupéfait, puis rit, pour lui-
même :* Ah! déconcertante intuition du sexe mou!...
(A Balbine :) Tu ne peux comprendre...
BALBINE, *placide :* Ne vous escrimez pas en vain;
vous ne toucherez pas le fond de ma patience.
OLIVIER *s'exclame, admiratif :* Ange! Ange inu-
sable!...
BALBINE : J'accepte le mot pour un compliment.
OLIVIER, *à Gabriel :* Demeurez, cher garçon,
— j'ai besoin d'un consolateur, — Minna, Xantus,
restez aussi, vous me conduirez à ma chambre.
*(Détente. Les trois témoins respirent. Olivier se jette
dans un fauteuil où il s'étale, jovial.)* Toute la
nuit, j'ai couru après ma jeunesse. Belle chasse,
ardente et jalonnée de chutes! Parfois, je l'ai

rattrapée, oui vraiment — dans des instants de solitude et de danger. Il y a quelques mois j'ai cru la capter à nouveau dans l'amour. *(Il pouffe.)* Naïveté... Ah! Ah! — laquelle candeur me ramenait réellement en arrière, — elle seule, et de trop d'années! *(Il s'adresse probablement à Gabriel :)* Illusion, mon cher; on ne recommence guère et la femme à la femme s'ajoute!

La terreur s'empare à nouveau des témoins liés à Balbine du regard.

BALBINE, *très calme* : J'ai la fierté de ne pas pouvoir vous en répondre autant à propos des hommes.

OLIVIER, *cérémonieux* : Merci, calme épouse, déesse au lait de coco!... *(Vivement :)* Ne pleurez pas!...

BALBINE, *aussi vite* : Rassurez-vous!... *(Puis :)* Cependant, la chasteté me semble n'être pas auprès de vous d'une bonne recommandation.

OLIVIER, *attendri; est-il sincère ou joue-t-il ?* : Oh! si Balbine! — et je t'aime!... *(Il fait une grimace d'amertume.)* La preuve de mon amour est dans son absurdité même. D'amants, visiblement épris, se demande-t-on pas toujours : « Pourquoi elle et lui, celui-là avec celle-là? » *(Il sourit.)* On oublie que l'absurde est le pire des attraits!

BALBINE : Je vous jure, moi, que ma tendresse procède tout entière de la raison.

OLIVIER, *tranquillement* : Toi, tu confonds la raison et le raisonnement, la tendresse et la tendreté!

BALBINE, *non moins tranquillement* : Appréciation...

OLIVIER *se renverse dans son fauteuil* : Ha!... je suis mal à l'aise! *(Balbine profite du répit pour fermer les yeux une seconde et se pose le dos de la main sur le front. Mais déjà Olivier se redresse et elle reprend son sourire.)* Vagabondage! J'étais las de tourner sur moi-même, un thermomètre pour pivot!... Étais-je malade d'autre chose — hein? — que de creuser le moule de mon corps allongé entre le matelas et l'édredon, — hein? — comme pour y couler enfin! gisante et sombre, mon effigie funéraire. *(Il rit grassement.)* Ah! Ah! un peu plus, j'allais croire à la mort!

BALBINE : Vous avez le vin triste, mon ami.

OLIVIER, *sec* : Appelle-moi Monsieur!... *(Un éclair, — il sourit.)* Figure-toi : à minuit, j'ai voulu, pour l'édification de quelques vauriens, faire un portrait de toi, raconté! *(Avec un prodigieux étonnement :)* Impossible! Il fallut y renoncer!... Loin de toi les lignes m'échappent, même le contour se dérobe.

BALBINE, *à peine ironique* : Je pourrais vous dessiner, moi.

OLIVIER, *les yeux mi-clos comme un peintre attentif* : Et maintenant, je te vois bien. Tu es... *(Il scande :)* l'implacable Allégorie de toutes les Vertus domestiques!...

Il rit d'un rire pressé et presque muet.

BALBINE : J'augure de cette réflexion que vous avez galvaudé en compagnie de Monsieur votre frère.

OLIVIER, *étonné* : Constant?... Pourquoi?...

BALBINE : Depuis quelque temps, il exerce sur vous une influence néfaste. *(Elle ajoute aussitôt, aimable :)* Ne vous fâchez pas!

OLIVIER, *ahuri* : Je me fâche, moi?

BALBINE, *très douce et souriante* : Oui, vous êtes en colère.

OLIVIER *proteste un peu nerveusement :* Mais non!
BALBINE : Je vous connais.
OLIVIER, *sec, énergique :* Non!
BALBINE : Regardez-vous au miroir.
OLIVIER *se fâche :* Non, — je vous dis!
BALBINE : Vous êtes en fureur jusqu'aux cheveux.
OLIVIER, *furieux, en effet :* Ce n'est pas vrai!...
BALBINE : Et vous criez!...
OLIVIER : Je crie?
BALBINE : A vous aveugler.
OLIVIER *hurle :* Ce n'est pas vrai, — entendez-vous?
BALBINE, *avec son implacable sourire :* J'entends, — Et vous, n'entendez-vous pas?
OLIVIER, *hors de lui, frénétique, mais la voix coupée :* Tais-toi!...
BALBINE *d'un débit égal, uni, sans aucun accent, tandis qu'Olivier, devant elle les bras à demi tendus, tremble de la tête aux pieds :* Me taire? Oh! mon ami, vous êtes injuste! Me taire? C'est le comble! qu'ai-je dit? Vous hurlez comme un frénétique. Et je ne dis rien, je n'ai rien dit. Vous divaguez — je vous écoute. J'ai des oreilles, — c'est tout. Vous m'ordonnez de me taire. Ai-je ouvert la bouche? Vous n'en finissez pas de discourir; avez-vous entendu ma voix? Je suis ici lèvres cousues. Vous parlez, parlez; je ne desserre pas les dents. Qu'aurais-je à dire, et quand? Pas un mot, — j'ai la langue inerte. Je prends ceux-ci à témoin. N'ai-je pas l'air d'une muette? Vous imitez le tonnerre pour effrayer les enfants; pas un écho venu de moi, vos protestations semblent tomber dans le vide. Aucun son, nul murmure. Qu'on m'accuse d'être taciturne, — oui. Me taire, dites-vous?

Olivier va-t-il l'étrangler, on peut le craindre. Les témoins sont penchés vers le centre du drame.

Non, c'est tout. Balbine va d'un pas tranquille chercher sa corbeille à ouvrage dans l'armoire du fond. Olivier demeure un moment perdu, puis il laisse retomber ses bras et paraît se réveiller d'une transe, haletant. Il s'assied lourdement. La détente permet aux témoins de se redresser. Balbine reviendra bientôt s'installer tout près du fauteuil de son mari. Pour se mettre à un tricotage de laine blanche elle gante une paire de mitaines blanches. Tandis qu'elle s'apprête à développer autour d'elle un invincible principe de tranquillité, Olivier lui tourne le dos ostensiblement et, couché en travers du fauteuil, forçant sa jovialité, il s'adresse à Gabriel.

OLIVIER : Oui, mon garçon, oui, j'allais croire à cette mort-pas-plus-loin-que-le-bout-du-nez!... Ah! Ah!... couardise!... Même si tu n'as pas d'enfants, la mort n'a prise sur toi que trois jours, — pas un de plus. Trois : le dernier souffle, la veillée et l'ensevelissement. Tu es vraiment crevé, au su et au vu des témoins. Mais au matin du troisième jour, tu ressurgis tout vif dans la mémoire des hommes! Et le voyage n'est pas fini. De là, tu sautes à pieds joints dans l'histoire, et de l'histoire dans la légende. Une, deux, trois : debout!

Il se lève d'un bond et jette les bras au ciel.

BALBINE, *sans trop de curiosité, comme dans une conversation courante, penchée sur son ouvrage :* Vous êtes certain?... Et ainsi chacun de nous?

OLIVIER, *tourné d'une pièce vers elle :* Tous,

tous, tous, — sauf toi! *(Il rit, se retourne.)* Les uns seront les héros, les saints, les prophètes, et tous les autres, vous et moi — deviendront la multitude symbolique qu'on dénomme à travers le temps : Migration, Chasse, Conquête, Épidémie, Famine, Religion, Holocauste, Iconoclaste, Massacre, Race, Nation, Caste, Révolution, Guerre, Ville, et, pêle-mêle, Tour de Babel, Pyramide, Olympiade, Bacchanale et Carnaval!...

Il a lancé cela en bouquet. Il sourit.

BALBINE, *toujours du même ton :* Est-ce bien souhaitable?

OLIVIER, *comme s'il l'insultait, crie :* Mais il faut avoir vécu vivant, pour vivre mort! *(Il vient à elle qui ne lève pas la tête. Il fait une affreuse grimace de dégoût exagérée.)* Ton écœurant souci de sécurité ferait de nous un peuple de quenelles, ressemblantes jusqu'à la dégoûtation!... *(Puis :)* La vie dangereuse et sans fin est là où la partie n'égale pas le tout. Comprends-tu? Toi, tu cherches une sécurité sans exemple. Et moi, je veux me perdre dans une existence instable et précaire!... Balbine es-tu... Et moi, Olivier!... *(Il rit triomphalement.)* Assez du lit où la dernière heure serait trempée de sueur, blette, croupie, touffue, et confite! A moi les aventures sans témoin, le danger sauf de toute vanité. Devant l'audace de l'homme lancé seul entre ciel et mer, entouré d'un péril souple comme l'onde et le vent, la mort hésite. Mais qu'elle le frappe au vol, sur la brusque absence d'un être, l'azur se referme avec le fracas d'un tonnerre! on l'entend jusqu'aux confins des siècles. Olivier, suis-je! Et toi, Balbine, résignée à l'agonie en graisse cuite si difficile à digérer!... *(Il se calme soudain et conclut avec une extraordinaire simpli-*

ACTE TROISIÈME

cité :) Il ne faut pas laisser à la seule fatalité toutes les responsabilités. Non, mettons-y du nôtre. Où serait le mérite de souffrir?

BALBINE, *comme étonnée :* Vous avez fait tout cela, cette nuit?

Olivier vient à elle à pas comptés. Il sourit et parle posément, mesurant ses coups.

OLIVIER : Presque, — oui presque!...
J'ai, de mes mains encore lâches, descellé les grilles du parc, puis de mes mains déjà tenaces, encastré dans le mur une plaque indicatrice : « Raccourci de Neuf-le-Vieil... » Ah! Ah! la revanche des gens est réconfortante! N'est-ce pas? Qu'ils traversent le domaine vingt fois au lieu d'une, rien que pour le plaisir, — je n'en serais pas surpris. Il m'était fatigant de les voir arpenter pas à pas ce chemin de haine dont ils entouraient nos murs.

Pleures-tu? Tu pleureras!

BALBINE *a levé la tête :* Si je pleurais, ce serait pour ne pas vous contrarier.

OLIVIER : Évanouis-toi, cœur trop petit!

BALBINE, *sans voix :* Vous l'avez fait plus petit encore, sans doute pour qu'il échappe à vos coups. Pour cela je vous dis merci.

OLIVIER *ricane :* Voire! *(Il est penché vers elle, les mains aux genoux, baissant la voix.)* La nuit du ciel était pareille à un immense sapin de Noël chargé de veilleuses. Je me suis endormi dessous. La fraîcheur du matin sur les champs m'éveilla grelottant. *(Il se redresse, hausse le ton.)* Pour me réchauffer le corps et les yeux, j'ai mis le feu à notre blé en meule. *(Il rit, court à la porte.)* Lève-toi, viens voir! ça flambe encore comme un soleil!

BALBINE, *tranquille :* L'assurance paiera.

OLIVIER *revient triomphant :* Non! justement,

non!... même sur un mensonge l'assurance ne paiera plus! J'ai rompu tous les contrats!... *(Cette fois, Balbine est debout, il appelle :)* Minna! Xantus! Ici! *(Ils accourent et le soutiennent au moment où il allait tomber.)* A ma chambre! Ma joie fait tourner le paysage!... *(Il marche vers la porte de gauche, soutenu de chaque côté par les domestiques.)* J'ai demandé aux assureurs : « Pouvez-vous me garder de l'ivrognerie? » — « Non, Monsieur » — « De la débauche? » — « Non, Monsieur » — « Me sauver de la mélancolie, du pressentiment » — « Non! » — « De l'angoisse spirituelle? » — « Non » — « Me garantir contre l'adultère? » — « Non » — « Pouvez-vous m'assurer contre l'assassinat moral? » — « Non et non! » *(Il rit éperdument.)* « Alors? » — « Nous assurons, Monsieur, contre les effets. Donc respectons les causes, Monsieur; respectons-les. » *(Il fait encore une grimace de dégoût :)* Bech!... Matière!... Matière!... *(Au moment de sortir, il tourne la tête vers Balbine et conclut, avec compassion :)* Tu vois, ma chère, ils ne pouvaient rien pour nous!...

Il sort entre Minna et Xantus. On l'entend rire. La porte se referme. Dès qu'elle est seule avec Gabriel, Balbine retire ses lunettes sombres et s'abandonne à son émotion.

BALBINE, *haletante :* Je suis touchée! Je suis durement touchée! Je le sais, mais je ne le sens pas. N'y avait-il pas là de quoi s'évanouir?

GABRIEL, *vivement :* Non! Madame!

BALBINE, *révoltée :* Non? Si, Monsieur, si! *(Puis :)* Mais je n'ai pas mal et tant de choses sont en suspens!... Ou ses traits étaient trop aigus et la douleur ne viendra que plus tard, ou, trop rapides, ils ont cicatrisé la blessure en passant. *(Mépri-*

sante.) Non! il a visé trop bas! *(Agitée, elle va ranger sa corbeille à ouvrage dans l'armoire.)* Propos d'homme ivre? Soit! Mais il en appert *qu'il n'est pas heureux!* Pas heureux? Est-ce croyable? *(Elle est outrée.)* Olivier n'est pas heureux! Oh! c'est trop fort!... *(Xantus sort de la chambre d'Olivier et attend au seuil. Elle ne s'en soucie ou ne s'en aperçoit pas et poursuit :)* « Olivier, suis-je! Et toi, Balbine. *(Avec un orgueil emporté.)* Oui, moi!... Et le mari de Balbine n'est pas heureux. N'est-ce pas, à vrai dire, scandaleux?... Oh!... Il n'est pas un monstre, pourtant? Et j'ai beau cumuler les vertus, Monsieur se déclare insatisfait!... Ah! je ne m'attendais pas à être noircie au-dessus et au-dedans dans une même journée.

« Balbine, ton mari n'est pas heureux! Balbine, ton mari... » on le répéterait cent fois sans arriver à comprendre. Et ensuite, il rentre ivre dans ma maison et je suis la risée du pays. Oui, moi! Si l'homme boit c'est encore la femme qu'on moque. Voici le monde! *(Elle s'avise de la présence de Xantus.)* Qu'attendez-vous là?

XANTUS, *sortant de sa méditation, approuve :* Oui. Et si la femme trompe l'homme, c'est toujours l'homme qu'on moque.

BALBINE, *l'esprit ailleurs :* Que voulez-vous dire?

XANTUS, *simplement :* Ça!

BALBINE, *sans intention :* Où est Minna?

XANTUS : Minna borde le maître.

BALBINE, *s'appliquant les poings fermés aux yeux fermés, à Gabriel :* Gardons notre sang-froid.

Un temps.

XANTUS : Je voudrais prier Madame de m'accorder par faveur un congé de vingt-quatre heures.

BALBINE : Un congé? Sous quel prétexte?

XANTUS : Sous quel prétexte? Toujours le même : ma mère.

BALBINE : Vraiment? C'est la troisième fois ce mois-ci que vous vous rendez chez elle.

XANTUS : Je me permets de dire à Madame que ma pauvre mère n'est plus aussi jeune que moi.

BALBINE : Ah, oui?

XANTUS : Et elle dit : « La vie est mesurée comme les années de prison, au commencement douze mois et toujours moins à la suite; ça diminue avec le temps de la punition et la sagesse du condamné. »

BALBINE, *qui le regarde attentivement* : Oui, et c'est vous qui irez en prison. Vous allez commettre un méfait et déjà vous faites des grimaces pour n'être pas reconnu.

XANTUS, *assommé* : Qui vous a?...

BALBINE, *nette* : Quand voulez-vous partir?

XANTUS *balbutie* : Je... ne... — tout à l'heure!

BALBINE : Non, mon garçon, non. Trouvez-vous d'abord un remplaçant.

XANTUS, *ahuri* : Un remplaçant?... *(Soudain.)* Oui!... — Oui, Madame!...

Il traverse la pièce, de gauche à droite, très vite, comme pour sortir.

BALBINE, *tandis qu'il passe* : Xantus! — qu'il soit orphelin! *(Xantus en reste cloué sur place. Balbine est satisfaite d'elle-même, soulagée. Comme pour elle-même :)* Où est Minna? *(Puis à Gabriel :)* Me voici calmée, — sûre de mon équilibre! Il s'agit à présent de prendre nos mesures. Premièrement, les contrats d'assurance ne sont pas résiliés, — non. J'en jurerais... Ce sont paroles perdues. Olivier n'était pas dans son bon sens, — excusez-le. Secondement, il n'a pas, de sa main, allumé l'incendie. Non, — j'en suis certaine. Il désirait m'épouvanter. L'assurance, l'assurance paiera. Je ne mentirais pour rien au monde, — mais je le jure!...

La porte s'ouvre à gauche et Minna surgit. Ses bas descendus et roulés jusqu'à la cheville, son corsage large ouvert sur la chemisette, les cheveux en désordre, elle se cache les yeux sous le dos de la main. Elle n'ose avancer d'un pas. Balbine la voit et la reçoit en plein dans les yeux et dans le cœur. Elle ferme les yeux et reste droite. Silence.

XANTUS, *à mi-voix* : Madame, sauf respect, nous sommes cocus.

Balbine sursaute, ouvre les yeux. Sa dignité l'emporte, elle se force à sourire.

BALBINE, *le plus naturellement possible* : Ma pauvre fille, êtes-vous débraillée!...
XANTUS, *stupéfait, croit bon d'ajouter en manière d'excuse, presque bas* : Je dis, c'est bien de l'honneur pour moi... et pour Minna.
BALBINE, *on la sent tout de même frémissante, à Minna* : Remontez chez vous. (*Minna se sauve. A Xantus :*) Allez dire à Mademoiselle Patricia que je l'attends ici. (*Xantus, terrorisé, disparaît instantanément. Alors Balbine prend Gabriel au bras et l'entraîne vers la porte de sortie. Sa voix blanche tremble un peu :*) Chut! Chut! Silence!... Je n'accepte de conseil que de moi! Il ne craint pas le temps celui qui le prend pour guide et pour compagnon. Nous verrons un jour si je suis ou non maîtresse en ma maison. Vous, mon ami, commandez qu'on replace immédiatement les grilles. Courez ensuite au chenil, et au retour, lancez dans le

parc des chiens à gueule de crocodile. A bientôt.
(Elle s'est exaltée un peu. Gabriel est parti. Patricia entre de droite. Balbine va à sa rencontre jusqu'au milieu de la pièce. Elle s'assied. Patricia debout auprès de son fauteuil.) Patricia, tu voulais me faire des confidences, tout à l'heure, — je t'écoute.

Patricia très timidement, se tourne vers elle pour parler.

J'ai transmis à Gabriel ton consentement. Ah! s'il est un baume à mon cœur endolori, c'est son émerveillement! Doux garçon! Qu'on tire un certain suc à partager les chagrins d'autrui, — oui, comme si on payait d'avance les siens — quelle réjouissance ne doit-on pas attendre d'un bonheur étranger dont on est l'artisan? Ma chérie, dans un mois tu seras mariée par mes soins!... Je me remercie. *(Patricia a fait un geste, mais il est trop tard.)* Hélas! tu n'avais plus à prétendre être difficile... *(Patricia fait un signe de protestation, timide. Elle va parler.)* Non! — et le plus beau sort t'échoit! Sois comblée; j'en suis fière!... Tes fautes effacées, tu seras une charmante compagne; qu'il dise merci, lui aussi. *(Nouvelle tentative de Patricia.)* En fait, je n'ai jamais désespéré de toi, parce que tu n'as pas tenté de mentir lorsque je t'ai naguère interrogée. Tu ne l'ignores pas, le mensonge est mon cauchemar. Je n'adoucirais pas l'inflexion de la vérité quand ma vie ou celle des autres tiendrait au fil de ma langue. *(Patricia, on le sent, ne parlera plus. Elle a reculé d'un pas ou deux.)* Je t'écoute. Il s'agit de lui, de toi, et de... l'autre? oui? *(Patricia approuve de la tête.)* Crains-tu que... l'autre fasse un scandale? *(Patricia secoue la tête en signe de dénégation.)* Il n'existe plus pour toi?

(Signe : non.) Il t'a abandonnée? *(Pas de réponse.)* Ou toi? *(Signe : oui. Balbine baisse la voix, à chaque question.)* Il ne s'est pas tué? *(Signe : non.)* Il est parti? *(Signe : oui.)* Pour toujours? *(Signe : oui.)* Il ne reviendra plus — tu en es sûre? *(Signe : oui.)* Mais alors? *(Silence. Patricia la regarde, elle n'ose parler, elle baisse la tête.)* Est-ce donc si difficile? *(Signe : oui. Balbine la dévisage avec intensité.)* Mais?... Mais...

Soudain elle pâlit, se dresse, pousse un long cri sourd et tombe à la renverse dans son fauteuil. Patricia, affolée, court frapper à la porte d'Olivier.

PATRICIA *appelle à mi-voix* : Papa! mon papa!...

A l'instant, Olivier paraît, vêtu de sa robe de chambre, calme, souriant.

OLIVIER, *tendrement, embrassant Patricia* : Ma petite fille? *(Et par-dessus son épaule, il voit Balbine évanouie. Écartant Patricia :)* Ah?... Moi, je n'y avais pas réussi!

Il fait un signe à Patricia, désignant l'armoire. Elle se dépêche et rapporte un petit flacon que son père passera sous le nez de Balbine, d'abord de loin, puis plus près.

PATRICIA : Mais je n'ai pas dit un mot! Je n'y suis pour rien! Qu'a-t-elle pu imaginer?
OLIVIER : Oui, elle fait tout elle-même, le ménage et le reste!
PATRICIA : Je te le jure, rien n'est vrai!...
OLIVIER : Rien n'est vrai, Patricia...
PATRICIA : ...de tout ce qu'elle pourra te dire!
OLIVIER : ...de tout ce qu'elle pourra me dire.
PATRICIA : Elle ne ment pas, mais...

OLIVIER : Elle ne peut mentir, elle est le mensonge debout!
PATRICIA *proteste* : Oh! non!... elle se trompe!...
OLIVIER : Elle est le mensonge innocent. Elle ignore la vérité des hommes et des jours. Ses vertus n'ont aucune racine dans l'amour.

Ils sont rapprochés derrière le fauteuil de Balbine évanouie. Olivier donne ses soins, lui fait respirer le flacon, lui mouille les tempes.

PATRICIA : Je ne puis être sincère avec elle, affirme-t-elle, je nie irrésistiblement. Plus elle est sage, plus je m'égare.
OLIVIER : Sa sagesse est stérile! Elle comprend tout et ne sent rien!
PATRICIA : Elle me tend la main, je résiste et m'enlise avec un courage désespéré.
OLIVIER : Oui, oui, oui, c'est cela!
PATRICIA : Elle rit, je m'efforce de pleurer. Qu'elle pleure et je rirai. Et pourtant, je l'aime et je me déteste.
OLIVIER : Elle se présente comme une leçon de perfection donnée aux pécheurs par un modèle vivant! Qui oserait lui ressembler!
PATRICIA : Il faut que tu le saches enfin : Aldo n'existe pas, — je l'ai inventé.
OLIVIER : Comme moi, ce matin, mon ivresse et ma folie! — Elle m'oblige à de dégradants complots avec les domestiques! — Je lui pardonne!... Tout était faux, sinon le courage désespéré de l'amour. — Tu as bien dit!
PATRICIA : Nous la rendons malheureuse, toi et moi!... Sois moins dur avec elle, mon papa.
OLIVIER : Pas encore!... Lorsque ses sentiments seront solvables!
PATRICIA : Elle est franche et droite.

OLIVIER : Fausse monnaie, — elle n'en connaît pas encore d'autre! Tu ne peux comprendre, Patricia, tu ne le peux! Non, non, j'irai jusqu'au bout!... *(Balbine sort lentement de son évanouissement. Silence. Olivier et Patricia sont penchés vers elle, de chaque côté du fauteuil. Elle ouvre les yeux, regarde autour d'elle.* Balbine, nous sommes là.

Elle sursaute, les dévisage, se raidit, se lève. Ils veulent l'aider, la soutenir, elle fait un pas en avant pour n'être pas touchée par eux. Arrêt. Ils attendent.

Elle fait un grand détour pour les éviter du plus loin possible et remonte vers le fond. Olivier et Patricia, la suivant du regard font demi-tour sur place lentement.

BALBINE, *à Patricia, arrêtée au milieu de la pièce :* Je ne me ferai pas la complice d'une semblable vilenie!... Je vais, de ce pas, rompre tes fiançailles! *(Elle va à la porte du parc, s'arrête encore, se retourne et lance :)* Est-ce que je suis enceinte, moi?... Et je suis mariée!...

Et elle disparaît.

OLIVIER, *exclamation de révolte et de pitié :* Oh!... *(Déjà Patricia est dans ses bras.)* Pardonne-lui! Pardonne-lui!

PATRICIA, *très agitée :* Oui!... — Mais Gabriel va souffrir!

OLIVIER, *étonné :* Ah?

PATRICIA, *impétueuse :* Et je l'aime!

OLIVIER, *tendrement :* Patricia!

PATRICIA : Et je l'aime!

OLIVIER, *amusé :* Tu lui es fiancée sans mon consentement!

PATRICIA : Je n'en sais rien! C'est Balbine qui

combine tout! Ça m'est égal. Mais je l'aime et il va pleurer!

OLIVIER *rit, doucement :* Il pleure?

PATRICIA : Non, — il rit : c'est la même chose!

OLIVIER : Oui.

Constant paraît à la fenêtre du fond.

CONSTANT : Salut!

OLIVIER, *à Constant :* Ah! te voilà, — entre vite! *(A Patricia :)* Tu l'aimes? *(Il rit.)* Comme tu as dit ça!... Ah! je te reconnais bien pour ma fille : lancée à tous risques. Adorable enfance!... Que celui que tu as choisi te reçoive d'un cœur plus respectueux que deux mains qui vont se joindre en prière! *(Il la conduit vers la porte de droite.)* Laisse-moi un moment!

PATRICIA : Et Gabriel?

OLIVIER : N'aie pas peur, pourvu que l'amour n'ait pas tiré une flèche fragile qui se brise en touchant le but. Va, je lui parlerai tout à l'heure. Enferme-toi dans ta chambre; il ne faut pas que tu sois mêlée à mes aventures. *(Elle est sortie. Olivier se tourne vers Constant :)* Eh bien?

CONSTANT *rit :* Ma surveillance est finie; La Faille vient de sortir de chez elle, parée comme châsse. Elle vient par la route. J'ai coupé à travers champs.

Olivier va rouvrir la porte de droite, afin de pouvoir guetter, ce qu'il fait durant toute cette scène.

OLIVIER : Elle entrera par-derrière, j'ai l'œil à la porte. Toi, guette Balbine.

Constant demeure au fond, près de la porte du parc.

CONSTANT : Es-tu satisfait de la comédie?

OLIVIER : La moralité n'a pas suffi !... Imagine-toi que Balbine a deviné merveilleusement que nous étions d'accord toi et moi, pour la brimer : « J'en augure, a-t-elle dit, que vous avez galvaudé avec Monsieur votre frère. »

CONSTANT, *content :* Elle me hait?

OLIVIER : C'est toi qui répondrais qu'elle ne sait pas haïr.

CONSTANT *rit :* Tout d'abord, elle s'est évanouie!

OLIVIER : Non!

CONSTANT : Le cœur va mieux. C'est partie à moitié gagnée. Tes relents d'orgie l'ont affreusement dégoûtée?

OLIVIER : Même pas. Elle m'a dit simplement : « Vous aurez des nausées », c'est-à-dire : « Je n'en aurai pas, moi, Balbine! »

CONSTANT, *qui regardait au-dehors, crie :* Hop! *(Puis aussitôt:)* Non, rien. Elle a passé derrière la grange.

OLIVIER : A toutes mes injures elle opposait une indulgence princière, une douceur de feutre où mes pointes se perdaient! Mieux encore, elle m'a, plusieurs fois, ôté la maîtrise du jeu. Je me suis réveillé souvent au milieu de mes grimaces, honteux comme un pitre dont le fard aurait fondu.

CONSTANT : Elle t'a pourtant pardonné!

OLIVIER : Elle n'avait pas à m'absoudre. Ne s'étant pas déclarée atteinte, elle éludait à la fois l'offense et le pardon. Je l'admire.

CONSTANT *rit :* Trompe-la, et qu'elle te pardonne!

OLIVIER : C'est fait; du moins en apparence. J'ai commis l'adultère avec la servante. *(Il rit, puis a une grimace de dégoût.)* Pouah!

CONSTANT, *enthousiasmé :* Magnifique!

OLIVIER : Non et non... Après avoir jeté Minna à demi déshabillée hors de ma chambre, j'ai regardé comme un laquais par le trou de la serrure. Une bassesse entraîne l'autre! Pouah!

CONSTANT, *moqueur :* Tu es trop délicat!... *(Puis, plus bas, ayant regardé au-dehors :)* Arrête!... *(Un temps.)* Non.

OLIVIER : J'ai vu, en plein, cette image de la pire trahison, entrer dans les yeux de Balbine comme une arme empoisonnée et déchirer son beau regard clair.

CONSTANT : Tu es battu!

OLIVIER, *emporté :* Non!

CONSTANT : Si! — ta voix tremble, tu as pitié de toi-même!

OLIVIER : Soit, — et d'elle aussi!... Elle a baissé les paupières, une seconde et le regard était guéri! Spectacle émouvant, qui m'a remué jusqu'aux moelles. Elle est forte, on peut tout espérer d'elle!... « Montez à votre chambre », a-t-elle ordonné de sa voix la plus naturelle.

CONSTANT : Tu es battu — ou c'est elle qu'il faut battre. Ce n'est pas une figure : il faut la battre avec les mains. *(Il ajoute avec jovialité, se frottant les mains :)* C'est un homme qui te parle!...

OLIVIER : Non!

CONSTANT, *gaiement :* Il faut la battre, et c'est un médecin qui te parle. Mais tu t'aimes trop.

Il faut la battre! Il faut la battre!

OLIVIER : Non! Que La Faille vienne! Je compte que l'abominable affront laissera Balbine pantelante. Après cela, je pourrai l'élever à ma guise!

CONSTANT, *soudain :* Voilà Balbine!...

Il sort, les mains aux poches.

OLIVIER *a eu le temps de répondre :* Et voici l'autre! *(La Faille entre, droite, souriante, fardée, vêtue avec recherche et couverte de bijoux. Olivier avant de sortir, lui jette :)* Elle arrive! Attends ici! Tu as bien retenu ton rôle?

La Faille fait de la tête un mouvement approbateur, illustré d'un sourire ambigu. Olivier rentre vivement dans sa chambre. Le sourire aussitôt se fige.

Voici Balbine encore bouleversée. Elle a un haut-le-corps en apercevant l'intruse et s'arrête net.

BALBINE, *d'une voix blanche :* Quoi encore?

LA FAILLE *la rejoint et parle rapidement à voix basse :* Je suis entrée par la porte de derrière, personne d'étranger ne m'a vue. Les hommes sont des monstres! — Si je vous blesse dans votre amitié, dites que je parle en général. Mais attendez! — Des monstres cachés dans un pantalon! Dès qu'ils vous ont aperçue, Olivier et Constant se sont défilés comme deux furets, l'un à droite, l'autre à gauche. Je ne serais pas étonnée qu'ils soient à nous espionner!

BALBINE, *stupéfaite :* Ah?

LA FAILLE : Chut! Ne faites pas leur jeu, n'appelez pas. Leur jeu est que vous poussiez des hauts cris. Je ne suis pas traître, — ah! non! — mais dans un pareil cas, je tiens avec vous, contre eux!

BALBINE, *très digne et hautaine encore :* Je suis décidée à tout endurer aujourd''hui.

LA FAILLE *retrouve son sourire :* A la bonne heure! — vous permettez! *(Elle s'assied sans y être invitée, puis, avec un air d'indignation :)* C'est Olivier qui m'envoie ici, — pensez!

Balbine en a les jambes coupées. Elle s'assied.

BALBINE, *comme pour elle seule :* Pourquoi?

LA FAILLE : Olivier est venu me trouver à petit

matin. Il frappe dans ses mains : « Grosse caille, lève-toi » — Je faisais la paresseuse, — « oui, lève-toi, cours chez ma femme et rapporte-lui que j'ai dormi avec toi, cette nuit. »

BALBINE *frissonne* : Oh!

LA FAILLE : S'il avait couché avec moi, je ne viendrais pas vous le dire. Peut-être ça vous est égal, — je suis saine et propre, et discrète. Mais non, il passe la nuit le diable sait où, et il cogne à ma porte avec le soleil : « Cours chez ma femme... Lève-toi! » Pas d'explications. — Comme si j'étais plus sotte qu'il ne faut!

BALBINE, *pour elle, à voix basse* : Pourquoi?

LA FAILLE *rit gentiment* : Est-elle impatiente! — Et puis il se mit à rire jaune : « Balbine — c'est lui qui parle — Balbine fera un esclandre, te jettera dehors, tant mieux! » — Merci! — *(Elle rit.)* « Les humiliations te seront payées; tant pour un gros mot, tant pour un autre, — compte-les! » Voilà les hommes.

BALBINE, *cachant son visage dans ses mains* : Oui!...

LA FAILLE : Mais vous êtes raisonnable; pour vous, c'est une économie, pour moi, rien qu'un manque à gagner. Je suis contente... N'allez pas en inférer que je suis gaspilleuse, — non! j'ai mon luxe. Premièrement, on ne dort pas dans mes draps; si j'ai le temps de dormir, c'est que je suis seule. Secondement, s'il était venu chez moi dans une intention naturelle, je crois que j'aurais dit non. Je le crois, oui. « Rentre chez ta femme, mon garçon, — elle me vaut bien. » Pourquoi? Je n'aurais pas répondu : « Balbine et moi, nous sommes alliées. J'ai su lui rendre un service au sujet de Patricia, — c'est sacré! »

Balbine qui a sursauté à cette formule d'une alliance, ne peut se contenir lorsque le nom de Patricia est prononcé.

BALBINE, *emportée, oubliant à qui elle parle :* Patricia!... Ah! que je n'entende plus prononcer son nom! Elle m'a soumise à tant de tortures qu'il faut que je sois d'une belle vaillance pour n'en être pas mourante!

LA FAILLE, *dévorée de curiosité :* Patricia encore, — voyez-vous ça?...

BALBINE, *bien qu'elle en ait :* A qui me plaindrais-je? — Je lui arrange, — oui, moi! — je lui arrange un mariage de réhabilitation... (A qui m'en ouvrir? A vous seule et c'est inouï!) et le matin des fiançailles... — c'est-à-dire aujourd'hui... Mademoiselle... — doit-on la nommer ainsi? — Mademoiselle s'avoue tout bonnement, en espérance... je veux dire en attente... en crainte... bref, en honte d'enfant!

LA FAILLE, *scandalisée :* Oh! oh! oh!...

BALBINE : Moi, qui suis aux yeux du monde sa tutrice, quelle sera ma réputation et qui ai-je encore le droit de mépriser? Dites?

LA FAILLE, *partageant son indignation :* Personne!... Oh!...

BALBINE, *au comble :* Et pourquoi?

LA FAILLE, *qui se méprend, évidemment :* Oui, — une jeune fille riche!... — pour rien, sûrement!

BALBINE *n'écoute guère. Elle repart :* Et à moi, à moi Balbine, elle ne laisse que le devoir cruel d'aller annoncer ce deuil au fiancé!

LA FAILLE, *avide :* L'enfant est mort?

BALBINE, *surprise :* Quoi?... *(Puis comprend.)* Non, je veux expliquer...

LA FAILLE *comprend aussi :* Ah! oui... pardon...

(Elle rit, puis :) Ça vaudrait mieux... *(Et encore, montrant sa sincère compassion :)* Voilà du propre!... Ah! ma pauvre petite belle, on vous traite mal, ici. Vous qui êtes tout honneur et toute sensibilité, ils vous font ça! Je ne sais ce qui me retient de pleurer.

> *Elle est, en effet, très émue. Balbine l'est davantage et cède, ses larmes coulent, qu'elle étanche vivement. Elle ne veut pas être faible devant l'autre.*

Changeons de conversation.
Des monstres, tous!... Et Olivier s'acharne aussi! — Oh! « Cours chez ma femme et rapporte-lui que j'ai dormi avec toi! » Pour la première fois de sa vie il pousse ma porte, me surprend nue sous un drap... — il fait si chaud, n'est-ce pas — et c'est cela qu'il demande, — pas davantage : « Cours chez ma femme. » C'est grossier à votre endroit, c'est peu poli au mien... — vous comprenez. — Mais justement, il désire vous faire croire qu'il vous trahit avec une femme *qui n'est pas assez bonne pour lui.*

> *Elle est indignée, mais sans exagération.*

BALBINE, *toujours pour elle :* Pourquoi?

LA FAILLE : Non! une telle perfidie, la haine ne l'inventerait pas, — il faut que ce soit l'amour.

BALBINE, *frappée :* Ah?

LA FAILLE *hausse les épaules :* Ce qu'ils appellent l'amour!...

BALBINE *commence à comprendre :* Mais alors, — Minna?...

LA FAILLE : Quoi?

BALBINE, *vivement, tranche :* Rien!...

LA FAILLE : Voilà les hommes et voilà l'amour. Alors, j'ai accepté de venir à vous, pensant : « Balbine, ma pauvre amie, tu ne te tireras pas toute seule du grabuge, tu as besoin de petits conseils et d'éclaircissements. »

BALBINE, *pour elle :* Que lui ai-je fait?

LA FAILLE : Moi, j'en ai vu de toutes sortes et j'ai regardé. N'ayant jamais eu d'amourettes, j'ai gardé mes yeux pour voir et j'ai vu. Je suis sérieuse avant tout. Et certaines pécores disent : « La Faille est une femme comme ça »... *(Elle a imité une expression de dégoût distingué, puis rit.)* Qui me juge ainsi? Pas vous, bien sûr! Les folles, les déhontées, qui en font plus entre deux portes que moi derrière ma fenêtre. Je suis aussi plâtrée qu'elles, oui, mais moi j'y suis obligée : les hommes veulent s'en faire accroire en vous regardant. *(Elle pose la main sur le bras de Balbine qui regarde la main avec répugnance, mais n'ose s'écarter.)* Retiens ça, ma belle, — c'est en or! *(Puis continue :)* De vous à moi, répondez franchement : quelle différence entre celle qui change d'homme plusieurs fois par jour et celle qui reçoit plusieurs fois par jour le même? Comptez, — le nombre y est. *(Elle rit, très contente.)* Mais celles-ci sont sans excuse, elles le font pour le plaisir.

BALBINE, *tombée dans un abîme d'étonnement :* Pour le plaisir! Quel plaisir?

LA FAILLE, *triomphe :* Tu vois!... Oui, quel plaisir? N'est-ce pas, vous n'y croyez pas non plus! Quel plaisir! Elles font semblant. — Retiens ça, c'est en or! — Ah! j'étais bien certaine qu'une vraie femme honnête serait de mon avis!... *(Elle rapproche son fauteuil de celui de Balbine.)* Je me dis souvent : « Est-ce agréable, d'être là, sur l'étal, comme un lapin sans sa peau? »

BALBINE *frissonne d'horreur, secoue la tête, se répond, plutôt :* Non!... Non! Balbine!

LA FAILLE, *plus près, la main sur la main de Balbine :* Ah! — Et tu trouves que c'est beau, un homme déclenché?

BALBINE, *même jeu. Balbine retire sa main pour en cacher son visage. C'est tout naturel :* Non, Balbine!...

LA FAILLE *rit :* Non, Marie, tu veux dire. — Marie, c'est mon nom. — Nous sommes d'accord, — tu penses. *(Elle se rapproche encore, jusqu'à être appuyée contre l'épaule de Balbine.)* Et voilà toute votre histoire, j'en suis sûre. Je pensais en venant : « Balbine, tu montres trop que tu t'ennuies à faire le coussinet. » *(Elle rit.)* C'est un mécanicien qui dit comme ça!... — « Balbine, tu devras désormais faire semblant. *(Elle raconte avec une complaisance complice.)* Avec les uns, c'est sans importance : ils ont des désirs contrariés, ils ferment les yeux. Dans ces moments-là, ils sont en imagination avec la petite nièce de la voisine. *(Elle rit.)* C'est façon de parler! — Alors, toi, tu peux penser de ton côté à tes petits tracas, — on en a : le plafond est tout fendillé, les anneaux des rideaux noircissent au long de la tringle, il manque trois cristaux vers le haut du lustre, il faudra aller chez le pédicure... Eux là-bas, toi ailleurs, il n'y a quasiment personne dans la chambre. Un vicieux regarderait par le trou de la serrure, il n'y verrait que du cinéma! *(Elle rit.)* Pensez!... Après cela, lorsque je trouve mon petit cadeau sur la cheminée, je me demande comme il est venu là. Oui, même l'argent n'a pas l'air réel : on dirait de la monnaie étrangère... *(Elle conclut :)* Avec ceux-là, c'est facile.

Mais, écoutez bien, — il y a les autres, du genre Olivier.

BALBINE *ne peut s'empêcher d'écouter, se penchant un peu vers la Faille :* Oui?...

LA FAILLE *lui prend la main qu'elle ne retire pas :* Lui, je ne le connais pas personnellement, mais il ressemble à quelqu'un. Vous pouvez vous dire : « Balbine, ce gaillard-là, il veut de la compagnie, et que tu ne lui laisses pas deviner que tu attends qu'il s'en aille pour te reposer debout. » *(Elle roucoule :)* Vous, ma chère, je vous vois d'ici, l'air de dire : « Ça te plaît, je n'y suis pour rien. » Et tu fais la morte, n'est-ce pas? *(Elle se penche encore, insiste :)* N'est-ce pas? *(Balbine baisse la tête, le menton sur la poitrine. Est-ce une réponse? La Faille en est convaincue.)* Oui!!...

Écoute : s'il exige que tu gagnes ta vie. — oh! mariée ou non, on nous loge à la même enseigne! — à chaque fois réclame-lui un cadeau, — donnant, donnant. — Un supplément pour le mensonge. Tu n'es pas menteuse, moi non plus. C'est tant pis, on ne peut pas dire la vérité aux hommes, — jamais. — Retiens ça! « Et baratte, baratte-moi », voilà ce qu'Olivier veut entendre, — lui et les autres, et que tu fasses au moins semblant de trouver bon d'être touillée. *(Elle rit, puis :)* Oh! ne t'épuise pas à mentir, quelques mots suffisent, des demi-mots et des quarts, enveloppés dans un soupir. Ce qu'il manquerait, ils l'ajoutent eux-mêmes bien volontiers : leur vanité est dans l'oreille, — ça fait doux. Ils ont leur preuve d'amour? Bon! à nous la nôtre : un cadeau. Réclame-le-lui!

BALBINE *se dresse, frissonnante d'horreur, et en même temps de rancœur :* Il le mériterait, oui!

LA FAILLE : Tu me diras : « Nous sommes en communauté. » Demande le double!

BALBINE *rit amèrement :* Ça ne fera jamais que la moitié.

LA FAILLE, *admirative, rit :* Oh! est-elle maligne!... Toi, dans mon métier, tu aurais fait fortune plus vite que moi. *(Balbine éclate en sanglots et retombe dans son fauteuil. La Faille, violemment émue, se lève, vient derrière le siège, et, penchée, enveloppe Balbine de ses bras secourables.)* Les hommes sont des monstres!...

Elle a des larmes.

BALBINE, *avec désespoir* : Oui, oui, oui!

LA FAILLE : Voilà ce qu'ils font de nous!... Et toi, tu me fais pleurer, c'est la première fois. Toi, tu es tendre, craintive!... Je te plains et je nous plains!... Nous sommes pareilles, toutes les deux! *(Elle vient s'agenouiller au côté de Balbine qui pleure dans ses mains, pliée en deux. Elle coule sa tête contre celle de Balbine, l'embrasse doucement. Elle est désolée et veut la consoler :)* Toi, tu es fraîche et nette et soignée. Tu es active et courageuse. Et voilà!... Que nous soyons dévouées, prévenantes, économes, attentives, propres, ordonnées...

Olivier est rentré. Il voit ce spectacle.

OLIVIER, *stupéfait* : Impossible!... Invraisemblable!... *(Les deux femmes se redressent. Balbine, pour cacher ses larmes tourne le dos. La Faille retrouve son sourire prometteur. Olivier part d'un rire énorme, puis, à la Faille :)* Est-ce là, ce que je t'avais appris?... Idiote!

LA FAILLE, *très aimable* : S'il te plaît, les injures, tu me les paies. Et d'une!

OLIVIER : Cœur blanc!... Et de deux!... cœur noir!... et de trois!...

LA FAILLE : Ce ne sont pas des gros mots.

OLIVIER : Si, — compte-les!...Garce! Proxénète! Et de cinq! Va-t'en!

LA FAILLE *va vers la porte* : Et les humiliations : tant l'une, tant l'autre.

ACTE TROISIÈME

OLIVIER, *marchant vers elle* : Oui, — mais file! (*Elle rit, sort, toujours souriante. Lui, cesse de rire, dès qu'il est seul avec Balbine à qui il ordonne :*) Toi, — marche devant!...

Il lui montre du geste la porte de gauche. Balbine le regarde tout droit.

BALBINE, *fait demi-tour* : Soit — j'irai jusqu'au bout!

Elle va vers la chambre.

OLIVIER, *résolument, la suivant* : Moi aussi!

Ils sont sortis. La porte s'est refermée. Silence. Et soudain, de la chambre d'Olivier s'élève un long cri strident, puis un autre, et un autre encore...

Affolés par les cris, paraissent ensemble de droite Patricia et Isabelle, et, venu du parc, Gabriel. Ils ont couru. Ils s'arrêtent, haletants, écoutent. — Silence.

ISABELLE, *presque à voix basse* : On a crié, pourtant...

GABRIEL *sourit après une grande épouvante* : J'ai eu peur!...

PATRICIA : Moi aussi.

GABRIEL, *toujours à mi-voix* : Non. — Vous, non!... J'ai eu peur pour vous!

PATRICIA : Moi pour...

Elle se tait, intimidée.

GABRIEL : Après tant de chances contraires, ces « oui » et ces « non » qui changeaient la couleur du jour, j'ai tremblé que pour fixer le sort vous n'ayez pris une funeste détermination. Silence! Les mots sont encore armés jusqu'aux dents!... Vous êtes là, Patricia, le ciel tout entier vous admire. (*Il retrouve sa légèreté habituelle, teintée de mélan-*

colie.) Je remercie Balbine. Elle est venue à moi comme annonciatrice d'un miracle. Chère Patricia, ne soyez ni inquiète, ni moins heureuse. Vous voici, balançant au gré de votre marche légère le passé avec l'avenir, sans cesse perdus et trouvés, toujours réunis et séparés. Qu'ils se soient rejoints en vous si fragile, c'est la grâce du présent... Ainsi êtes-vous le berceau du temps! Qui oserait, d'un œil chargé de reproches, regarder s'accomplir la vie adorable? Patricia, n'ayez aucune angoisse; dans le pire abandon, vous ne seriez plus seule; vous portez en vous deux cœurs, pour mieux souffrir, mais pour être consolée.

Patricia, souvenez-vous du jugement que je portais naguère sur les jeunes filles. J'ai un peu changé d'opinion, mais à peine...

Je vous en prie, regardez-moi. *(Patricia, au contraire, se détourne. Il continue :)* Je ne me plais guère. Pour être aimé, je ne dois compter que sur la fatalité et m'incliner devant ses arrêts. J'ai le visage de travers, le cheveu bicolore, je souris d'un côté et j'ai l'air de pleurer de l'autre. — C'est tout moi. — Mes yeux sont divergents. Oui, j'embrasse un plus large paysage, mais le profit n'est que pour moi. Sans doute, faut-il y venir voir de très près, — c'est un risque que l'amour ne peut pas me faire courir...

Isabelle bondit, serre à deux mains le visage de Gabriel qu'elle attire tout contre le sien.

ISABELLE : Montrez.

Elle regarde longuement, trop longuement. Patricia tourne la tête, observe.

PATRICIA, *soudain rageuse, frappant le sol du pied* : Isabelle, finis!

ISABELLE *rit, de son rire aigu :* Hi! hi!... ce qu'il est menteur!

GABRIEL *reprend :* J'ai la poitrine creuse, le dos rond, le bras maigre, le genou gros.

Tout cela, légèrement, mais trop. *(Isabelle s'amuse follement. Elle vient se suspendre au bras de Patricia. Lui, achève :)* Au moral, je suis timoré, avec des audaces maladroites. J'ai peur de mon ombre et pas assez de celle des autres. Menteur, — Isabelle l'a dit, — paresseux et mélancolique. Je ne suis pas fier, ce qui serait une vertu chez quelqu'un de bien tourné. Enfin, je perds à tous les jeux.

Imaginez avec quelle répugnance, je me verrais reproduit en miniature avec mes imperfections en résumé et mes défauts en puissance!... Brr! Chère Patricia, je puis donc vous déclarer : d'avance j'aime mieux les enfants des autres.

ISABELLE *pouffe :* Hi! hi!... Mais elle est fausse cette histoire d'enfant!

> *Aussitôt commence une lutte entre Isabelle et Patricia qui essaie de l'empêcher de parler en lui appliquant la main sur la bouche.*

PATRICIA : Tais-toi!
ISABELLE : Imagination! Mensonge!
PATRICIA : Tais-toi donc!
ISABELLE : C'est un fantôme à Balbine!...
PATRICIA : Isabelle, non!
ISABELLE : Comme Aldo est un fantôme à Patricia!
PATRICIA : Oh!
ISABELLE : Et Patricia vous adore! *(Patricia y renonce. Elle pâlit et va s'asseoir, tournant le dos. Isabelle court à Gabriel, abasourdi, et lui secoue le bras :)* Vous l'avez rendue folle! Elle en a perdu

le sommeil et ne sait plus qui est ici et qui n'est pas ici! *(Elle jubile.)* Voilà, tout est cassé. Pour ce qui est d'une fausse jeune fille et d'un vrai enfant, cherchez ailleurs, mon ami!

GABRIEL, *soudain, avec emportement* : Patricia, jurez-moi que ce n'est pas vrai. Vite! vite! après, il serait trop tard! Vous ne m'aimez pas, ce n'est pas vrai?

PATRICIA *se dressé et lui fait face, furieuse* : Si c'est vrai!

GABRIEL *crie* : Non!

PATRICIA *lui tient tête* : Si!

ISABELLE : Tout est cassé! Tout est cassé!...

Silence net. Patricia et Gabriel se regardent. Ils se sourient enfin, mais demeurent éloignés l'un de l'autre.

GABRIEL : Pardonnez-moi, Patricia. Si j'avais su pouvoir vous blesser, je me serais dessiné moins laid. Oui, parce qu'à y réfléchir, on peut espérer que les enfants ressembleraient à leur mère, — les garçons surtout...

ISABELLE, *entre eux* : Et que la fade jeune fille, elle, ne durera pas longtemps!

Elle rit.

PATRICIA, *vivement* : S'il en est ainsi, ne détrompez pas Balbine. *(Arrêt, puis, rougissante :)* Elle nous séparerait peut-être...

GABRIEL, *éperdu* : Ah! Patricia! cher et candide amour!... dans l'immensité de ma mémoire, le souvenir de cette journée inscrit déjà sa brillante constellation...

ISABELLE, *entre eux, d'une voix trouble, inquiétante* : Embrassez-la, — dites, — embrassez-la. *(A Patricia :)* Toi, embrasse-le, dis?

Et la porte de la chambre d'Olivier s'ouvre. Balbine paraît, alerte, souriante. Elle aperçoit les jeunes gens, semble frappée de confusion, fait demi-tour et se précipite vers la chambre d'où elle sort. Mais Olivier qui la suivait, l'arrête. Elle se serre aussitôt contre lui, le front sur son épaule. Un temps. Puis elle surmonte fièrement sa pudeur et, sans s'éloigner d'Olivier, s'exclame :

BALBINE, *heureuse* : Patricia, pardonne-moi et pardonnez-moi, Gabriel. Suis-je plus coupable envers vous qu'envers moi? Je l'ignore. Jusqu'aujourd'hui, j'ai rêvé sous les ombrages comme la Belle-au-bois-dormant. Dans mon songe innocent, je faisais le monde à mon image. J'ouvre les yeux, tout reprend sa place. Tu es Patricia! Évade-toi. Cours à la recherche d'Aldo...

GABRIEL, *aussitôt* : Non!

BALBINE : ...poursuis-le et le retrouve!

PATRICIA, *rejoignant enfin Gabriel* : Non.

BALBINE : Aime Gabriel, si tu l'aimes : tu es Patricia! J'ouvre les yeux et je vois la maison soudain émerveillée et la fenêtre éblouie et la campagne envolée au sillage des oiseaux!

A ce moment, Constant fait irruption, poussant devant lui Xantus et Minna qu'il tient au collet, terrorisés.

CONSTANT, *gaiement* : Deux chenapans! *(Les lâchant, ils tombent à genoux, tête basse.)* J'ai surpris leur conciliabule. Il s'agissait d'escalade et d'échelle, de guet, de partage...

BALBINE *rit* : Et ceci est l'histoire déformée de mon sommeil éveillé. J'accusais déjà Xantus et Minna de m'avoir barbouillée, cette nuit. Un peu plus, je les envoyais en prison...

CONSTANT : Alors, pourquoi ont-ils avoué?
BALBINE, *étonnée* : Ils ont avoué? Pourquoi?
XANTUS et MINNA, *en chœur, et toujours agenouillés* : Pour faire plaisir à Madame!
BALBINE : Et maintenant, Constant, courez chez la Faille et dites à cette femme malheureuse, dites-lui de ma part qu'elle se trompe. *(Elle arrête Constant et, triomphalement :)* Non! Dites-lui qu'elle en a menti!

Le Chevalier de la Lune ou Sir John Falstaff.   7

Une femme qu'a le cœur trop petit.   165

DU MÊME AUTEUR

Aux Éditions Gallimard

THÉÂTRE I : Le Cocu magnifique. Les Amants puérils. Le Sculpteur de masques.

THÉÂTRE II : Tripes d'or. Carine. Chaud et Froid.

THÉÂTRE III : Le Chevalier de la Lune ou Sir John Falstaff. Une femme qu'a le cœur trop petit.

*Composé et achevé d'imprimer
par l'Imprimerie Floch
à Mayenne, le 12 novembre 1986.
Dépôt légal : novembre 1986.
1er dépôt légal : décembre 1968.
Numéro d'imprimeur : 24732.*
ISBN 2-07-026939-6 / Imprimé en France.

39123